Under the Editorship of

William G. Moulton

Princeton University

Part One: 500 Word Reader

Part Two: 1000 Word Reader

Second Edition

Lebendige Literatur
Deutsches Lesebuch für Anfänger

Frank G. Ryder
University of Virginia

E. Allen McCormick
Graduate Center, City University of New York

Houghton Mifflin • Boston
Atlanta
Dallas
Geneva, Illinois
Hopewell, New Jersey
Palo Alto
London

Selections in this text are used by permission of the copyright
owners, who are listed under "Acknowledgments" on pages
418–420.

Printed in the U.S.A.

Library of Congress Catalog Card Number: 73-5409

ISBN: 0-395-13826-4

Foreword

In the original edition of *Lebendige Literatur* we wrote: "These stories, plays, and poems are of the utmost linguistic simplicity. But they are real literature. And they are in no way simplified or adapted." The same is true of the present edition. (Here, indeed, only Borchert's *Straße* and Dürrenmatt's *Wega* are presented in part. Every other work is complete.) We remain convinced that teachers and students would prefer to *begin* their reading—and to supplement the *earliest* stages of grammar, however presented—with genuine works of modern literature. In doing so, they may pride themselves that the only intervention between them and fully independent contact with modern German writing is our selection according to linguistic difficulty. These are works read and discussed by German-speaking Europeans of their own ages. We take this to be a real form of communication.

The composition of the book is somewhat altered. It was our judgment that the soundness of the text, its effectiveness as material for learning and teaching, and—we add with appreciation—the reception accorded it were all primarily a function of the first two parts. Consequently, we have augmented as well as revised Parts One and Two, moved some poems and Lampe's *Formfibel* (linguistically easy, and a fine "coda") into Part Two, and eliminated the rest of Part Three. With the growing number of conventionally but also skillfully edited texts, neither student nor teacher needs our help beyond this point.

As before, the readings of Part One are annotated on the facing page for all words not contained in our 500 word list and, in Sections I and II, for more or less advanced grammatical features like the subjunctive and the passive. Part One is suited for reading in the first term or year. Part Two is similarly glossed for words beyond the first 1000. Most teachers will find it suitable for reading in the first year of college, or the second year of high school.

In selecting works for the present edition, we have added examples of strictly contemporary writing and eliminated most material antedating World War II. Of the several pieces relating to that war and its aftermath, we have not hesitated to retain those we consider best or most characteristic. The Germany of today bears little external resemblance to that of 1945-1950. But it cannot be understood without an awareness of the physical and spiritual ruins from which it rose. Nor is war itself dated; literature remains a living witness of its human consequences.

For that matter, literature may well be the truest medium for the representation of the human condition in all its aspects. Unlike the social scientist or even the historian, the writer deals with "real" individuals and situations, not abstractions or collectivities. Where the former so often profess exactitude or finality, the artist recognizes the ambivalent, the idiosyncratic, the essentially indeterminate quality of life—at the same time that he recognizes the need for understanding. The "truth" he offers is less tangible and final, but it may be truer. And unlike practically all other commentators on the human scene, he includes himself and his reader in the scope of his truth. Literature implies identification and involvement, not detached superiority. It is a very human pursuit. What this means in terms of our approach to another culture is obvious.

To quote again from the book in its original form: "The editors can testify to the enthusiasm and the sense of accomplishment which come to a class with the discovery that it can, given the first 500 words of German—or rather, in the process of mastering them—begin to read good literature."

F.G.R.
E.A.M.

Contents

The Vocabulary of Part One

A. All readings in Part One are annotated on the facing page for words beyond the first 500. Any word you have to look up is therefore one you should learn. The basic list of the first 500 words is printed, with meanings, on the pages immediately following this. These words are also incorporated in the end vocabulary. A careful study of the first 500 words (Section D) *before* you begin the readings will prove invaluable.

A word is glossed only on its first appearance in a work (or in contiguous works by the same author).

In glosses on the facing page, a dagger (†) indicates a strong or irregular weak verb. Principal parts will be found in the end vocabulary.

A superscript zero (°) in the text indicates that the word is obvious as far as translation is concerned. It is therefore not glossed on the opposite page. A given word is zeroed only once in a single story. Details of inflection and pronunciation appear, where necessary, in the end vocabulary.

Certain conventional omissions should be noted. We do not list (or annotate on facing pages or mark with a zero) the following groups of words:

1. The definite and indefinite articles
2. Personal and relative pronouns
3. Possessive adjectives
4. Names of months
5. Cardinal and ordinal numbers
6. Compounds of prepositions with *wo(r)-* and *da(r)-*, unless some special meaning is involved
7. Diminutives in *-chen* of words within the frequency range in question
8. Obvious negatives (*un-*)

B. Listed next are certain words often found in 500-word frequency lists. They resemble so closely in meaning their obvious English cognates that virtually no effort is required to recognize them and relatively little to learn them actively. Extracting them makes the main list more concentrated and useful.* When these words appear in our selections, they will *not* be marked with the superscript zero.

all	der *Garten, ∺*	die *Natur', –en*
der *Arm, –e*	das *Glas, ∺er*	der *Onkel, –*
der *Ball, ∺e*	das *Gold*	das *Papier', –e*
beginnen, a, o	*grün*	die *Person', –en*
bitter	das *Haar, –e*	der *Preis, –e* ("price")
blau	die *Hand, ∺e*	der *Schuh, –e*
braun	*hängen (wk.)*	*schwimmen, a, o, (ist, hat)*
bringen, brachte, gebracht	das *Haus, ∺er*	*singen, a, u*
die *Butter*	*hier*	*sinken, a, u (ist)*
dumm	der *Hunger*	*so*
das *Ende, –n*	*in*	der *Sommer, –*
fallen, fiel, gefallen (ist)	das *Interes'se, –n*	*springen, a, u (ist, hat)*
falsch	*jung*	*still*
die *Fami'lie, –n*	die *Klasse, –n*	*warm*
fein	*kosten* ("cost")	der *Wein, –e*
das *Feld, –er*	das *Land, ∺er*	der *West(en)*
finden, a, u	*lang*	*wild*
der *Finger, –*	die *Maus, ∺e*	der *Wind, –e*
der *Fisch, –e*	der *Name, –ns, –n*	der *Winter, –*
frei		

C. We now come to a much more important group, the common separable prefixes. They should be learned, or at least looked over carefully, before you begin your reading.

Ordinary separable compound verbs will not be given in the

---

* The following words are entered in some 500-word lists but are deleted from ours on grounds of their relative infrequency, especially in written German. Some are, in any case, obvious.

allein *(conj.)*	Feder	Kaiser	Kreide	Salz
Apfel	Fürst	Kamm	lehren	Tante
Aufgabe	Fußboden	Kartoffel	Löwe	Tasse
backen	Gabel	Käse	Ofen	Tee
Bleistift	Heft	Kasten	Pult	Teller
Dienstmädchen	Hose	Keller	Rose	Tinte
Esel	Kaffee	König	Sahne	Weihnacht(en)
				Zucker

vocabulary. If you encounter the verb *hereinkommen* you may assume that you can put together "come" (see *kommen* in the 500 list or the vocabulary) and "in" (see below) and get a reasonable idea of the meaning of the compound. All special meanings will of course be noted.

ab	off; down; away	*nieder*	down
auf	up; open	*um*	around
aus	out	*umher'*	around
davon'	away	*unter*	down
ein	in	*vor*	ahead, forward
empor'	up	*vorbei'*	past, by
entge'gen	toward, to, to meet	*vorü'ber*	past
fest	fast	*weg*	away
fort	away; on	*weiter*	on, farther
heim	home	*wieder*	back, again
her (–)	(see below)	*zu*	to, toward; shut
hin (–)	(see below)	*zurück'*	back, behind
mit	along, with . . .	*zusam'men*	together; up
nach	after		

her and *hin* and their commonest compounds

her		here, over (here), along
	hin	there, away, over, down
	hin und her	back and forth
herab'	*hinab'*	down
heran'		up; near
herauf'	*hinauf'*	up
heraus'	*hinaus'*	out
herbei'		up, near
	hindurch'	through
herein'	*hinein'*	in
hernie'der		down
herü'ber	*hinü'ber*	over, across
herum'		around
herun'ter	*hinun'ter*	down
hervor'		out, forth

D. Our present list of the first 500 words, as well as the second 500 (in Part Two), represents a careful revision of our original basic vocabulary for *Lebendige Literatur*. In the present listing we have taken account of H-H. Wängler, *Rangwörterbuch hochdeutscher Umgangssprache* (Hamburg, 1963); J. A. Pfeffer, *Grunddeutsch* (Englewood Cliffs, 1964); R. Swenson, "A Vocabulary Frequency Count", *Unterrichtspraxis*, 3 (1970), 22-32;

and H. Siliakus, "The Adelaide List of the 1000 Most Useful Words in German" (Department of German, University of Adelaide, 1964). We also made an extensive study of the vocabularies in certain other text editions of modern German writing.

As we emphasized in the original edition, our listing is an a priori one, not (in a circular fashion) the 500 or 1000 words appearing most frequently in *our* selections. We also said at that time, and would repeat with increased confidence: "The resulting selection is compact, defensible and, we hope, of maximum utility."

Note:

1 We do not attempt in this list to give exhaustive translations, rather what might be called key meanings. We do attempt to give all of the latter. Special and infrequent meanings of words in this list will of course be glossed on the facing page.
2. For all nouns the plural is indicated; for masculines, in addition, the genitive singular if it is not –(e)s.
3. Separable verb prefixes are followed by hyphens. If prefix and verb are written together, the compound is inseparable.
4. The acute accent shows stress on the preceding syllable, but stress is marked only if it is not on the first syllable (or on the syllable following an inseparable prefix, whatever the part of speech).

der *Abend, –e* evening; *abends* evenings, in the evening
aber but, however
allein' alone
als when, as; than
also therefore, thus, then
alt old
an at, by, on; to, etc.
ander- other; *anders* else, otherwise
der *Anfang, ¨e* beginning; *anfangen, i, a* begin
angenehm pleasant, agreeable
die *Angst, ¨e* fear, anxiety
an-sehen, a, e look at; tell by looking at

die *Antwort, –en* answer; *antworten* answer
die *Arbeit, –en; arbeiten* work
arm poor
die *Art, –en* way, manner, kind
der *Atem* breath; *atmen* breathe
auch also, too; even
auf on, etc.
das *Auge, –n* eye
der *Augenblick, –e* moment
aus out of, from
aus-sehen, a, e look, appear
außer except, besides; outside of

die *Bahn, –en* way, road, railroad

bald soon
der *Bauer, –s* or *–n, –n* peasant
der *Baum, ⸚e* tree
bedeuten mean; *die Bedeutung, –en* meaning
bei at, with, near, at the house of, etc.
beide both, two
das *Beispiel, –e* example
bekommen, bekam, bekommen get
bemerken notice; *die Bemerkung, –en* remark
bereit ready
der *Berg, –e* mountain, hill
besser better
bestimmt certain, definite, particular
das *Bett, –en* bed
das *Bild, –er* picture
binden, a, u tie
bis until, to
die *Bitte, –n* request; *bitte* please; *bitten, bat, gebeten* ask
das *Blatt, ⸚er* leaf, sheet, page, newspaper
bleiben, ie, ie (ist) remain, stay
der *Blick, –e* glance, sight; *blicken* glance
die *Blume, –n* flower
der *Boden, –* or ⸚ ground, floor
böse angry, bad
brauchen use, need
brechen, a, o break
breit broad, wide
brennen, brannte, gebrannt burn
der *Brief, –e* letter
das *Brot, –e* bread, loaf
der *Bruder, ⸚* brother
das *Buch, ⸚er* book

da then, there; since; when
dabei' in so doing, at the same time
daher' (emph. *da'her*) consequently
dahin' (emph. *da'hin*) there, gone
damit' so that
der *Dank* thanks, gratitude; *danken* thank

dann then
darum' (emph. *da'rum*) therefore
daß that, so that
dauern last, continue; *dauernd* continuous
dazu' in addition, besides
denken, dachte, gedacht think, imagine
denn (*conj.*) for; (*adv.*) anyway (or untranslated)
deutsch, Deutsch German
dick fat, thick
dienen serve; der *Diener, –* servant; der *Dienst, –e* service
dieser this; the latter
das *Ding, –e* thing
doch yet, but, still, after all, oh yes (often untranslatable)
das *Dorf, ⸚er* village
dort there
draußen outside
dunkel dark
durch through, by
dürfen, durfte, gedurft may, be permitted, etc.

eben just, precisely, right
die *Ecke, –n* corner
edel noble
eigen own
eigentlich real, true, actual
einan'der each other
einfach simple
einige some
einmal once; sometime; just (= *mal;* sometimes untranslated); *noch einmal* once more; *nicht einmal* not even
einzeln single; individual
einzig only, sole
die *Eltern* (*pl.*) parents
endlich final
eng narrow, tight
die *Erde, –n* earth
erfahren, u, a learn, experience
erschrecken frighten; *erschrak, erschrocken* be frightened, alarmed

erst first, for the first time, not until, just

erzählen tell; *die Erzählung, –en* story

essen, aß, gegessen eat

etwas something; somewhat

fahren, u, a (ist) ride, drive, go; *die Fahrt, –en* trip

fangen, i, a catch

die *Farbe, –n* color, paint

fassen take hold of, grasp, reach

fast almost

fehlen lack, be missing; ail

der *Fehler, –* mistake

der *Feind, –e* enemy

das *Fenster,* window

fern distant

fertig finished; ready

fest firm, fast

das *Feuer, –* fire; light

das *Fleisch* meat, flesh

fliegen, o, o (ist) fly; *die Fliege, –n* fly

flüstern whisper

folgen (ist) follow

fort gone, away

die *Frage, –n* question; *fragen* ask

die *Frau, –en* woman; wife; Mrs.

das *Fräulein, –* young lady; Miss

fremd strange, foreign

die *Freude, –n* joy, pleasure; *(sich) freuen* please, be happy; . . . *auf* look forward to

der *Freund, –e* friend; *freundlich* friendly

der *Friede(n), des Friedens* peace

froh happy

die *Frucht, ⁼e* fruit

früh early

(sich) fühlen feel

führen lead; carry (on)

füllen fill

für for, etc.

die *Furcht; fürchten* fear; *furchtbar* fearful, terrible

der *Fuß, ⁼e* foot

ganz complete; very

gar quite, even; (with neg.) . . . at all

der *Gast, ⁼e* guest

geben, a, e give; *es gibt* there is, . . . exists

die *Gefahr, –en* danger

gefallen, gefiel, gefallen please, like

gegen against, toward, about

gegenü'ber opposite, in relation to, etc.

gehen, ging, gegangen (ist) go; walk

gehören belong

der *Geist, –er* spirit, mind; ghost

das *Geld, –er* money

genau exact

genug enough, sufficient; *genügen* suffice

gerade just (then); straight; direct; right

gering slight, insignificant

gern gladly, like to . . . ; *gern haben* to like

das *Geschäft, –e* business (affair)

geschehen, a, e (ist) happen

die *Geschichte, –n* story; history; matter

die *Gesellschaft, –en* company, society; party

das *Gesicht, –er* face

die *Gestalt, –en* figure, form

gestern yesterday

gesund healthy

gewiß certain

(sich) gewöhnen (get) accustom(ed); *gewöhnlich* usual; *gewöhnt* used to; *gewohnt* used to, accustomed to; usual, habitual

glauben believe

gleich (adv.) immediately

gleich (adj.) equal, same; *(prep.)* like

das *Glück* happiness; good fortune; *glücklich* happy; fortunate

der *Gott, ⁼er* god, God

greifen, griff, gegriffen reach, seize

groß big, great; tall; *Groß-* (*mutter,* etc.) grand-

der *Grund,* ⁀e ground; bottom; valley; reason, basis

der *Gruß,* ⁀e greeting; *grüßen* greet, say hello

gut good

haben, hatte, gehabt have

halb half

der *Hals,* ⁀e neck

halten, ie, a hold; stop; consider

hart hard, harsh

das *Haupt,* ⁀er head

heben, o, o lift

heißen, ie, ei be called; name; mean

helfen, a, o; die Hilfe help

hell bright

der *Herr, -n, -en* man, gentleman; Mr.; lord

das *Herz, -ens, -en* heart

heute today

der *Himmel, -* sky, heaven

hinter behind, beyond, etc.; *hinten* back, behind

hoch high, tall

der *Hof,* ⁀e (court)yard; court; farm

hoffen hope; *die Hoffnung, -en* hope

holen get

das *Holz,* ⁀er wood

hören hear

der *Hund, -e* dog

der *Hut,* ⁀e hat

immer always; more and more . . .

indem' while, as, by . . . -ing

inzwi'schen meanwhile

irgend any, some (*irgendwie* somehow; *irgendwo* somewhere, anywhere)

ja yes; to be sure

das *Jahr, -e* year

je ever; each

jeder each, every

jemand somebody; anybody

jener that (one); the former

jetzt now

kalt cold

der *Kampf,* ⁀e; *kämpfen* fight, struggle

die *Katze, -n* cat

kaufen buy

kaum hardly

kein no, not a

kennen, kannte, gekannt be familiar with, know

das *Kind, -er* child

die *Kirche, -n* church

die *Klage, -n* complaint, lament; *klagen* complain, lament

klar clear

klein small, etc.

klopfen knock, beat

der *Knabe, -n, -n* boy

kommen, kam, gekommen (*ist*) come, get

können, konnte, gekonnt be able, etc.

der *Kopf,* ⁀e head

der *Körper, -* body

die *Kraft,* ⁀e strength, vigor

krank sick

der *Krieg, -e* war

kurz short, brief

lächeln smile

lachen laugh

langsam slow

lassen, ließ, gelassen let, leave, allow, have, cause; forego, stop; w. *sich* can be, etc.

laufen, ie, au (*ist*) run; walk

laut (a)loud

leben live; *das Leben, -* life; *leben'dig* living, lively

leer empty, bare

legen lay, place

leicht easy, light, slight

leiden, litt, gelitten suffer, bear, stand (for)

leise soft, gentle, quiet
lernen learn, study
lesen, a, e read; gather
letzt last
die *Leute* (*pl.*) people
das *Licht, –er* light
lieb dear, good, beloved, charming; *lieben, lieb haben*; die *Liebe* love
das *Lied, –er* song
liegen, a, e lie
link left; *links* to the left, etc.
die *Luft, ⸚e* air; breeze
die *Lust, ⸚e* pleasure, desire; *lustig* cheerful, happy

machen do; make
die *Macht, ⸚e* power, force, might; *mächtig* powerful, mighty
das *Mädchen, –* girl
das *Mal, –e* time; mark; *–mal* . . . times; *mit einem Mal*, etc. suddenly, all at once; *mal = einmal*; *mal* times (×)
man one
manch many a; some
der *Mann, ⸚er* man, husband
der *Mantel, ⸚* coat, cloak, cape
das *Meer, –e* sea, ocean
mehr more
meinen mean, think; say; die *Meinung, –en* opinion
meist most, mostly
der *Mensch, –en, –en* person, human being, man
merken notice
das *Messer, –* knife
mit with; along
der *Mittag, –e* noon
die *Mitte, –n* center, middle
mögen, mochte, gemocht like, may, etc.
möglich possible
der *Monat, –e* month
der *Mond, –e* moon
der *Morgen, –* morning
morgen tomorrow

müde tired
der *Mund, –e* or *⸚er* mouth
müssen, mußte, gemußt must, have to, etc.
die *Mutter, ⸚* mother

nach to, toward; after, according to, etc.
nachdem' after
die *Nacht, ⸚e* night; *nachts* nights, at night
nah(e) near; die *Nähe* proximity, vicinity
die *Nase, –n* nose
neben beside, near; along with
nehmen, a, genommen take
nein no
nennen, nannte, genannt name, call
neu new, recent
nicht not; *nicht wahr?* isn't it? etc.
nichts nothing
nie(mals) never
niemand nobody
noch still, yet, else, even; any more, in addition, etc. *immer noch* still; *noch nicht* not yet; *noch ein* one more; *noch etwas* something else
der *Nord(en)* north
nun now; well
nur only

ob whether, (I wonder) if
oben above, up, upstairs
oder or
offen open, frank; *öffnen* open
oft often
ohne without
das *Ohr, –en* ear
der *Ort, –e* or *⸚er* place, spot
der *Ost(en)* east

(ein) *paar* (a) few, a couple; das *Paar, –e* couple, pair

das *Pferd, -e* horse
der *Platz, ⸚e* place, seat
plötzlich sudden
der *Punkt, -e* point, period

der *Rat* advice; councilor, etc. (pl.
  die Räte); raten, ie, a advise,
  consult; guess
der *Raum, ⸚e* room, space
recht right, real; very, rather;
  rechts to the right, etc.; *recht
  haben* be right
die *Rede, -n* talk, speech; conversation; *reden* talk, speak
der *Regen; regnen* rain
reich rich
reichen reach, hand, extend; pass;
  suffice, last
rein pure, clean; neat
die *Reise, -n* trip; *reisen (ist)*
  travel
reißen, i, gerissen tear, jerk, pull
reiten, ritt, geritten (ist, hat) ride
richtig correct, right; real
der *Rock, ⸚e* coat, skirt
rot red
der *Ruf, -e* call, shout; name;
  rufen call, shout
die *Ruhe* rest, peace, calm; *ruhen*
  rest; *ruhig* quiet, peaceful; just
  go right ahead and . . .
rund round

die *Sache, -n* thing, matter, affair
sagen say, tell
scharf sharp
schauen look
der *Schein, -e* light; appearance;
  bill; *scheinen, ie, ie* shine; appear
schicken send
das *Schiff, -e* ship
der *Schlaf; schlafen, ie, a* sleep
schlagen, u, a strike, beat; defeat
schlecht bad, poor
schließen, o, geschlossen close,
  lock; conclude

der *Schnee* snow
schneiden, schnitt, geschnitten cut
schnell fast, quick
schon already; even; all right, etc.
schön beautiful; good; all right,
  OK, etc.; nice and . . .
der *Schrei, -e; schreien, ie, ie* shout,
  scream, cry
schreiben, ie, ie write
schreiten, schritt, geschritten (ist)
  stride, step; *der Schritt, -e* step
schuld at fault; *die Schuld, -en*
  fault, blame; guilt; debt; *schuldig*
  guilty, to blame; owing
die *Schule, -n* school
schütteln shake
schwach weak
schwarz black, dark
schweigen, ie, ie be silent
schwer heavy; difficult, hard
die *Schwester, -n* sister
der *See, -n* lake; *die See, -n* sea,
  ocean
die *Seele, -n* soul
sehen, a, e see, look
sehr very (much)
sein, war, gewesen (ist) be; seem
seit since, for
die *Seite, -n* side; page
selb- (derselbe, etc.) same
selber oneself, etc.
selbst oneself, etc.; even
selten seldom, rare
seltsam strange
setzen set, place, put; *sich setzen*
  sit down
sich oneself, etc.; each other
sicher certain, safe, sure
der *Sinn, -e* sense; meaning; mind
sitzen, saß, gesessen sit
sogleich' immediately
der *Sohn, ⸚e* son
solch such (a)
der *Soldat', -en, -en* soldier
sollen shall, should; be said to; be
  to, etc.
sondern but (on the other hand)

die *Sonne, –n* sun
sonst otherwise, else; formerly
spät late
das *Spiel, –e* game, play; *spielen*
  play
die *Sprache, –n* language, speech;
  sprechen, a, o speak
die *Stadt, ̈e* city
stark strong
statt (anstatt) instead of
stecken put, stick; *(intrans.)* stick,
  be
stehen, stand, gestanden stand;
  stehen-bleiben, ie, ie (ist) stop
steigen, ie, ie (ist) climb, rise
der *Stein, –e* stone
die *Stelle, –n; stellen* place
sterben, a, o (ist) die
die *Stimme, –n* voice
der *Stoff, –e* matter, material
die *Straße, –n* street
das *Stück, –e* piece; play
der *Stuhl, ̈e* chair
die *Stunde, –n* hour; moment;
  lesson
suchen look for, seek
der *Süd(en)* south
süß sweet

der *Tag, –e* day
die *Tasche, –n* pocket; bag
der (das) *Teil, –e* part
teuer expensive; dear
tief deep
das *Tier, –e* animal, creature
der *Tisch, –e* table
die *Tochter, ̈* daughter
der *Tod, –e* death; *tot* dead;
  töten kill
tragen, u, a carry; wear
der *Traum, ̈e; träumen* dream
traurig sad
treffen, traf, getroffen meet; hit
  (upon); affect
treiben, ie, ie drive; do
treten, a, e (ist) step, walk; *(hat)*
  kick

treu loyal
trinken, a, u drink
tun, tat, getan do; act; put
die *Tür(e), –(e)n* door

über over; about, etc.
überall' everywhere
überhaupt' at all; altogether;
  really
die *Uhr, –en* clock, watch; o'clock
um around, about; for, etc.; in
  order (to)
und and
unten below, downstairs; *unter*
  under; among

der *Vater, ̈* father
verdienen deserve; earn
vergessen, vergaß, vergessen forget
verkaufen sell
verlangen demand, ask; long for
verlassen, verließ, verlassen leave,
  desert
verlieren, o, o lose
verschwinden, a, u (ist) disappear
versprechen, a, o promise
verstehen, verstand, verstanden understand
der *Versuch, –e* attempt, experiment; *versuchen* try
viel much
vielleicht' perhaps
der *Vogel, ̈* bird
das *Volk, ̈er* people
voll full (of)
von of; from; by, etc.
vor before; with; ago, etc.

wachsen, u, a (ist) grow
der *Wagen, –* car; wagon
wahr true
während while; during
der *Wald, ̈er* forest
die *Wand, ̈e* wall
wann when
warten wait
warum' why

was what; which, that; whatever;
= *etwas*; = *warum*; *colloq.* =
nicht wahr
was für ein what sort of
das *Wasser, –* water
der *Weg, –* way, road
wegen because of; about, etc.
weil because
die *Weile* while
weinen cry
die *Weise, –n* manner, way
weiß white
weit far, wide
welch which, what, who, that
die *Welt, –en* world
wenden, wandte, gewandt (or reg.)
turn
wenig little; (pl.) few
wenn if, when, whenever
wer who; whoever
werden, wurde, geworden (*ist*) become; shall, will; be
werfen, a, o throw
das *Werk, –e* work
das *Wetter* weather
wichtig important
wie how; as; like; as if
wieder again; in turn

wirklich real
wissen, wußte, gewußt know
wo where; when; *woher'* where
. . . from; *wohin'* where . . . to
die *Woche, –n* week
wohl probably; surely; well, comfortable
wohnen live, dwell; *die Wohnung,*
–en dwelling, apartment
wollen want to; claim to; be about
to, etc.
das *Wort, –e* and *–̈er* word
der *Wunsch, –̈e, wünschen* wish

zeigen show; point
die *Zeit, –en* time
ziehen, zog, gezogen (*hat*) pull;
(*ist*) go, move
das *Zimmer, –* room
zu to; at, etc.; too
zuerst' (at) first
der *Zug, –̈e* train, feature; move;
procession
zuletzt' at last, finally
zusam'men together
zwar to be sure; specifically
zwischen between, among

Lebendige Literatur

Part One

HELGA NOVAK was born in Berlin (1935), grew up in East Germany, studied at Leipzig, and worked in bookstores and factories in the East. In 1961 she went with her husband to Iceland, returning to Germany in 1967—this time to the West. She lives in Frankfurt am Main, although she is still an Icelandic citizen. In both poetry and prose she shows a critical, highly "involved" social conscience, always manifested in concrete situations and quite ordinary individuals. The several stories in this reader are taken from her recent work *Geselliges Beisammensein* (1968). They exhibit an unsentimental view of human behavior, an awareness, more wry than caustic, of the inconsistencies and pretense of everyday life. Some satirists strip the mask rudely; Helga Novak removes it gently but firmly.

In the present story, an elaborate but quite plausible sequence of events lies ironically embedded in—or hidden behind—the most banal dialogue. A routine embarrassment is catapulted into semipermanence, and it is hard to say who is more to "blame": callous Adam or impoverished Eve. The surprise time-break before the last paragraph is exceptionally effective; double meanings and indirections enliven the "simple" style.

---

    die Fahrkarte   *ticket*
1. Kiel   *North German city, on Baltic* · der Hafen   *harbor*
3. an-kommen†   *arrive* · ab-fahren†   *leave*
4. der Eingang   *entrance*
5. weinrot   *wine red* · der Rollkragenpullover   *turtle-neck sweater*
8. die Handtasche   *handbag*
9. das Gepäck   *luggage* · der Bahnhof   *railroad station* · das Schließfach   *locker*
10. bezahlen   *pay*
12. auf-wachen   *wake up*
16. naja   *well*
17. an-rufen†   *call up*

20. sofort' = sogleich
21. zu-hören   *listen*

Part One / Section I

Fahrkarte bitte

by Helga Novak

Kiel sieht neu aus. Es ist dunkel. Ich gehe zum Hafen. Mein
Schiff ist nicht da. Es fährt morgen. Es kommt morgen vor-
mittag° an und fährt um dreizehn Uhr wieder ab. Ich sehe
ein Hotel°. Im Eingang steht ein junger Mann. Er trägt
einen weinroten Rollkragenpullover.   5
    Ich sage, haben Sie ein Einzelzimmer°?
    Er sagt, ja.
    Ich sage, ich habe nur eine Handtasche bei mir, mein ganzes
Gepäck ist auf dem Bahnhof in Schließfächern.
    Er sagt, Zimmer einundvierzig. Wollen Sie gleich bezahlen? 10
Ich sage, ach nein, ich bezahle morgen.
    Ich schlafe gut. Ich wache auf. Es regnet in Strömen°. Ich
gche hinunter. Der junge Mann hat eine geschwollenc°
Lippe°.
    Ich sage, darf ich mal telefonieren°?   15
    Er sagt, naja.
    Ich rufe an.
    Ich sage, du, ja, hier bin ich, heute noch, um eins, ja, ich
komme gleich, doch ich muß, ich habe kein Geld, mein Hotel,
ach fein°, ich gebe es dir zurück, sofort, schön.   20
    Der junge Mann steht neben mir. Er hat zugehört.
    Ich sage, jetzt hole ich Geld. Dann bezahle ich. Er sagt,
zuerst bezahlen.

2. leisten *afford*
3. nachher' *later*

10. Was haben Sie denn von mir? *What good am I to you? What can you get from me?*

15. ab-warten *wait and see*

17. solan'ge *for a while* · die Gaststube *dining room, lounge*

21. verschließen† *lock away* · die Kasset'te *strong-box, cash box*
23. das Weiße Ahornblatt *White Maple Leaf (name of hotel)*
24. die Servie'rerin *waitress*
25. glänzend *splendid*

4. **könnte . . . kommen** *(subjunctive of probability)* *might come*
12. **wäre** *(subjunctive as though in conclusion of "if" clause)* *would be*

Ich sage, ich habe kein Geld, meine Freundin.
Er sagt, das kann ich mir nicht leisten.
Ich sage, aber ich muß nachher weiter.
Er sagt, da könnte ja jeder kommen.
Ich sage, meine Freundin kann nicht aus dem Geschäft weg. 5
Er lacht.
Ich sage, ich bin gleich wieder da.
Er sagt, so sehen Sie aus.
Ich sage, lassen Sie mich doch gehen. Was haben Sie denn
von mir? 10
Er sagt, ich will Sie ja gar nicht.
Ich sage, manch einer wäre froh.
Er sagt, den zeigen Sie mir mal.
Ich sage, Sie kennen mich noch nicht.
Er sagt, abwarten und Tee° trinken. 15
Es kommen neue Gäste.
Er sagt, gehen Sie solange in die Gaststube.
Er kommt nach.
Ich sage, mein Schiff geht um eins.
Er sagt, zeigen Sie mir bitte Ihre Fahrkarte. 20
Er verschließt die Fahrkarte in einer Kassette.

Ich sitze in der Gaststube und schreibe einen Brief. Liebe
Charlotte, seit einer Woche bin ich im *Weißen Ahornblatt*
Serviererin. Nähe Hafen. Wenn Du hier vorbeikommst, sieh
doch zu mir herein. Sonst geht es mir glänzend. Deine Maria. 25

SUGGESTIONS The themes of lack of communication and estrangement expressed here give a special twist to the Janus face. (Janus was an ancient Roman god of gates and beginnings, represented with two opposite faces.) The "ich" of the poem becomes the "du"—and each becomes a mask to the other. For to be and do the same is to conceal the real self. Do the last lines answer the question posed in the third strophe?

10. verschweigen†   *conceal, not say*   16. ersetzen   *take the place of* · der Spiegel   *mirror*

Janus

Dein Gesicht
sagt weder ja noch
nein.
Ich habe
nicht gefragt und nicht   5
geantwortet.

Du hast etwas gesagt.
Ich habe etwas gesagt.

Wir haben beide
etwas verschwiegen.   10
Wer von uns
ist nun schuldig?

Mein Gesicht
sehe ich nicht.
Ich habe Deines.   15
Das ersetzt mir den Spiegel.

GÜNTER GUBEN

FRIEDRICH ACHLEITNER   Not all literary works demand a search for profundities. The genre of the literary spoof may justify itself by the amusement it occasions. Parody implies skeptical distance and an unwillingness to be taken in, and these attitudes are defensible in themselves. They also keep us from viewing life too seriously. With Achleitner as with Ionesco, however, seemingly meaningless dialogue, narration devoid of rational cause and effect, and situations with no focus may be metaphors of our absurd existence.

Of what kind of story or narrative form is *der schöne hut* reminiscent? Is the "plot" wholly mad, or do the characters manifest certain consistent (if cryptic) attitudes and traits? For example, is there enough evidence to differentiate the character of the king from that of the queen? Does the nature of repetitions and permutations remind you of any aspect of your educational experience? (Compare Ionesco's *Lesson*. Note too the variety of tenses and the fact that practically all substantives and verbs are modified.)

By training an architect, and subsequently an instructor in architectural history at the Vienna Academy of Art, Friedrich Achleitner made his transition to literature in part through that most architectural of literary forms, "concrete poetry." Although he worked with some of the leaders of this avant-garde form (and on their journal *konkrete poesie*), he was also enough of a skeptic to satirize their "word magic." His interest in Bavarian and Austrian dialect poetry, and the comic inspiration of *der schöne hut* are further evidence of his keen sense for the outer reaches of language.

Achleitner was born in Upper Austria in 1930, lives and works in Vienna.

---

häßlich   *ugly*
1. der König   *king* · schmal   *narrow* · finster   *dark*
2. gelb   *yellow* · der Schlüssel   *key* · vornehm   *aristocratic, distinguished*
5. ungenau   *inexact* · das Loch   *hole*
8. der Stoß   *push*
16. betreten†   *enter*

18. vorzüglich   *excellent*

der schöne hut
oder
der häßliche hut

by Friedrich Achleitner

1

der könig ist an der schmalen tür seines finsteren hauses. er
nimmt den gelben schlüssel aus der vornehmen tasche. das ist
er. und das ist eine vornehme tasche. er hat den gelben
schlüssel in der hand. er wird den gelben schlüssel in das
ungenaue schlüsselloch stecken. er steckt den gelben schlüssel 5
in das ungenaue schlüsselloch. jetzt ist der gelbe schlüssel im
ungenauen schlüsselloch. und bald wird der könig der
schmalen tür einen stoß geben. bald wird die schmale tür offen
sein. jetzt gibt er der schmalen tür einen stoß. jetzt ist sie offen.
jetzt kann der könig den gelben schlüssel wieder ruhig in die 10
vornehme tasche stecken. der könig steckt den gelben schlüssel
wieder ruhig in die vornehme tasche. der könig steckte den
gelben schlüssel wieder ruhig in die vornehme tasche. jetzt
schreitet der könig in sein finsteres haus. er schritt in sein
finsteres haus und die schmale tür ist wieder geschlossen. 15

2

bald wird der könig ein kaltes zimmer betreten. das kalte
zimmer hat eine schmale tür. das ist das kalte zimmer. der
könig betritt das kalte zimmer. er schreitet zum vorzüglichen
tisch. er wird seinen schönen hut auf den vorzüglichen tisch
legen. ist sein schöner hut jetzt auf dem vorzüglichen tisch. 20

12. unwürdig *unworthy*

15. sehn, gehn = sehen, gehen

24. der Haken *hook*

31. dorthin' *there*

10. **sei** *(present subjunctive, indirect discourse)*

wo ist die königin°. sie ist in einem anderen zimmer. wer ist das. ja, das ist die königin. ihr name ist ann. dieses kalte zimmer hat zwei schmale türen. das ist die eine schmale tür des kalten zimmers. das ist die andere schmale tür des kalten zimmers. und das ist ein wichtiges fenster des kalten zimmers. 5 und das ist ein anderes wichtiges fenster. ein fenster ist offen. das andere ist wichtiger. die königin ist nicht im kalten zimmer.

3
der könig kam ins kalte zimmer. der könig tat seinen schönen hut auf den vorzüglichen tisch. das volk sagt, der hut sei 10 häßlich. ein häßlicher hut. der häßliche hut sei eines königs unwürdig. o dieser häßliche hut des königs. der könig ging durch diese schmale tür. er verließ das kalte zimmer. die königin kommt ins kalte zimmer. sie wird den häßlichen hut sehn. sie wird zum vorzüglichen tische gehn. sie geht zum 15 vorzüglichen tische. sie sieht den häßlichen hut. was ist das. des königs häßlicher hut. wann sah sie ihn. sie sah ihn als sie beim vorzüglichen tische stand. sie wird den häßlichen hut vom vorzüglichen tische nehmen. sie nimmt den häßlichen hut vom vorzüglichen tische. sie hat den häßlichen hut in der 20 hand. sie verläßt das kalte zimmer. sie verließ mit dem häßlichen hut das kalte zimmer. sie hatte des königs häßlichen hut in der hand.

4
das sind grüne haken. ein häßlicher hut ist am grünen haken. es ist der königin häßlicher hut. sie tut den häßlichen hut des 25 königs auf einen anderen grünen haken. jetzt ist der häßliche hut des königs auch auf einem grünen haken. der könig kommt wieder ins kalte zimmer. er geht wieder zum vorzüglichen tisch. sein häßlicher hut ist nicht mehr auf dem vorzüglichen tisch. er sagt. wo ist mein schöner hut. ich tat ihn auf 30 den vorzüglichen tisch. ich tat ihn dorthin. wo ist mein schöner hut. ich habe ihn nicht. er ist nicht hier. wo ist er. königin, wo ist mein schöner hut. die königin wird in das kalte zimmer kommen. sie kommt.

der schöne hut oder der häßliche hut 11

5

sie sagt. hier bin ich. der könig sagt. wo ist mein schöner hut.
sie sagt. er war auf dem vorzüglichen tisch. ich tat ihn an den
grünen haken im anderen zimmer. ich tat ihn dorthin. er ist
dort. er ist am grünen haken. der könig sagt. ich werde ins
andere zimmer gehn. ich werde meinen schönen hut nehmen. 5
er nimmt seinen häßlichen hut. nahm er seinen häßlichen hut.
er nahm ihn. er hat ihn in der hand. er verließ das kalte
zimmer. als er den häßlichen hut sah, nahm er ihn vom grünen
haken. er kam wieder ins kalte zimmer. er hatte den häßlichen
hut in der hand. er gibt der königin den häßlichen hut. 10

6

er sagt. königin. er sagt. was ist in meinem schönen hut. die
königin wird den häßlichen hut in die hand nehmen. was
nimmt sie aus dem häßlichen hut. was hat sie in der hand.
geld. sie hat geld in der hand. es war im häßlichen hut. er
war auf dem vorzüglichen tisch. was sah sie. sie sah den 15
häßlichen hut. aber sie sah nicht das geld. sie nahm den häßlichen hut. sie tat ihn an den grünen haken im anderen
zimmer. da ging der könig ins andere zimmer und nahm den
häßlichen hut vom grünen haken. wer nahm ihn. der könig
nahm ihn. sieht die königin das geld jetzt. ja, jetzt sieht sie es. 20
sie sagt. könig, wie kommt dieses geld in den häßlichen hut.

7

ich ging auf der straße. der wind kam und nahm meinen
schönen hut vom kopf. ich ging dem schönen hute nach. als ich
ihn in die hand nahm, sah ich das geld. das geld war unter
dem schönen hut. als der wind kam nahm er meinen schönen 25
hut vom kopf. dann kam er wieder herunter. und das geld
war dort. der schöne hut war auf dem geld. das geld war unter
dem schönen hut.

WOLFGANG BORCHERT Much German writing immediately after World War II was characterized by the utmost simplicity and directness of language, a sort of metaphor for the stark urgency of what these writers had to say. Wolfgang Borchert is a prime example.

Borchert was born in Hamburg in 1921. He died in 1947. During the course of the Second World War he was seriously wounded, twice jailed for his scorn and defiance of the Nazis, once condemned to death, and finally, at war's end, released by the Americans—to walk all the way back to Hamburg from southwest Germany. Physically ruined, he had only two years left in which to write. His is one of the most eloquent voices of what was truly a "lost generation"—and his answer is a passionate love of man, a deep-seated hatred of war.

The following selections are from a story of relentless insight and technical brilliance, an anguished commentary on the cruelty of war. Lieutenant Fischer walks the long road home from Russia. The story describes, in "stream of consciousness" technique, the visions that torment his mind.

---

     lang = entlang   *along*
5. der *(demonstrative)* = er *(common in popular speech)*

10. grau *grey* · die Straßenbahn *streetcar*
11. so wunderhübsch gelb *such a pretty yellow*

14. liegen† *here: be down, be hospitalized*

16. schneidig *snappy*

18. marschie′ren *march*

20. Woronesch = *Voronezh* *(Russian city)* · begraben† *bury*

from Die lange lange Straße lang

by Wolfgang Borchert

Eben hat einer zu mir gesagt: Guten Tag, Herr Fischer. Bin
ich Herr Fischer? Kann ich Herr Fischer sein, einfach wieder
Herr Fischer? Ich war doch Leutnant Fischer. Kann ich denn
wieder Herr Fischer sein? Bin ich Herr Fischer? Guten Tag,
hat der gesagt. Aber der weiß nicht, daß ich Leutnant Fischer 5
war. Einen guten Tag hat er gewünscht — für Leutnant
Fischer gibt es keine guten Tage mehr. Das hat er nicht
gewußt.
  Und Herr Fischer geht die Straße lang. Die lange Straße
lang. Die ist grau. Er will zur Straßenbahn. Die ist gelb. So 10
wunderhübsch gelb. Links zwei, Herr Fischer. Links zwei drei
vier. Herr Fischer hat Hunger. Er hält nicht mehr Schritt. Er
will doch noch mit, denn die Straßenbahn ist so wunderhübsch
gelb in dem Grau. Zweimal hat Herr Fischer schon gelegen.
Aber Leutnant Fischer kommandiert°. Links zwei drei vier, 15
vorwärts°, Herr Fischer! Weiter, Herr Fischer! Schneidig,
Herr Fischer, kommandiert Leutnant Fischer. Und Herr
Fischer marschiert die graue Straße lang, die graue graue lange
Straße lang. . . .

57 haben sie bei Woronesch begraben. Ich bin Leutnant 20
Fischer. Mich haben sie vergessen. Ich war noch nicht ganz tot.
Zweimal hab ich schon gelegen. Jetzt bin ich Herr Fischer.

3. kriegen *catch*

8. stumm *mute*

11. frieren† *freeze*
12. das Hemd *nightshirt*
13. der Ortsvorsteher *mayor*

17. der Pfarrer *pastor*

29. drehen *turn* · rum = herum
30. um-bringen† = töten
31. der Minis'ter *(cabinet) minister*

35. der Sektkorb = die Sektkorbflasche *champagne bottle (en-closed in wicker)* · verstecken *hide*
36. prosten *toast*
37. da'rum *that's why*
38. sich um-sehen† *look around*

Ich bin 25 Jahre alt. 25 mal 57. Und die haben sie bei Woronesch begraben. Nur ich, ich, ich bin noch unterwegs°. Ich muß die Straßenbahn noch kriegen. Hunger hab ich. . . .

57 kommen jede Nacht nach Deutschland. . . . 57 kommen jede Nacht an mein Bett, 57 fragen jede Nacht: wo ist deine Kompanie°? Bei Woronesch, sag ich dann. Begraben, sag ich dann. Bei Woronesch begraben. 57 fragen Mann für Mann: Warum? Und 57mal bleib ich stumm.

57 gehen nachts zu ihrem Vater. 57 und Leutnant Fischer. Leutnant Fischer bin ich. 57 fragen nachts ihren Vater: Vater, warum? Und der Vater bleibt 57mal stumm. Und er friert in seinem Hemd. Aber er kommt mit.

57 gehen nachts zum Ortsvorsteher. 57 und der Vater und ich. 57 fragen nachts den Ortsvorsteher: Ortsvorsteher, warum? Und der Ortsvorsteher bleibt 57mal stumm. Und er friert in seinem Hemd. Aber er kommt mit.

57 gehen nachts zum Pfarrer. 57 und der Vater und der Ortsvorsteher und ich. 57 fragen nachts den Pfarrer: Pfarrer, warum? Und der Pfarrer bleibt 57mal stumm. Und er friert in seinem Hemd. Aber er kommt mit.

57 gehen nachts zum Schulmeister°. 57 und der Vater und der Ortsvorsteher und der Pfarrer und ich. 57 fragen nachts den Schulmeister: Schulmeister, warum? Und der Schulmeister bleibt 57mal stumm. Und er friert in seinem Hemd. Aber er kommt mit.

57 gehen nachts zum General°. 57 und der Vater und der Ortsvorsteher und der Pfarrer und der Schulmeister und ich. 57 fragen nachts den General: General, warum? Und der General — der General dreht sich nicht einmal rum. Da bringt der Vater ihn um. Und der Pfarrer? Der Pfarrer bleibt stumm.

57 gehen nachts zum Minister. 57 und der Vater und der Ortsvorsteher und der Pfarrer und der Schulmeister und ich. 57 fragen nachts den Minister: Minister, warum? Da hat der Minister sich sehr erschreckt. Er hatte sich so schön hinterm Sektkorb versteckt, hinterm Sekt. Und da hebt er sein Glas und prostet nach Süden und Norden und Westen und Osten. Und dann sagt er: Deutschland, Kameraden°, Deutschland! Darum! Da sehen die 57 sich um. Stumm. So lange und stumm. Und sie sehen nach Süden und Norden und Westen und Osten.

Die lange lange Straße lang 17

3. das Grab   *grave*

5. die Ewigkeit   *eternity*
6. über   *left*

27. hinter mir her   *after me*

Und dann fragen sie leise: Deutschland? Darum? Dann drehen
die 57 sich rum. Und sehen sich niemals mehr um. 57 legen
sich bei Woronesch wieder ins Grab. Sie haben alte arme
Gesichter. Wie Frauen. Wie Mütter. Und sie sagen die Ewigkeit durch: Darum? Darum? Darum? 5
57 haben sie bei Woronesch begraben. Ich bin über. Ich bin
Leutnant Fischer. Ich bin 25. Ich will noch zur Straßenbahn.
Ich will mit. Ich bin schon lange lange unterwegs. Nur Hunger
hab ich. Aber ich muß. 57 fragen: Warum? Und ich bin über.
Und ich bin schon so lange die lange lange Straße unterwegs.... 10

Aber ein Fenster weiter sitzt eine Mutter. Die hat drei
Bilder vor sich. Drei Männer in Uniform°. Links steht ihr
Mann. Rechts steht ihr Sohn. Und in der Mitte steht der
General. Der General von ihrem Mann und ihrem Sohn. Und
wenn die Mutter abends zu Bett geht, dann stellt sie die Bilder, 15
daß sie sie sieht, wenn sie liegt. Den Sohn. Und den Mann.
Und in der Mitte den General. Und dann liest sie die Briefe,
die der General schrieb. 1917. Für Deutschland. — steht auf
dem einen. 1940. Für Deutschland.—steht auf dem anderen.
Mehr liest die Mutter nicht. Ihre Augen sind ganz rot. Sind 20
so rot. . . .

Ein Mensch läuft durch die Straße. Die lange lange Straße
lang. Er hat Angst. Er läuft mit seiner Angst durch die
Welt. . . . Der Mensch bin ich. Ich bin 25. Und ich bin unter-
wegs. Bin lange schon und immer noch unterwegs. Ich will 25
zur Straßenbahn. Ich muß mit der Straßenbahn, denn alle sind
hinter mir her. Sind furchtbar hinter mir her.
Ein Mensch läuft mit seiner Angst durch die Straße. Der
Mensch bin ich. Ein Mensch läuft vor dem Schreien devon.
Der Mensch bin ich. Ein Mensch glaubt an Tomaten° und 30
Tabak°. Der Mensch bin ich. Ein Mensch springt auf die
Straßenbahn, die gelbe gute Straßenbahn. Der Mensch bin
ich.
Ich fahre mit der Straßenbahn, der guten gelben Straßen-
bahn. Wo fahren wir hin? frag ich die andern. . . . Da sagt 35
keiner ein Wort. . . . Wohin fahren wir denn? frag ich den

1. der Schaffner *conductor* · das Billett' *ticket*
2. bezahlen *pay*

5. unbegreiflich *impenetrable*
6. uralt *ancient* · die Falte *wrinkle*
7. erkennen† *recognize, tell*

10. die Klingel *bell*

SUGGESTIONS What immediate associations does the reader make with the typhoon? How are the last three lines "proof" that the typhoon is to be taken metaphorically?

5. der Nachbar *neighbor*　　7. das Dach *roof*

Schaffner. Da gibt er mir ein hoffnungsgrünes Billett. . . .
Bezahlen müssen wir alle, sagt er und hält seine Hand auf.
Und ich gebe ihm 57 Mann. Aber wohin fahren wir denn?
frag ich die andern. Wir müssen doch wissen: wohin?. . . .
Und der Schaffner macht ein unbegreifliches Gesicht. Es ist ein   5
uralter Schaffner mit zehntausend Falten. Man kann nicht
erkennen, ob es ein böser oder ein guter Schaffner ist. Aber
alle bezahlen bei ihm. Und alle fahren mit. Und keiner weiß:
ein guter oder böser. Und keiner weiß: wohin. Tingeltangel°,
macht die Klingel der Straßenbahn. Und keiner weiß: wohin? 10
Und alle fahren: mit. Und keiner weiß — — — und keiner
weiß — — — und keiner weiß — — —

Taifun°

wir wissen wann
der taifun kommt,
er ist noch nicht
da,
aber der nachbar   5
ist schon ohne
dach.

EVA VAN HOBOKEN

HELGA NOVAK For its principal effect, *Schlittenfahren* does not depend upon the more than slightly macabre denouement, nor is it simply an amusing joke centered on the double meaning of *hereinkommen*. (Compare the effect of the words *kommt rein* at the end of the story with their use throughout.) It is an instructive parable on what happens when language is used not to communicate with somebody else but just to be saying something. It could also be thought of as practical instruction on how not to raise children.

---

das Schlittenfahren   *sliding, sledding*

1. das Eigenheim   *private home*
2. fließen†   *flow* · der Bach   *brook*

4. der Schlitten   *sled*

7. brüllen   *yell*
8. rein = herein

10. erscheinen†   *appear*
11. Na wirds bald   *hurry up* · nix   *no back talk*

13. klappen   *slam*
14. die Schnur   *rope*
15. schluchzen   *sob*

18. Schluß jetzt   *now stop it*

21. sonstwie   *anything else*

Schlittenfahren

by Helga Novak

Das Eigenheim steht in einem Garten. Der Garten ist groß.
Durch den Garten fließt ein Bach. Im Garten stehen zwei
Kinder. Das eine der Kinder kann noch nicht sprechen. Das
andere Kind ist größer. Sie sitzen auf einem Schlitten. Das
kleinere Kind weint. Das größere sagt, gib den Schlitten her. 5
Das kleinere weint. Es schreit.

Aus dem Haus tritt ein Mann. Er sagt, wer brüllt, kommt
rein. Er geht in das Haus zurück. Die Tür fällt hinter ihm zu.

Das kleinere Kind schreit.

Der Mann erscheint wieder in der Haustür. Er sagt, komm 10
rein. Na wirds bald. Du kommst rein. Nix. Wer brüllt,
kommt rein. Komm rein.

Der Mann geht hinein. Die Tür klappt.

Das kleinere Kind hält die Schnur des Schlittens fest. Es
schluchzt. 15

Der Mann öffnet die Haustür. Er sagt, du darfst Schlitten
fahren, aber nicht brüllen. Wer brüllt, kommt rein. Ja. Ja.
Jaaa. Schluß jetzt.

Das größere Kind sagt, Andreas will immer allein fahren.

Der Mann sagt, wer brüllt, kommt rein. Ob er nun Andreas 20
heißt oder sonstwie.

Er macht die Tür zu.

Das größere Kind nimmt dem kleineren den Schlitten weg.

1. quietscht, jault, quengelt *whines, squeals, whimpers*

4. rodeln *coast, slide*

7. pfeifen† *whistle*

15. der Spalt *crack*

Das kleinere Kind schluchzt, quietscht, jault, quengelt. Der Mann tritt aus dem Haus. Das größere Kind gibt dem kleineren den Schlitten zurück. Das kleinere Kind setzt sich auf den Schlitten. Es rodelt.

Der Mann sieht in den Himmel. Der Himmel ist blau. Die Sonne ist groß und rot. Es ist kalt.

Der Mann pfeift laut. Er geht wieder ins Haus zurück. Er macht die Tür hinter sich zu.

Das größere Kind ruft, Vati, Vati, Vati, Andreas gibt den Schlitten nicht mehr her.

Die Haustür geht auf. Der Mann steckt den Kopf heraus. Er sagt, wer brüllt, kommt rein. Die Tür geht zu.

Das größere Kind ruft, Vati, Vativativati, Vaaatiii, jetzt ist Andreas in den Bach gefallen.

Die Haustür öffnet sich einen Spalt breit. Eine Männerstimme ruft, wie oft soll ich das noch sagen, wer brüllt, kommt rein.

REINHARD LETTAU, born in Erfurt in 1929, now teaches German literature and creative writing at the University of California in San Diego. A member of the famous postwar writers' club, Gruppe 47, he is also its "house historian": his *Gruppe 47, ein Handbuch* appeared in 1967 to mark the twentieth anniversary of this politically engaged circle of young writers who, in the words of another member, form a group that is "eigentlich gar keine Gruppe. Sie nennt sich nur so."

A similar paradox of identification characterizes Lettau's short prose texts, of which *Auftritt* is a typical example. It is not even clear what "genre" they represent. They communicate the very irrationality of life, a sense of absurdity that relates Lettau to Achleitner. But Lettau deals more clearly with how we treat the existence of others, how we "know" them or avoid knowing them. *Auftritt* is on the surface a stage term. It means "scene," because it means that people "enter" (*auftreten*). Here the stage is occupied by, if you will, an in-group, and the one who would enter is an outsider. At the end of the "scene" he has been rejected, but "we" have lost something too—and are aware of it too late. How is the seemingly innocent anecdote raised to the level of parable in this "scene"? "Auftritt" means other things. Can we attach any importance to its double (or triple) meaning? To the designation of the participants as "ein Herr" and "wir"?

---

4. erneut   *once again*
7. betreten†   *enter*
8. sich handeln um   *involve, be a question of*
11. winken   *wave*

14. wiederum = wieder
15. beina'he   *almost*

17. erwarten   *await*
18. die Wiederholung   *repeat, repetition*
19. zögern   *delay*

Auftritt

by Reinhard Lettau

Ein Herr tritt ein.
    „Ich bin's", sagt er.
    „Versuchen Sie es noch einmal", rufen wir.
Er tritt erneut ein.
    „Hier bin ich", sagt er.   5
    „Es ist nicht viel besser", rufen wir.
Wieder betritt er das Zimmer.
    „Es handelt sich um mich", sagt er.
    „Ein schlechter Anfang", rufen wir.
Er tritt wieder ein.   10
    „Hallo", ruft er. Er winkt.
    „Bitte nicht", sagen wir.
Er versucht es wieder.
    „Wiederum ich", ruft er.
    „Beinahe", rufen wir.   15
Noch einmal tritt er ein.
    „Der Langerwartete", sagt er.
    „Wiederholung", rufen wir, aber ach, nun haben wir zu
lange gezögert, nun bleibt er draußen, will nicht mehr
kommen, ist weggesprungen, wir sehen ihn nicht mehr, selbst 20
wenn wir die Haustüre öffnen und links und rechts die Straße
schnell hinunterschauen.

SUGGESTIONS   The person speaking leaves the house of his love, but hopes to be summoned back. He is not, for his love does not notice his leaving.

The door is a conventional metaphor ("leave the door open" = "not exclude the possibility"). Rain images sadness and also tears. Are finality and resignation mirrored in the consistently end-stopped lines?

Title. der Abschied   *farewell*   2. die Stufe   *step*   3. riefest *(past subjunctive)   would call*

SUGGESTIONS   What is the total effect of the placing of "Abschied II" after "Abschied I"? In what specific ways does the language suggest a different level of personal identification and emotional reaction?

Note the allusions: Orpheus made the stones sing; a heart hard as stone is proverbial. Her heart is in the sound, and the whole picture of death as "expiring" of the soul is close to this image.

12. von hinnen   *away*   14. dunkelen = dunklen   15. wandeln *transform* · der Klang   *sound*   16. hauchen   *breathe* · die Kehle *throat*

Abschied

I

Ich ließ die Türe offen.
Langsam ging ich die Stufen.
Ich dachte: vielleicht, daß du riefest —
Aber du hast nicht gerufen.

Ach, das ist Regen
Auf meinem Gesicht.
Ich bin von dir gegangen.
Du fühltest es nicht.

II

Du bist gegangen — ach —
Und ich hatte so viel noch zu fragen.
Du hattest Antwort — ach —
Und hast sie von hinnen getragen.

Nun sitze ich, arm, allein,
Mit meiner dunkclen Seele,
Und wandle zu Klang den Stein
Und hauche mein Herz durch die Kehle.

INA SEIDEL

PETER BICHSEL was born in 1935 in Lucerne, Switzerland and grew up in the town of Olten (Canton Solothurn). After graduation from college he became an elementary school teacher in the village of Zuchwil, where he now lives. The notable success of his collection of short stories, *Eigentlich möchte Frau Blum den Milchmann kennenlernen* (1964), and a novel, *Die Jahreszeiten* (1967), led him to give up teaching and devote himself fully to writing. Another volume of stories appeared in 1969 under the title *Kindergeschichten*. Bichsel has been the recipient of the literary prize of Gruppe 47 and the Lessing Prize of the city of Hamburg, both in 1965. In 1972 he visited the United States and gave a number of readings from his short stories.

One of the most popular of these, *Jodok*, might well be called a *"Kindergeschichte* for adults," for its amusing account of the eccentric, even deranged grandfather ends with a startling confession that is far from humorous: "Leider ist diese Geschichte nicht wahr." The grandfather's sadness and his increasingly obsessive "Jodok," as well as the young narrator's rage, betray not merely a fearful sense of isolation and estrangement from everyday existence, but also the (unconscious) use of language to create a surrogate "reality" and thus strike a bridge over the emptiness that is the source of the child's fear. For when nothing is heard finally but "Jodok"—does this not suggest a defiantly affirmative "Ja doch!"? —"haben wir zwei uns doch immer sehr gut verstanden."

---

läßt grüßen   *sends regards*
8. besuchen   *visit* · die Maulgeige   *Jew's harp* · schenken   *give*
13. gescheit   *bright, clever*
14. jedenfalls   *in any event*

18. zufrie'den   *content*

22. der Lokomotiv'führer   *train engineer*

Jodok läßt grüßen

by Peter Bichsel

Von Onkel Jodok weiß ich gar nichts, außer daß er der Onkel des Großvaters war. Ich weiß nicht, wie er aussah, ich weiß nicht, wo er wohnte und was er arbeitete.

Ich kenne nur seinen Namen: Jodok.

Und ich kenne sonst niemanden, der so heißt.   5

Der Großvater begann seine Geschichten mit: „Als Onkel Jodok noch lebte" oder mit „Als ich den Onkel Jodok besuchte" oder „Als mir Onkel Jodok eine Maulgeige schenkte."

Aber er erzählte nie von Onkel Jodok, sondern nur von der Zeit, in der Jodok noch lebte, von der Reise zu Jodok und 10 von der Maulgeige von Jodok.

Und wenn man ihn fragte: „Wer war Onkel Jodok?", dann sagte er: „Ein gescheiter Mann."

Die Großmutter jedenfalls kannte keinen solchen Onkel, und mein Vater mußte lachen, wenn er den Namen hörte. 15 Und der Großvater wurde böse, wenn der Vater lachte, und dann sagte die Großmutter: „Ja, ja, der Jodok", und der Großvater war zufrieden.

Lange Zeit glaubte ich, Onkel Jodok sei Förster° gewesen, denn als ich einmal zum Großvater sagte: „Ich will Förster 20 werden", sagte er, „das würde den Onkel Jodok freuen".

Aber als ich Lokomotivführer werden wollte, sagte er das auch, und auch als ich nichts werden wollte. Der Großvater

2. der Lügner   *liar*

5. der Hörer   *receiver*
6. ein-stellen   *dial*

9. die Gabel   *cradle, hook (for telephone receiver)* · runter =
   herunter · drücken   *press* · nur so tat   *only pretended*
10. trotzdem   *in spite of that*
12. Schluß machen = schließen

19. überzeugen   *convince*

21. auf-atmen   *breathe a sigh of relief*

23. an-rufen† = telefonieren

27. spazieren-gehen†   *take a walk*
28. ertragen†   *bear* · die Kälte   *cold*

31. vertragen† = ertragen

34. der Enkel   *grandchild*

36. die Hauptstadt   *capital* · Island   *Iceland*

sagte immer: „Das würde den Onkel Jodok freuen."
Aber der Großvater war ein Lügner.
Ich hatte ihn zwar gern, aber er war in seinem langen
Leben zum Lügner geworden.

Oft ging er zum Telefon°, nahm den Hörer, stellte eine 5
Nummer° ein und sagte ins Telefon: Tag, Onkel Jodok, wie
gehts denn, Onkel Jodok, nein, Onkel Jodok, ja doch,
bestimmt, Onkel Jodok", und wir wußten alle, daß er beim
Sprechen die Gabel runterdrückte und nur so tat.

Und die Großmutter wußte es auch, aber sie rief trotzdem: 10
„Laß jetzt das Telefonieren°, das kommt zu teuer." Und der
Großvater sagte: „Ich muß jetzt Schluß machen, Onkel Jodok"
und kam zurück und sagte: „Jodok läßt grüßen."

Dabei hatte er früher immer gesagt: „Als Onkel Jodok
noch lebte", und jetzt sagte er schon: „Wir müssen unsern 15
Onkel Jodok mal besuchen."

Oder er sagte: „Onkel Jodok besucht uns bestimmt", und
er schlug sich dabei aufs Knie°, aber das sah nicht überzeu-
gend aus, und er merkte es und wurde still und ließ dann
seinen Jodok für kurze Zeit sein. 20
Und wir atmeten auf.

Aber dann begann es wieder:
Jodok hat angerufen.
Jodok hat immer gesagt.
Jodok ist derselben Meinung. 25
Der trägt einen Hut wie Onkel Jodok
Onkel Jodok geht gern spazieren.
Onkel Jodok erträgt jede Kälte.
Onkel Jodok liebt die Tiere liebt Onkel Jodok geht mit
ihnen spazieren bei jeder Kälte geht Onkel Jodok mit den 30
Tieren geht Onkel Jodok verträgt jede Kälte verträgt der
Onkel Jodok
d-e-r O-n-k-e-l J-o-d-o-k.
Und wenn wir, seine Enkel, zu ihm kamen, fragte er nicht:
„Wieviel gibt zwei mal sieben", oder: „Wie heißt die Haupt- 35
stadt von Island", sondern: „Wie schreibt man Jodok?"
Jodok schreibt man mit einem langen J und ohne CK, und

1. schlimm *bad* (das Schlimme an *the bad thing about*)
2. die Stube *room*

5. kochen *cook* · die Bohne *bean*
6. loben *praise*
7. toben *bluster, fume*

18. sogar' *even* · behaupten *claim*

21. streiten† *squabble, fight*

23. bereits = schon

25. der Kosename *nickname*
26. das Schimpfwort *term of abuse* · vermaledei'en *curse* ·
    der Fluch *oath*

30. hieß es *it was*
31. die Zeitung *newspaper*
32. auf-schlagen† *open* · das Unglück *accident, disaster* · das
    Verbrechen *crime*
33. vor-lesen† *read aloud*
34. sich ereignen *occur*
35. fordern *require*

19. **wir hätten** (*past subjunctive, implied indirect discourse*)
    he claimed we had. . . .

das Schlimme an Jodok waren die beiden O. Man konnte sie nicht mehr hören, den ganzen Tag in der Stube des Großvaters die O von Joodook.

Und der Großvater liebte die O von Jooodoook, und sagte: Onkel Jodok kocht große Bohnen. 5
Onkel Jodok lobt den Nordpol°.
Onkel Jodok tobt froh.
Dann wurde es bald so schlimm, daß er alles mit O sagte: Onkol Jodok word ons bosochon, or ost on goschotor Monn, wor roson morgon zom Onkol. 10
Oder so:
Onkoljodok word
onsbosochon orost
ongoschotor mon
woroson mor 15
gonzomonkol.
Und die Leute fürchteten sich mehr und mehr vor dem Großvater, und er begann jetzt sogar zu behaupten, er kenne keinen Jodok, habe nie einen gekannt. *Wir* hätten davon angefangen. *Wir* hätten gefragt: „Wer war Onkel Jodok?" 20
Es hatte keinen Sinn, mit ihm zu streiten.
Es gab für ihn nichts anderes mehr als Jodok.
Bereits sagte er zum Briefträger°: „Guten Tag, Herr Jodok", dann nannte er mich Jodok und bald alle Leute.
Jodok war sein Kosename: „Mein lieber Jodok", sein 25 Schimpfwort: „Vermaledeiter Jodok" und sein Fluch: „Zum Jodok noch mal."
Er sagte nicht mehr: „Ich habe Hunger", er sagte: „Ich habe Jodok." Später sagte er auch nicht mehr „Ich", dann hieß es „Jodok hat Jodok." 30
Er nahm die Zeitung, schlug die Seite „Jodok und Jodok" — nämlich° Unglück und Verbrechen — auf und begann vorzulesen:
„Am Jodok ereignete sich auf der Jodok bei Jodok ein Jodok, der zwei Jodok forderte. Ein Jodok fuhr auf der Jodok 35 von Jodok nach Jodok. Kurze Jodok später ereignete sich auf der Jodok von Jodok der Jodok mit einem Jodok. Der Jodok des Jodoks, Jodok Jodok, und sein Jodok, Jodok Jodok, waren auf dem Jodok tot."

1. stopfen   *stick, stuff*

3. auf-hören   *stop*

5. zum Schluß = endlich

15. der Verwandte   *relative*
16. der Grabstein   *gravestone*

18. so sehr . . . auch   *however much*

19. leider   *unfortunately*

22. sich erinnern   *remember*

25. an-schreien†   *shout at* · schroff   *harsh*

27. sich entschuldigen   *apologize*
28. die Wut   *rage*

17. müsse   *(subjunctive, indirect discourse)*
29-30. wenn . . . hätte   *(past subjunctive, "if" clause contrary to fact; usually continued:* würde ich . . . ; *similarly in the following lines)* if I had . . . , I would . . .
32-33. wäre er . . . , und ich hätte   *(past subjunctives in main clauses after* wenn *clause, alternatives to* würde er . . . sein, und ich würde . . . haben)

Die Großmutter stopfte sich die Finger in die Ohren und rief: „Ich kann's nicht mehr hören, ich ertrag es nicht." Aber mein Großvater hörte nicht auf. Er hörte sein ganzes Leben lang nicht auf, und mein Großvater ist sehr alt geworden, und ich habe ihn sehr gern gehabt. Und wenn er zum Schluß auch nichts anderes mehr als Jodok sagte, haben wir zwei uns doch immer sehr gut verstanden. Ich war sehr jung und der Großvater sehr alt, er nahm mich auf die Knie und jodokte Jodok die Jodok vom Jodok Jodok — das heißt: „Er erzählte mir die Geschichte von Onkel Jodok", und ich freute mich sehr über die Geschichte, und alle, die älter waren als ich, aber jünger als mein Großvater, verstanden nichts und wollten nicht, daß er mich auf die Knie nahm, und als er starb, weinte ich sehr.

Ich habe allen Verwandten gesagt, daß man auf seinen Grabstein nicht Friedrich Glauser, sondern Jodok Jodok schreiben müsse, mein Großvater habe es so gewünscht. Man hörte nicht auf mich, so sehr ich auch weinte.

Aber leider, leider ist diese Geschichte nicht wahr, und leider war mein Großvater kein Lügner, und er ist leider auch nicht alt geworden.

Ich war noch sehr klein, als er starb, und ich erinnere mich nur noch daran, wie er einmal sagte: „Als Onkel Jodok noch lebte", und meine Großmutter, die ich nicht gern gehabt habe, schrie ihn schroff an: „Hör auf mit deinem Jodok", und der Großvater wurde ganz still und traurig und entschuldigte sich dann.

Da bekam ich eine große Wut — es war die erste, an die ich mich noch erinnere — und ich rief: „Wenn *ich* einen Onkel Jodok hätte, ich würde von nichts anderem mehr sprechen!"

Und wenn das mein Großvater getan hätte, wäre er vielleicht älter geworden, und ich hätte heute noch einen Großvater, und wir würden uns gut verstehen.

HELGA NOVAK Another portrait in Helga Novak's gallery of the all-too-human, this one is a vignette of frustration in the face of relentless good intentions. The central figures in the low-key world of Novak are often thus victimized by clichés and trivia, whether in word, personality or situation. They do not necessarily rebel, or even respond sharply. Sometimes they simply escape the prospect of hopeless boredom by slipping out the back door.

These seemingly uncomplicated stories are, in structure and technique, deceptive. Where, for example, is the borderline here between prospect and reality? The friend's onslaught exists at first in the imagination of recall and is expressed in generalized terms: "She always does thus and so." Is there any way of telling when it becomes reality?

kräftig essen   *eat a good meal, eat something substantial*
1. zufällig   *by chance*
2. die (der) Bekannte   *acquaintance*
3. ausgedehnt   *extensive*
4. der Briefwechsel   *correspondence*

6. sich auf-halten†   *stay*
7. widmen   *devote*
8. beschlagnahmen   *take possession of*

10. reißen†   *tug, yank*
11. an-rufen†   *call up*
12. herrlich   *splendid*

14. ach wo   *nonsense* · Haushaltstag   *day for housekeeping*
15. die Wäsche   *laundry*

17. das Kino   *movie*
18. ein-haken   *take one's arm* · an-kommen†   *arrive*

21. sofort' = sogleich · das Gepäck   *baggage*
22. sich lohnen   *be worthwhile*

Kräftig essen

by Helga Novak

Ich bin selten in dieser Stadt. Ich bin zufällig hier.

Ich habe eine Bekannte in dieser Stadt. Sie steht mir sehr nahe. Wir führen einen ausgedehnten, einen intimen° Briefwechsel miteinander.

Ich bin zufällig hier. Ich möchte meine Bekannte nicht 5 treffen. Ich halte mich nur einen Tag lang auf. Ich habe keine Zeit. Wenn ich sie treffe, muß ich mich ihr widmen. Sie beschlagnahmt mich. Sie sagt, was machst DU denn hier, oder, was MACHST du denn hier, oder, was machst du denn HIER. Ich sage, gar nichts. Sie zieht mich. Sie reißt mich mit. Sie sagt, und 10 du rufst mich nicht an. Ich sage, ich wollte es gerade. Sie sagt, dann ist es ja herrlich, daß wir uns treffen. Ich sage, ja. Ich frage, bist du nicht auf dem Weg ins Geschäft. Sie sagt, ach wo, ich habe heute meinen Haushaltstag. Ich sage, dann hast du also große Wäsche. Sie sagt, ich denke nicht daran, zu 15 waschen, wo du schon einmal hier bist. Ich sage, ist hier in der Nähe ein Kino. Sie sagt, Kino. Zuerst ins Café°.

Sie hakt mich ein. Sie sagt, wann bist du angekommen. Ich sage, gestern Abend. Sie sagt, das ist doch nicht möglich. Und wo hast du geschlafen? Ich sage, in einem Hotel. Sie sagt, 20 aber, aber. Wir holen sofort dein Gepäck und bringen es zu mir. Ich sage, das lohnt sich nicht, ich fahre am Nachmittag° weiter. Sie sagt, du fährst am Nachmittag weiter, das kannst

1. an-tun† *do to*
2. vor-haben† *plan*
3. besonder- *special* · übrigens *incidentally*

7. wieso' *what do you mean*

9. ein noch aus *which way to turn*

12. Kai'serallee' *(name of street)*
13. die Kaffeestube *coffee shop* · rauchen *smoke*
14. was du nur mit . . . hast *why do you keep talking about*
15. frühstücken *eat breakfast*

18. belegtes Brot *(open-faced) sandwich* · der Kuchen *pastry, cake*
19. das Tablett' *tray*
20. die Bedienung *help*
21. der Ausgang *exit* · Königsstraße *(name of street)*

SUGGESTIONS A clue to the "es" in this poem is our knowledge that a "visitation"—of fear, recollection, a nameless dread of something intensely personal—is in itself more portentous than the nominal cause. The shift in time and place and the fact that "it" remains nameless in the prosaic setting of the kitchen make its psychological origin apparent. How can we use the color and the burnt-out match as proof of this unidentifiable emotion?

6. gelb *yellow* 7. die Küche *kitchen* 8. abgebranntes Zündholz *burnt match*

du mir nicht antun. Ich sage, sei mir nicht böse, ich habe kaum Zeit. Sie sagt, was hast du denn vor. Ich sage, nichts Besonderes. Sie sagt, was ist übrigens aus der Geschichte geworden. Ich sage, aus welcher Geschichte. Sie sagt, die Geschichte in deinem vorletzten° Brief. Ich sage, in meinem 5 vorletzten Brief. Sie sagt, er hieß Roland oder Ronald. Du weißt schon, was ich meine. Ich sage, ach der. Sie sagt, wieso der. Du hast seitenlang° von ihm geschrieben und daß du nicht ein noch aus wüßtest. Ich sage, er ist weg. Sie sagt, einfach weg. Das ist fantastisch°. Ich sage, ja. Ist hier kein 10 Kino?

Wir gehen die Kaiserallee hinauf. Wir setzen uns in eine Kaffeestube und rauchen. Sie sagt, was du nur mit deinem Kino hast. Wir haben noch gar nicht richtig miteinander gesprochen. Ich sage, nein. Sie sagt, hast du schon gefrühstückt? 15 Ich sage, nein. Sie sagt, ich hole uns etwas zu essen. Ich sage, ich habe keinen Hunger. Sie sagt, du mußt aber kräftig essen, möchtest du belegte Brote oder Kuchen. Ich sage, nichts.

Sie geht zum Buffet°. Sie nimmt zwei Tabletts. Sie spricht mit der Bedienung. Ich verlasse die Kaffeestube durch den 20 Ausgang Königstraße.

Am Nachmittag

Diesmal kam es am Nachmittag
und nicht wie sonst immer
in der Nacht.
Es kam wieder, doch ich fand
auch am Tage keinen Namen dafür. 5
Diesmal schien es gelb.
Ich saß in der Küche,
ein abgebranntes Zündholz
zwischen den Fingern.

RAINER BRAMBACH

41

WERNER STELLY was born in Cadenberg on the Lower Elbe in 1909. After his university studies in law he worked in the court system and in municipal administration. For eleven years after the War he was in the city government of Hamburg. He is now the city manager of Wuppertal.

His volume of short stories, *Jetzt und hier*, from which this selection is taken, was published in 1948. It is written in unpretentious language, subtle in its restraint, and tells of meager lives in a disrupted world. The point is always clear but never labored. Disillusionment runs harsh and deep, but often some one of Stelly's plain people keeps alive a stubborn spark of hope or a tenacious will to live. It is this half-concealed tension between melancholy and brightness, tragedy and hope, that has led some critics to call him the German Saroyan.

Stelly's stories have been widely anthologized. He has also written a successful radio play entitled *Auch eine kleine Stadt*.

---

1. die Treppe   *stair*
2. bunt   *gay, bright* · die Fensterscheibe   *windowpane*
4. der Widerschein   *reflection*
6. das Gefühl   *feeling, sensation* · strömen   *stream* · das Blut *blood*
7. der Fleck   *spot*
8. das Treppenhaus   *stairwell* · machten, daß er... *caused him to* · beina'h(e)   *almost* · heiter   *cheerful* · zufrie'den *content*

13. der Schlüssel   *key*

16. auf-machen = öffnen
17. voran'   *ahead* · die Küche   *kitchen*
18. der Junge = der Knabe

Vielleicht scheint morgen die Sonne wieder

by Werner Stelly

Als der junge Mann die Treppen hinauf ging, schien die
Sonne durch die bunten Fensterscheiben. Jedesmal°, wenn die
Sonne schien und der junge Mann am Nachmittag°, wenn er
nach Hause kam, den bunten Widerschein der Fenster an der
Wand sah, dachte er, wie glücklich sie sein könnten. Und ein 5
warmes Gefühl strömte ihm mit dem Blut zum Herzen. Ein
paar rote, blaue und grüne Flecke an der Wand des Treppen-
hauses machten, daß er beinahe heiter, glücklich und zufrieden
wurde.

Da hörte er ihre Stimme hinter der Tür. Er klopfte dreimal. 10
Es wurde still. Dann hörte er ihre Schritte. Sie öffnete die
Tür.

„Wo hast du deinen Schlüssel?" fragte sie.

„In der Tasche", sagte er.

„Dann klopf' doch nicht immer", sagte sie. „Ich muß von 15
meiner Arbeit weggehen, nur um dir die Tür aufzumachen."

Sie ging voran in die Küche.

„Wo ist der Junge?" fragte er.

„Unten."

„Du hast doch gesprochen." 20

„So?" sagte sie. „Hast du das gehört?"

„Ja." Er setzte sich an den Tisch. „Mit wem hast du denn
gesprochen?"

2. das Streichholz   *match*
3. das Essen   *food, meal* · der Teller   *plate*
4. die Schachtel   *box*

6. an-stecken   *light*

9. an-machen   *start*

11. zu-sehen†   *see to (it)*
12. kriegen = bekommen · kochen   *cook*

19. schieben†   *shove*

23. leuchten   *shine, gleam* · deutlich   *clear* · der Kleine = der
    kleine Knabe
25. der Strahl   *beam*
26. ernst   *serious, earnest* · gesammelt   *composed*

29. klingeln   *ring*

36. hast du schön gespielt?   *did you have a nice time playing?*

38. man = nur
39. an-fassen   *touch, place hands on*

„Mit mir", sagte sie. „Der Junge weiß genau, daß wir keine Streichhölzer haben."

Sie gab dem Manne das Essen auf den Teller.

„Die letzte Schachtel Streichhölzer, die noch halbvoll° war, hat er mit nach unten genommen und alle Streichhölzer angesteckt."

„Und da hast du ihn wieder geschlagen", sagte der Mann und aß.

„Ich kann kein Feuer mehr anmachen", sagte die Frau.

„Und da hast du ihn wieder geschlagen."

„Jetzt kann ich zusehen, daß ich irgendwo im Hause Feuer kriege, wenn ich etwas kochen will."

„Du hast ihn wieder geschlagen."

„Ja", schrie sie, „natürlich° habe ich ihn geschlagen. Der nimmt keine Streichhölzer wieder."

„Wie oft habe ich dir gesagt, daß du den Jungen nicht schlagen sollst", sagte er.

Die junge Frau setzte sich an den Tisch. Der Mann aß sein Essen. Keiner von beiden sagte ein Wort. Der Mann schob den leeren Teller von sich. Da hörte er den Jungen die Treppe heraufkommen. Ob er das ist? dachte er. Das Kind auf der Treppe blieb stehen. Jetzt sicht er, wie die bunten Scheiben leuchten, dachte der Mann. Er sah deutlich den Kleinen auf der Treppe stehen und seine kleine Hand einmal in den roten Strahl halten und dann in den grünen und blauen Strahl. Das kleine Gesicht war ganz ernst und gesammelt.

Dann hörte der Mann den Jungen die Treppe weitersteigen. Vor der Tür blieb er eine Weile stehen, ohne zu klopfen oder zu klingeln. Der Mann saß ganz ruhig. Dann sah er seine Frau an. Es klopfte.

„Der Junge", sagte die Frau.

„Ja, der Junge", sagte der Mann und stand auf. Er ging zur Tür und öffnete sie.

„Vater", sagte der kleine Junge.

„Ja, mein Junge", sagte der Mann. „Na, hast du schön gespielt?"

Da fing der Junge plötzlich an zu weinen.

„Na, nun weine man nicht", sagte der Mann. Er faßte den Jungen an.

2. schimpfen *scold, fuss*
3. ängstlich *timorous*
4. das Taschentuch *handkerchief*
5. die Träne *tear* · ab-wischen *wipe away*

8. schluchzen *sob*

14. der Flur *hall*

21. trostlos *bleak*

„Komm", sagte er und ging mit dem Jungen in die Küche.
„Mutter schimpft ja nicht mehr."

Der Junge weinte noch immer. Er sah seinen Vater ängstlich
an. Der Mann nahm sein Taschentuch aus der Tasche und
wischte dem Jungen die Tränen ab. 5

„Hast du gesehen, wie die bunten Fensterscheiben im
Treppenhaus leuchten?" fragte der Mann.

„Nein", schluchzte der Junge.

„Hast du das nicht gesehen?"

„Nein", sagte der Junge. 10

„Warum bist du dann auf der Treppe stehengeblieben?"

Der Junge antwortete nicht.

„Komm", sagte der Mann, „dann will ich es dir zeigen." Sie
gingen auf den Flur und durch die Flurtür° auf die Treppe.
Aber die Sonne schien nicht mehr und die bunten Fenster 15
leuchteten nicht.

„Ja", sagte der Mann, „die Sonne scheint nicht mehr, wenn
die Sonne scheint, dann leuchten die Fenster rot, blau und
grün, und hier an der Wand ist es auch rot, blau und grün."

Er wußte nicht, warum er mit einem Male so traurig wurde 20
und warum alles so trostlos war.

„Komm", sagte der Mann, „vielleicht scheint morgen die
Sonne wieder."

SUGGESTIONS The philosophical argument that things exist only in our perception of them (Berkeley's to be = to be perceived) is here given illustration. The utterly simple vocabulary and syntax offer a (poetic) construction suggesting the logic of discovery and creation: *Du/Du bist/Du bist nicht*... How is the "creation" of "Du" and its identification with "ich"—expressed in the poem in two ways: "Du bist nur ich" and the more indirect conclusion "Du bist nur Du durch mich"—similar to Guben's "Janus"?

7. empfinden† *feel*   8. erfreuen *please*   9. verletzen *hurt*   11. hassen *hate*   18. nirgends *nowhere*   19. erkennen† *recognize*   22. riechen† *smell* · schmecken *taste*

Du

Du
Du bist
Du bist nicht
Du bist nicht Du

Du bist nur ich   5
        bist nur durch mich
        bist was ich durch Dich empfinde

Erfreust Du mich dann bist Du gut
Verletzt Du mich dann bist Du böse

Ich liebe Dich   10
        hasse Dich so wie
ich Dich sehe und
ich weiß nicht
        kenne Dich nicht wie
Du bist   15

        Bist
Du nicht hier dann bist
Du nirgends
        Ich erkenne Dich an dem was
Du mir tust wie   20
Du zu mir bist wie
Du riechst schmeckst mich ansiehst

Du bist nur
Du durch
                Mich   25

KARLHANS FRANK

WIELAND SCHMIED was born in Frankfurt am Main in 1929. He studied law and art history at Vienna and was an art editor for one of the leading Viennese periodicals. He published a collection of poems in 1957 (consciously indebted to Ezra Pound) and worked on a biography of Schliemann, the discoverer of Troy. In 1953 he won the Austrian *Staatspreis* and in 1955 the South German Radio's second poetry prize. Returning to Frankfurt, he became a *Lektor* for the Insel Verlag. He is now Director of the Kestner-Gesellschaft in Hannover.

Myth is his special interest, whether in painting, sculpture, or literature. The creation of myth is, for Schmied, the fundamental element in the genesis of all art. The present story is a direct reflection of this view. It is a curious and moving reversal of the familiar legend of the Sphinx. Unlike Oedipus, the wanderer of this tale does not destroy the Sphinx because he can answer its riddle, but because he refuses to. The riddle is an unworthy one: "Die Antwort ist besser als die Frage." Oedipus went on to guilt. In a paradoxical ending, the wanderer seals his triumph and frees the way with his death. The tale is a parable of the dignity of man.

(Note, further, the combination of Greek and Egyptian themes in Schmied's recreated legend.)

Theben = *Thebes*
1. die Vorstellung   *notion*
2. auf-brechen†   *set out*
5. die Wüste   *desert*
6. das Rätsel   *riddle* · auf-geben†   *propound* · lösen   *solve*
8. trotzdem   *nonetheless*
11. das Tor   *gate*
14. um-kehren   *turn back*

16. bisher'   *until now*
17. gelangen   *get, reach*

19. das Bein   *leg*

22. nach-denken†   *ponder*

Die Sphinx° und der Weg nach Theben

by Wieland Schmied

Er hatte keine genaue Vorstellung von der Stadt, aber er brach eines Tages auf, um nach Theben zu gehen.

Es führte aber nur ein Weg nach Theben. Er wußte, daß die Sphinx an diesem Wege lag. Er wußte, daß sie denen, die durch die Wüste kamen, um nach Theben zu gehen, ein 5 Rätsel aufgab, und daß jeder, der es nicht lösen konnte, sterben mußte.

Er ging trotzdem durch die Wüste. Willst du nach Theben, fragte ihn die Sphinx.

Ich will nach Theben gehen. 10

Weißt du, daß du die Tore der Stadt nie sehen wirst, wenn du nicht das Rätsel löst, das ich dir aufgebe?

Ja, das weiß ich. Aber ich will nach Theben.

Weißt du, daß jetzt noch Zeit für dich ist, umzukehren?

Ja, das weiß ich. Aber ich will nach Theben. 15

Weißt du, daß bisher nur ein einziger auf diesem Wege nach Theben gelangte?

Ja, das weiß ich.

Nun, höre. Was ist dies: am Morgen geht es auf vier Beinen, zu Mittag auf zwei Beinen, am Abend auf drei Beinen. Was ist 20 dies?

Es kam nun der Augenblick, in dem er nachdachte. Dann

8. an *because of*

12. der Blitz *lightning*

16. beweisen† *prove*
18. der Staub *dust*

28. die Zahl *number* · vor-kommen† *occur*

31. verworren *confused*

33. verbinden† *connect*
34. über *through*
38. sich bemühen *try*

1. **könnte** *(past subjunctive) could (if I wanted to)*
26. **sei** *(present subjunctive, indirect discourse)*

lächelte er und sagte ruhig: ich könnte dir die Antwort geben, aber ich will es nicht tun.

Warum willst du mir die Antwort nicht sagen, wenn du sie weißt, und du willst nach Theben?

Ich könnte dir die Antwort sagen, aber dein Rätsel gefällt 5 mir nicht.

Warum gefällt dir mein Rätsel nicht? Es ist schwer, und es sind schon viele an ihm gestorben.

Es ist nicht gut, denn die Antwort ist besser als die Frage. Darum werde ich es nicht beantworten°. 10

Dann wirst du sterben müssen. Meine Augen werden dich töten wie Blitze.

Deine Augen werden mich nicht töten können, denn ich weiß die Antwort, die du hören willst. Aber du verdienst nicht, diese Antwort zu hören. 15

Wie kannst du beweisen, daß du sie kennst?

Ich werde es beweisen, indem ich dir ein Rätsel aufgeben werde. Höre Sphinx, was ist dies: es ist aus Staub und Atem gemacht. Am Morgen sucht es nach allem, am Mittag sucht es etwas, das auch aus Staub und Atem gemacht ist, am Abend 20 sucht es sich selbst. Dann wird es wieder zu Staub und zu Atem. Was ist dies?

Dies ist, Wanderer°, kein Rätsel, das ich dir beantworten werde. Denn es ist kein richtiges Rätsel. Ich glaube, du wirst sterben müssen. 25

Warum sagst du, es sei kein richtiges? Es ist besser als deines.

Deine Frage hat nicht die Form° eines richtigen Rätsels. Es kommen keine Zahlen darin vor.

Dann werde ich dir das Rätsel noch einmal aufgeben, diesmal mit Zahlen. Es wird aber, Sphinx, dadurch ein wenig 30 verworrener werden. So höre, was ist dies: am Morgen ist es von drei Rätseln das Kleinste, zu Mittag ist es von zweien das eine, am Abend ist es mit keinem anderen verbunden. Doch war es den ganzen Tag über allein. Was ist dies?

Darauf gibt es keine Antwort, Wanderer. 35

Es gibt eine Antwort darauf, Sphinx, aber du weißt sie nicht.

Ich sehe, daß du dich bemüht hast, Wanderer. Ich gebe dir

1. frei-geben† *free, open* · obwohl' *although* · aus-weichen†
   evade
2. unterhalten† *entertain* · der Spruch *saying*
3. deshalb *therefore*
4. handeln *act*
5. folgerichtig *consistent*

8. verraten† *betray* · die Schwäche *weakness*

14. die Lösung *solution*
15. stellen *pose* · die Aufgabe *task*
16. bedenken† *consider* · die Probe *test*
17. die Geduld *patience*
18. an-hören *listen to* · langmütig *forbearing*

21. irren *err*

26. verheißen† *promise, prophesy*

30. unergründlich *unfathomable*
31. vertraut *familiar*
32. erstarren *grow rigid* · die Falte *furrow* · die Stirn *brow*
33. die Schlange *serpent*
34. die Verwandlung *transformation* · vor-gehen† *take place*

36. sich lehnen *lean* · der Fels *rock*

31. **als könnte** *(past subjunctive* **als ob** *clause) as if . . . might*

den Weg frei, obwohl du meiner Frage ausgewichen bist. Aber du hast mich gut unterhalten mit deinen Sprüchen, Wanderer, und deshalb lasse ich dich gehen.

Ich wollte dich nicht unterhalten, Sphinx. Du handelst nicht folgerichtig, wenn du mich nach Theben gehen läßt. Denn wenn du mein Rätsel (und es war nur eines, das ich dir aufgab) nicht lösen kannst, weißt du ja gar nicht, ob ich deines lösen konnte. Du verrätst deine Schwäche, Sphinx.

Gehe schnell, Wanderer, sonst werden dich meine Augen töten.

Deine Augen haben jetzt keine Macht über mich. — Sphinx: Du hast meine Worte wohl gehört, aber du hast ihren Sinn nicht verstanden. Du hast immer dasselbe Rätsel aufgegeben, aber du hast es nicht verstanden. Du weißt keine Lösung, und stellst doch eine Aufgabe.

Wanderer, du bedenkst nicht, daß es eine harte Probe für meine Geduld ist, wenn du so in Rätseln sprichst. Wenn ich dich in Ruhe angehört habe, war ich langmütig und nicht schwach. Ich habe mein Rätsel wohl verstanden, und ich kenne auch die Antwort darauf.

Du glaubst die Lösung zu kennen, aber du irrst in diesem Glauben. Ich werde dir jetzt ein letztes Rätsel geben, in der Form, in der es mir gefällt. Dann erst werde ich nach Theben gehen. Sphinx, was ist dies: Es hat zwei Augen, aber sie sind gegen die Natur. Es hat einen Mund, aber er kann nur verheißen. Es hat kein Herz, aber es will doch leben. Das ist so am Morgen, am Mittag, am Abend. Es hat ein Rätsel um zu töten, aber das Rätsel wird leben, wenn es selbst schon tot ist. Was ist dies?

Das Gesicht der Sphinx blieb unergründlich und es schien einen Augenblick, als könnte ihr auch dies vertraut sein. So erstarrte es. Eine Falte lief über die reine Stirn wie eine Schlange. Langsam fiel ein Teil ihrer Nase ab, und der Wanderer sah, daß eine Verwandlung vorging und die Sphinx nun ganz aus Stein war. Da sah er, daß er sie getötet hatte.

Er lehnte sich an den Felsen. Es war kein Raum mehr zwischen ihm und dem Felsen. Er wollte jetzt nicht mehr nach Theben gehen. Es ist nicht gut, viel um Rätsel zu wissen,

4. der Mond = der Monat · wachen *be awake*
5. die Nahrung *nourishment*

7. bedecken *cover*
8. auf-halten† *detain*

SUGGESTIONS   To those who argue that poetry is primarily the language of suggestion, of indirect statement, "Vom Hörensagen" must represent a strikingly effective example. The meaning of the poem lies largely in the very last word, for everything else is not "organically" there but additive, indifferent, interchangeable. If this is what a weekend really is, what can one say about the "ich" in this poem?

2. die Feuerwehr *fire department*   7. der Tütenverbrauch *paper bag consumption*   9. der Schuster *shoemaker, shoe repair man*
11. der Samstag *Saturday*

dachte er. Und: es ist nicht gut, am Abend kein Herz zu haben.

Er saß an die Sphinx gelehnt wie an einen Berg, eine Nacht, einen Tag, einen Mond . . . Er wachte und er schlief, aber er nahm keine Nahrung zu sich, und er starb. 5

Wanderer, die nach Theben gingen, fanden ihn dort, ein wenig von Sand° bedeckt. Sie gingen weiter, kein Rätsel hielt sie auf.

Von jetzt an kamen sehr viele Wanderer nach Theben.

Vom Hörensagen°

Mit meinem Ohr habe ich heute
viermal die Feuerwehr gehört.
Ich saß am Tisch mit meinem Ohr
und sagte:
Schon wieder die Feuerwehr. 5

Ich hätte auch sagen können:
Der große Tütenverbrauch.
Oder:
Die Schuhe müssen zum Schuster.
Oder: 10
Morgen ist Samstag.
Ich sagte aber:
Schon wieder die Feuerwehr;

doch wer mich richtig verstand,
weiß, 15
daß ich den Tütenverbrauch,
den Weg der Schuhe zum Schuster,
den Samstag meinte,
das Wochenende°.

GÜNTER GRASS

KARL HEINRICH WAGGERL (1897–   ), son of an itinerant carpenter, prepared for teaching but had to give up his profession for reasons of health. He was an officer—and a prisoner—in World War I. Since 1924 he has been primarily a writer, although he has also worked in arts and crafts and even served for a time as mayor of the little Austrian town of Wagrain, where he lives. Waggerl has received a number of literary awards. His collected works were published in 1970.

Waggerl's style is marked by clarity and simplicity; life on the land is his enduring theme. His *Kalendergeschichten*, from which these stories were taken, combine the folk tale and the parable. They are filled with a sense of the beauty of natural things, an implicit respect for the simple and reverent life. Love and loyalty, sympathetic understanding—men need little more from one another. Yet frequently and sadly even this is withheld.

---

vergraben†   *bury*

3. wozu′ = warum′
4. wund   *sore*
5. der Kummer   *sorrow*

8. der Kieselstein   *pebble*
9. pflanzen   *plant*
10. behüten   *protect* · die Wurzel   *root*

12. hat . . . kein Herz mehr   *no longer has a heart*

16. in der Fremde   *away from home*
17. heim-kehren   *return home*
20. ander   *next* · der Brunnen   *fountain, well*
21. verbergen†   *hide*
22. barmher′zig   *merciful*

10-11.   behüte . . . festhalte *(present subjunctive in* **damit** *clause)* *so that it protect . . .*
17-18.   hätte . . . wissen müssen *(double infinitive with subjunctive)* *ought to have known*

Legende° vom vergrabenen Herzen

by Karl Heinrich Waggerl

Es lebt da ein Mädchen, das hat Vater und Mutter nicht
mehr und steht ganz allein in der Welt, ganz arm und verlassen. Wozu trage ich mein Herz mit mir herum, denkt das
Mädchen, es klopft und liegt mir wund in der Brust°, ich habe
nur Kummer von meinem Herzen.   5

Und dann geht es also hinaus und sucht einen Stein auf
dem Felde, du sollst mein Herz sein, sagt das Mädchen.

Es ist ein runder, schneeweißer° Kieselstein, den vergräbt
es nachts in der Erde, und zuletzt pflanzt es noch einen Baum
darüber, damit er das Herz behüte und mit seinen Wurzeln   10
festhalte.

Ja, und nun hat das Mädchen also kein Herz mehr in der
Brust, nun muß doch alles gut sein. Es geschieht dann, daß
nachts jemand an das Haus kommt und klopft, ein fremder
Mensch. Oder vielleicht ist es der Bruder, doch, vielleicht   15
hat das Mädchen noch einen Bruder in der Fremde, der ist
jetzt heimgekehrt und will bleiben, das Herz hätte es wissen
müssen. Aber das Herz ist vergraben, und darum geht der
Bruder wieder und wandert° traurig fort in die fremde Welt.

Im andern Jahr ist es eine Frau, die abends am Brunnen   20
vor dem Hause sitzt, das Gesicht in der Hand verbirgt und
weint. Ich bin deine Schwester, sagt sie, sei barmherzig!

Das Mädchen läuft in der Nacht auf das Feld und fragt

1. die Tiefe   *depths*

6. sogar′   *even*   ·   verwelken   *wither*
7. zu-sehen†   *watch*   ·   ringsumher′   *round about*
8. verflucht   *accursed*
9. der Leib   *body*
10. der Frühling   *spring*   ·   es ist soweit′   *things have reached a point*
11. blühen   *blossom*
13. über und über   *all over*

16. kahl   *bare*

20. an-rühren   *touch*

25. allein′   *only, but*

27. begraben†   *bury*
28. verhallen   *die away*

34. hin-knien   *kneel down*   ·   graben†   *dig*

20. daß er bleibe *(present subjunctive) to stay, that he remain*

den Baum, fragt den Stein in der Tiefe — ist es die Schwester? Aber das Herz ist zu tief vergraben, es schweigt auch dieses Mal. Geh wieder, sagt das Mädchen zur Frau am Brunnen. Ich kenne dich nicht.

Und das Haus bleibt lange leer. Die Vögel ziehen alle fort, sogar die Blumen am Fenster verwelken, das Mädchen sieht mit toten Augen zu, wie ringsumher alles stirbt. Sie ist verflucht, meinen die Männer. Nein, sie hat kein Herz im Leibe, sagen die Frauen, die es besser wissen.

Aber einmal im Frühling ist es soweit, daß der Baum auf dem Felde zu blühen anfängt, und da geht ein junger Mensch vorbei, der sieht den Baum, wie er blüht, weiß und rot und über und über. Und darum tritt der junge Mensch an das Fenster des Mädchens, um zu fragen. Wie kommt das, fragt er, warum blüht nur dieser einzige Baum auf dem Felde und alle anderen sind kahl? Und warum hast du so traurige Augen, bist du verflucht?

Das Mädchen schweigt. Der junge Mensch hat nach dem Baum gefragt, nach ihrem Herzen unter dem Baum, das rührt sie seltsam an. Sie kann ihn nicht bitten, daß er bleibe, aber sie sieht nicht gern, daß er geht.

In der folgenden Nacht kommt der junge Mensch wieder an das Fenster. Ich liebe dich, sagt er jetzt und lächelt ihr zu. Ja, du gefällst mir, mit deinem blühenden Baum!

Allein das Mädchen kann ihm auch dieses Mal nichts antworten, es ist das Herz, das die Worte gibt, und das Herz liegt begraben. Das Mädchen hört den Schritt des Fremden in der Nacht verhallen. Geh nicht fort, denkt das Mädchen, verlaß mich nicht! Vielleicht ist alles gut, der Baum blüht ja doch. Komm wieder, vielleicht ist mein Herz noch nicht tot, wenn er so blühen kann.

Und in der zweiten Nacht wartet das Mädchen gar nicht mehr auf den klopfenden Finger, sie läuft auf das Feld und kniet hin und gräbt mit den Händen in der Erde, sucht und gräbt. Aber der Baum gibt das Herz nicht zurück, o nein. Er hält es fest mit all seinen Wurzeln.

Und so kommt der fremde Mann zum letzten Male in der dritten Nacht. Er klopft gar nicht mehr — ich gehe jetzt!

2. ab-blühen   *fade, cease blossoming*

6. der Zweig   *branch* · der Stock   *cane*

8. das Blut   *blood*

14. die Wanderschaft   *journey*
15. rinnen†   *flow, run*

das Pfand   *pledge*

1. der Kesselschmied   *tinker*
2. Hochzeit halten mit   *marry*

4. die Heirat   *wedding*
5. weil der Jahre immer mehr wurden   *because year after year passed by*
6. zusam′men-suchen   *gather*
7. in die Fremde ziehen   *leave home* · der Kessel   *pot*
8. einen Handel aufmachen   *start a business*

ruft er laut durch das Fenster. Du hast kein Herz im Leibe,
sagt er, und dein Baum hat abgeblüht!

Nein, bleibe noch! ruft das Mädchen in seiner Angst, aber
der Mann hört es nicht mehr.

Er steht auf dem Felde vor dem Baum und schneidet einen 5
Zweig heraus, einen Stock für den Weg, weil er doch seine
Liebe verlassen und wandern muß. Und nun springt plötzlich
ein Brunnen Blut aus dem Baum, o mein Gott, ein breiter
Brunnen Blut!

Darüber erschrickt der Mann, und er läuft zurück in das 10
Haus. Was ist das, will er sagen, dein Baum blutet° ja, sieh
her! Aber das Mädchen liegt schon still und weiß auf seinem
Bett.

Er schnitt nur einen Stock für die Wanderschaft aus ihrem
Baum, da rann ihr ganzes Herzblut° in das Gras°.   15

Ja, still und tot, das ist die Geschichte von dem Mädchen,
das sein Herz vergrub.

Legende von den drei Pfändern der Liebe

by Karl Heinrich Waggerl

Da war ein armer Mann, ein Kesselschmied in einem Dorf,
der hatte ein Mädchen, mit dem er bald Hochzeit halten
wollte. Und das war gut; denn das Mädchen liebte ihn mehr
als alles in der Welt. Weil es aber nun am Geld für die Heirat
fehlte und weil der Jahre immer mehr wurden, darum suchte 5
der Mann etwas von seiner Ware° zusammen und wollte
damit in die Fremde ziehen, um seine Kessel in den Dörfern
zu verkaufen. Ich will einen Handel aufmachen, sagte er, warte
auf mich.

4. trösten *console* · die Braut *fiancée* · schwören† *swear*
5. die Treue *fidelity* · die Fremde *strange places*

8. der Zaun *fence*

11. aus-ziehen† *depart*
12. zum ersten *in the first place* · das Band *ribbon*

14. blank *shiny*

17. jedenfalls *at any rate*
18. der Markt *market(place)* · handeln *negotiate*
19. die Magd = das Mädchen
20. war . . . Leben *this life suited him* · das Heu *hay*

22. die Dunkelheit *darkness*
23. das Lager *resting place* · sich gesellen *join*

26. küssen *kiss*

31. der Abschied *leave*
32. schenken *give*
33. das Angebinde *present*

35. die Hälfte *half* · los-schlagen† *dispose of*
36. dennoch *nevertheless*
37. abermals *again*

Da weinte nun das Mädchen und bat ihn, zu bleiben. Du wirst nicht wiederkommen, klagte es, ach, du wirst mir untreu werden und nie wiederkommen!

Allein der Mann tröstete seine Braut und schwor ihr die Treue mit vielen Worten und dachte doch nur an die Fremde, 5 an das Wandern° in der weiten Welt, als er schwor. Ich will immer bei Tag in die Dörfer gehen, sagte er, und nachts will ich auf dem Felde schlafen, an den Zäunen und unter den Bäumen, wie sollte ich dir die Treue nicht halten?

Das Mädchen schwieg und verbarg seinen Kummer vor 10 ihm. Aber als er auszog, gab es ihm drei Pfänder der Liebe mit auf den Weg: zum ersten ein Band aus dem Haar, zum zweiten den Ring° von der Hand und zum dritten ein Messer, das war blank und scharf. Nimm das, sagte die Braut. Das Band soll mich finden, der Ring soll dich binden und das 15 Messer . . .

Ja, das Messer. Jedenfalls ging der Mann nun über Land und saß am ersten Tag auf dem Markt, handelte mit den Mägden und Frauen, und da war ihm schon wohl bei diesem Leben. Nachts aber schlief er im Heu auf dem Felde, wie er es 20 versprochen hatte.

Nun geschah es, daß sich in der Dunkelheit eine fremde Frau an sein Lager gesellte. Du gefällst mir, flüsterte sie, du junger Kesselschmied! Da freute sich der Mann, weil er nicht allein und verlassen in dieser Nacht auf dem Felde liegen 25 mußte. Er küßte die fremde Frau und vergaß alles und zog sie an sich.

Hast du kein Mädchen, fragte sie, mußt du immer so wandern?

Nein, antwortete der Mann, auf mich wartet niemand, ich 30 gehe in die Welt! Und vor Tag, als die Frau von ihm Abschied nahm, und als sie zu weinen anfing, da schenkte er ihr ein Band für das Haar zum Angebinde.

Am andern Tage kam er in eine Stadt, da war der Handel gut, und er schlug die Hälfte seiner Ware los. Nachts aber 35 ging er dennoch hinaus und schlief an einem Zaun, wie er es versprochen hatte. Und da kam abermals eine Frau aus der Stadt an sein Lager, die sagte ihm süße Worte ins Ohr und

1. daheim′   *at home*

7. die Ferne   *distance* · sich tüchtig umtun   *be extremely active*
8. das Wandergut   *peddler's stock* · der Platz   *square*

12. kostbar   *precious*
13. schlingen†   *sling, throw*

19. heiß   *ardent*
20. ab-schwören†   *declare*

22. das Zeichen   *sign, token*

24. hübsch   *pretty*
25. los werden   *get rid of*

27. die Pfanne   *pan*

31. sich wundern   *be amazed*

33. der Halm   *blade, stalk*
34. knüpfen   *tie*

36. verhüllen   *envelop, enshroud*
39. die Stube   *room*

22. **daß sie . . . denken könnte** *(past subjunctive) so that she might remember him.*

schlief bei ihm. Hast du kein Mädchen daheim, fragte sie
leise, bindet dich nichts?

Nein, keine Seele, ich gehe in die Welt! Aber du sollst nicht
weinen, ich will dir ein Angebinde geben, einen Ring für
deine Hand. 5

Und am dritten Tage war der Mann schon weit in der
Ferne, er tat sich tüchtig um, handelte und verkaufte sein
ganzes Wandergut auf den Plätzen, und dann ging er zum
letzten Mal unter die Bäume, um zu schlafen, wie er es
versprochen hatte. 10

Aber auch in der dritten Nacht schlief er nicht allein, und
sie schien ihm die kostbarste von allen zu sein, diese Frau
in der dritten Nacht. Die Frau schlang plötzlich die Arme um
seinen Hals und küßte ihn und weinte bitterlich°.

Was ist dir, sagte der Mann, warum weinst du so sehr? 15

Ach, sagte die Frau, ich bin todtraurig°. Sicher hast du ein
Mädchen daheim, das dich so liebt wie ich und das vor Kummer stirbt, wie ich sterben werde, wenn du mich verläßt!

Da verlangte der Mann nur noch heißer nach dieser Frau und
schwor seine Liebe vor ihr ab, für immer und bis über den 20
Tod. Und am Ende der Nacht bat ihn die Frau um ein
Zeichen, daß sie an ihn denken könnte. Aber er hatte nichts
mehr, er fand nur sein Messer in der Tasche, und das gab er
ihr zuletzt, weil es blank und scharf war, ein hübsches Ding.

Nun war er aber seine Ware los geworden, und darum 25
dachte er heimzukehren, auf dem Wege, den er ausgezogen
war, und vielleicht wollte er nur neue Kessel und Pfannen
holen, um dann wieder fort zu gehen.

Und als er in der ersten Nacht an dem Zaune schlief, da
kam niemand mehr zu ihm; aber er sah seinen Ring im Grase 30
liegen, und darüber wunderte er sich sehr.

In der zweiten Nacht suchte er seinen alten Schlafplatz° auf
dem Felde, da war das Haarband° an einen hohen Halm
geknüpft, und der Mann erschrak bis ins Herz hinein.

In der letzten Nacht aber kam er endlich heim und fand das 35
Haus dunkel und schwarz verhüllt. Warum brennt kein Licht
in meinem Hause? fragte der Mann. Geh hinauf, sagten die
Leute.

Und als er in die Stube kam, da lag sein Mädchen auf der

1. die Bahre   *bier*
2. verraten†   *betray* · mitten in   *in the middle of*

Bahre. Da wußte er, daß sie es war, die er dreimal geliebt und dreimal verraten hatte, und nun steckte sein Messer mitten in ihrer weißen Brust.

Ja. Und das ist die Geschichte von den drei Pfändern der Liebe. 5

HELGA NOVAK Another of Helga Novak's "situation comedies," involving a young woman trying to maintain her dignity—and a bit more, since she is also trying to maintain a pretense—in the face of a world that either doesn't care or is waiting to take advantage of her— or *perhaps* help her. What are the possible interpretations of the cab driver's final gesture? Compare the "heroine" of this story with the girl in *Fahrkarte bitte*, the cab driver with the clerk in the hotel.

verfahren†   *drive the wrong way, get lost driving*

1. an-kommen†   *arrive* · winken   *wave*

5. das Wörterbuch   *dictionary*

8. billig   *cheap* · der Bahnhof   *railroad station*
9. groß = mit großen Augen · wölben   *arch*
10. teuer   *expensive*

13. das Wahl'plakat'   *election billboard* · säumen   *line* · es gilt zu bekräftigen . . . *roughly: Support your team. Vote Social-Democrat. A pleasant New Year. Vote Conservative.*
15. die Kreuzung   *crossing*
16. die Warteschlange   *line of cars (waiting)*
18. das Zeichen   *sign*
19. vierköpfige Fami'lie   *family of four*
20. reißen†   *tug, pull*
21. schlapp   *loose, limp*
22. rasseln   *clatter, click*

Verfahren

by Helga Novak

Ich komme an und winke einem Taxifahrer°. Er öffnet den
Wagen. Ich setze mich hinein.
   Ich kenne das Land nicht. Ich kenne die Stadt nicht. Ich
spreche die Sprache des Landes nicht. Ich habe nur das
Wörterbuch studiert°.   5
   Es ist spät. Ich bin müde.
   Der Fahrer zieht die Glaswand° zwischen uns auf, ich
sage, ein billiges Hotel° am Bahnhof bitte. Er sieht mich
groß an. Er wölbt die Augenbrauen°. Er sagt, billig. Ich sage,
nicht zu teuer. Er sagt, ich verstehe schon. Er zieht die 10
Glaswand zu.
   Es regnet in Strömen°.
   Wahlplakate säumen die Straße. Es gilt zu bekräftigen, ✕
A Sozialdemokratie. Ein gefälliges Neues Jahr, ✕ C Konserva-
tive Partei. Wir bleiben vor der Kreuzung zwischen Warte- 15
schlangen stehen. Ich blicke in ein Auto° links von mir. Ich
blicke in ein Auto rechts von mir. Der Herr in dem Auto
rechts gibt mir ein Zeichen. Ich wende mich ab. In dem Auto
links von mir sitzt eine vierköpfige Familie mit einem Hund.
Der Hund ist langhaarig°. Ein Junge reißt an seinen 20
schlappen Ohren.
   Der Taxameter° tickt°. Er rasselt kurz. Ich fange an zu
reden. Ich rede in meiner Muttersprache°. Ich schlage einen

1. an-schlagen† *strike* · die Scheibe *pane of glass*
2. sich immatrikulieren lassen *register, enter school*
3. die Zeugnisse *(pl.)* *roughly: transcript*
4. so schlecht . . da *I'm not all that badly off* · ein-teilen *arrange things carefully, keep everything in its proper place*
5. der Überblick *overview, control of things* · alle *all gone, finished*
6. der Rückspiegel *rear-view mirror*
7. zwinkern *wink* · schmatzen *smack one's lips (as if kissing)*
8. die Mehrzahl . . . *The Majority of Workers Vote Communist*
9. obwohl′ *although*
10. der Stadtplan *city map*
11. ziemlich *rather*
13. der Verkehrslärm *noise of traffic* · weg *away* · Bescheid wissen *know what's going on*
14. ein-nicken *doze off*
16. außen *cf.* draußen · der Haufen *heap, pile* · der Laub *leaves* · deuten *point*
17. die Bank *bench*
18. dreißig . . . kosten *I guess it'll be about 30* · die Geldbörse *purse, wallet* · auf-machen = öffnen

15. **fast wäre** . . . **gefallen** *(subjunctive with words like* **fast, beinahe,** *etc.)* *I almost fell*

ruhigen Ton° an. Ich sage gegen die Scheibe, ich bin Student°.
Ich möchte mich hier in Ihrer Stadt immatrikulieren lassen.
Morgen reiche ich meine Zeugnisse ein. So schlecht stehe ich
gar nicht da. Aber Sie verstehen, daß ich einteilen muß. Wenn
ich jetzt schon den Überblick verliere, ist bald alles alle.   5
    Der Fahrer lächelt. Er sieht mich durch den Rückspiegel
an. Er zwinkert. Er schmatzt.
    Draußen lese ich nun rechts und links. Die Mehrzahl der
Arbeiter, ✕ K Kommunistische Partei. Obwohl ich auch den
Stadtplan studiert° habe, orientiere° ich mich nicht. Die   10
Straßen sind ziemlich dunkel. Ich mache einen Park° aus.
Ich klopfe gegen die Scheibe und sage, Bahnhof, Bahnhof.
Der Verkehrslärm ist weit weg. Ich weiß nicht Bescheid.
Ich nicke ein.
    Fast wäre ich aus dem Wagen gefallen. Der Fahrer öffnet   15
die Tür von außen. Er steht in einem Haufen Laub. Er deutet
auf eine Parkbank und sagt, billig. Ich sage, dreißig darf
es schon kosten. Der Fahrer macht seine Geldbörse auf.

CHRISTA REINIG's is a life between East and West, and many of her works bear the mark of her country's traumatic division. Born in 1926, she did not finish secondary school until well after the war, having worked in a factory while the Third Reich underwent its final agony. Later she sold flowers in East Berlin. After university study in art history and archeology she worked in a museum and began to write poetry and short fiction. From 1951 on, however, she could not publish in the East. Several of her best-known works appeared in the early Sixties, all in West Germany. In 1964 she set out on a trip from East Berlin, to accept a literary award of the City of Bremen—and did not return. She now lives in Munich.

Opiuchus is a parody of the proofs of God's existence and of theodicies. (Theodicies are inquiries into the existence of evil in a world created by a perfect and loving God.) The serpent, who is presumably responsible for the tempting of Eve and the suffering of Adam, nearly argues God into conceding that His existence is the prime wrong among many. Since God has previously threatened to damn the serpent if he does answer *and* if he doesn't, the creature's eagerness to make a logical point is understandable.

Note how Reinig achieves her effect of gentle satire. How omniscient is God? How omnipotent? Is He satisfied with the way things are? Does He have any sympathy for man? Ask the same questions about the serpent.

(Note: Opiuchus is a constellation with various allegorical identifications, all involving the presence of a serpent or dragon. God's "order" may refer to the commandment to do no work on the seventh day, but more likely to the forbidden fruit and Genesis 2-3. It is not clear, in the Bible, whether the serpent was one of those creatures made by God and named by Adam, hence—perhaps—the allusion "Adam hat mich nie mit Augen gesehn.")

Serpens *(Latin) serpent* = die Schlange   1. sich langweilen *be bored*   2. schaffen†   *create* · aus Spaß und Laune   *as a joke and a whim*   4. vertreiben†   *drive out, drive away*   6. pflegen zu   *be accustomed to*   7. satt haben   *be tired of* · wandeln   *walk (around)*   8. stören   *disturb*   9. erscheinen†   *appear*   12. der Befehl   *order*   16. erzürnen   *anger*   17. ungehorsam   *disobedient*   18. ebenfalls   *likewise*   19. der Teufel   *devil*

18. **wer könnte**. . . *(past subjunctive, as if with* **wenn** *clause) who could (even if he wanted to)?*

Ophiuchus - Serpens
Ophiuchus und die Schlange

by Christa Reinig

Am siebenten Tag hat Gott nicht geruht. Er langweilte sich
und schuf aus Spaß und Laune das Tier, das es nicht gibt.
Adam hat es nie gesehen. Er erfuhr davon und nannte es
Ophiuchus. Als Adam und alle Tiere vertrieben waren, blieb
Ophiuchus im Garten Gottes allein zurück. Gott der Herr tat,   5
wie die Herren der Welt zu tun pflegen. Wenn er die Ge-
schäfte satt hatte, stand er vom Schreibtisch° auf und wandelte
in seinem Garten. Einmal fragte er: Wer stört mich? Ophiuchus erschien unter den Bäumen und sagte: Nichts stört dich,
Herr, denn ich bin das Tier, das es nicht gibt. Gott lachte   10
und sagte: Dich hatte ich ganz vergessen. Was treibst du
hier in meinem Garten? Kennst du meinen Befehl nicht?—
Dein Befehl trifft mich nicht, Herr, denn Adam hat mich nie
mit Augen gesehn. — Setz dich, sagte Gott und setzte sich.
Ich will dich etwas fragen, sagte Gott, wenn du mir antwor-   15
test, erzürnst du mich und mußt den Garten verlassen. Wenn
du aber nicht antwortest, bist du ungehorsam und mußt
ebenfalls den Garten verlassen. Soll ich fragen? — Wer könnte
dich hindern°, Herr, wenn nicht der Teufel, sagte das Tier.
Gut, sagte Gott, glaubst du, daß ich Unrecht° getan habe? —   20
Herr, wo beginnt dein Unrecht? fragte das Tier. Das ist das
Problem°, sagte Gott. Fangen wir mit dem Ende an, sagte das
Tier, ist es ein Unrecht, daß du die Welt enden läßt? —

4. enthalten†   *contain*

SUGGESTIONS The aphoristic "replies" of the father—quite the
reverse of the expected, positive parental wisdom—are given topicality
and urgency by the title. The real impact lies in the difference between "möchte ich sagen" and "sage ich." But does this suffice to
explain the deep pessimism of the poem?

2. wozu´   *why, to what purpose*   5. Französisch   *French*
6. das Reich   *state, realm* · unter-gehen†   *perish*   7. reiben†
rub · der Bauch   *stomach, belly* · stöhnen   *groan, moan*
12. übrig bleiben†   *be left over, survive*

Es ist ein Unrecht, sagte Gott, aber so, wie die Welt ist, kann sie nicht bleiben. — Ist es ein Unrecht, daß die Welt so ist, wie sie ist? fragte das Tier. Es ist ein Unrecht, sagte Gott, aber sie kann nicht anders sein. In dieser Welt ist alles enthalten. — Ist es ein Unrecht, fragte das Tier, daß du Adam aus dem 5 Paradies° vertrieben hast? — Es ist ein Unrecht, sagte Gott, aber er langweilte sich zu Tode und jetzt ist er glücklich. — Ist Adam auch glücklich, wenn er sterben muß? fragte das Tier. Wenn er lange genug gelebt hat, ist er glücklich, daß er sterben darf, sagte Gott. Warum hast du eine Welt erschaffen°, 10 fragte das Tier, in der Adam seines Todes froh ist? — Weil Ich bin. — Ist es also ein Unrecht, daß es dich gibt?

1940

Mein junger Sohn fragt mich: Soll ich Mathematik° lernen?
Wozu, möchte ich sagen. Daß zwei Stück Brot mehr ist als
   eines
das wirst du auch so merken.
Mein junger Sohn fragt mich: Soll ich Französisch lernen?   5
Wozu, möchte ich sagen. Dieses Reich geht unter. Und
reibe du nur mit der Hand den Bauch und stöhne
und man wird dich schon verstehn.
Mein junger Sohn fragt mich: Soll ich Geschichte lernen?
Wozu, möchte ich sagen. Lerne du deinen Kopf in die Erde 10
   stecken

da wirst du vielleicht übrig bleiben.

Ja, lerne Mathematik, sage ich
lerne Französisch, lerne Geschichte!

BERTOLT BRECHT

WOLFGANG BORCHERT If Borchert needs to be rescued from the charge of thematic imprisonment in war and *Nachkriegszeit*, or from condemnation for moral and political simplism—and not all would agree that he does—then this story from his posthumous works should help. It is a miniature "grotesque" in an everyday context, accomplished with humor and pathos (bordering on, perhaps slipping into sentimentality, but nonetheless effective). It also shows Borchert on the way to achieving a quality not apparent in the brief span of his earlier writing: ironic distance.

Gera′nien   *geraniums* (*sing.* Geranie *or* Geranium*)*

2. ein-laden†   *invite*
3. das Tischtuch   *tablecloth*
4. der Bettbezug   *bed linen* · der Teller   *plate* · die Gabel *fork*

7. an-nähen   *sew on*

9. um . . . willen   *for . . . sake*
10. das Nasenloch   *nostril* · vollkommen   *complete*
11. an-ordnen   *arrange*
12. gähnen   *yawn, gape* · geradezu′   *actually*
13. der Abgrund   *abyss, chasm* · unergründlich   *unfathomable*
14. das Taschentuch   *handkerchief* · tupfen   *dab, mop* · die Stirn   *brow*

17. vor-kommen†   *appear, have an appearance*
18. die Tönung   *coloration* · übrig   *rest of, remaining*
19. die Haut   *skin*

21. ein-fallen†   *occur to*

Die traurigen Geranien

by *Wolfgang Borchert*

Als sie sich kennen lernten, war es dunkel gewesen. Dann
hatte sie ihn eingeladen und nun war er da. Sie hatte ihm
ihre Wohnung gezeigt und die Tischtücher und die Bett-
bezüge und auch die Teller und Gabeln, die sie hatte. Aber als
sie sich dann zum ersten Mal bei hellem Tageslicht gegen- 5
übersaßen, da sah er ihre Nase.

Die Nase sieht aus, als ob sie angenäht ist, dachte er. Und
sie sieht überhaupt nicht wie andere Nasen aus. Mehr wie
eine Gartenfrucht. Um Himmelswillen! dachte er, und diese
Nasenlöcher! Die sind ja vollkommen unsymmetrisch° ange- 10
ordnet. Die sind ja ohne jede Harmonie° zueinander. Das
eine ist eng und oval°. Aber das andere gähnt geradezu wie
ein Abgrund. Dunkel und rund und unergründlich. Er griff
nach seinem Taschentuch und tupfte sich die Stirn.

Es ist so warm, nicht wahr? begann sie. 15

O ja, sagte er und sah auf ihre Nase. Sie muß angenäht
sein, dachte er wieder. Sie kommt sich so fremd vor im
Gesicht. Und sie hat eine ganz andere Tönung als die übrige
Haut. Viel intensiver°. Und die Nasenlöcher sind wirklich
ohne Harmonie. Oder von einer ganz neuartigen° Harmonie, 20
fiel ihm ein, wie bei Picasso.

Ja, fing er wieder an, meinen Sie nicht auch, daß Picasso
auf dem richtigen Wege ist?

2. na, denn nicht *OK, maybe not* · seufzen *sigh*
3. der Übergang *transition* · der Unfall *accident*

8. geduldig *patient*

10. Donnerwetter *(a fairly strong oath)*

12. ausgesprochen *particular*

18. hierbei' *cf.* dabei
19. entsetzlich *terrible* · innig *deep, sincere*
20. glühen *glow, burn*
21. durchaus' *absolutely* · die Ehe *marriage*
22. verschämt *embarrassed*
23. entfahren† *escape*
24. verbessern *correct* · gütig *kindly*

32. ach was *ridiculous, nonsense* · die Zumutung *insult, affront*

36. die Treppe *stair(s)*

Wer denn? fragte sie, Pi – ca – –?

Na, denn nicht, seufzte er und sagte dann plötzlich ohne Übergang: Sie haben wohl mal einen Unfall gehabt?

Wieso? fragte sie.

Na ja, meinte er hilflos°.   5

Ach, wegen der Nase?

Ja, wegen ihr.

Nein, sie war gleich so. Sie sagte das ganz geduldig: Sie war gleich so.

Donnerwetter! hätte er da fast gesagt. Aber er sagte nur: 10 Ach, wirklich?

Und dabei bin ich ein ausgesprochen harmonischer° Mensch, flüsterte sie. Und wie ich gerade die Symmetrie liebe! Sehen Sie nur meine beiden Geranien am Fenster. Links steht eine und rechts steht eine. Ganz symmetrisch. 15 Nein, glauben Sie mir, innerlich° bin ich ganz anders. Ganz anders.

Hierbei legte sie ihm die Hand auf das Knie° und er fühlte ihre entsetzlich innigen Augen bis an den Hinterkopf° glühen.   20

Ich bin doch auch durchaus für die Ehe, für das Zusammenleben°, meinte sie leise und etwas verschämt. Wegen der Symmetrie? entfuhr es ihm.

Harmonie, verbesserte sie ihn gütig, wegen der Harmonie.

Natürlich°, sagte er, wegen der Harmonie.   25

Er stand auf.

Oh, Sie gehen?

Ja, ich – ja.

Sie brachte ihn zur Tür.

Innerlich bin ich eben doch sehr viel anders, fing sie noch 30 mal wieder an.

Ach was, dachte er, deine Nase ist eine Zumutung. Eine angenähte Zumutung. Und er sagte laut: Innerlich sind Sie wie die Geranien, wollen Sie sagen. Ganz symmetrisch, nicht wahr?   35

Dann ging er die Treppe hinunter, ohne sich umzusehen.

Sie stand am Fenster und sah ihm nach.

Da sah sie, wie er unten stehen blieb und sich mit dem Taschentuch die Stirn abtupfte. Einmal, zweimal. Und dann

1. erleichtert   *relieved*
2. grinsen   *grin*

4. jedenfalls   *in any case, anyway* · riechen†   *smell*

SUGGESTIONS   "Ins Reine kommen," to come to an understanding with self and world, is cautiously framed by the subjunctive and the series of questions about the light and the narrator's grasp of its (religious?) meaning. The final, forceful assertion denies the possibility of laughter and tears together. Can one attribute this to despair or discovery?

1. Käm gerne *(past subjunctive)* . . . ins Reine   *would like to get things clear*   2. stumm   *silent*

noch einmal. Aber sie sah nicht, daß er dabei erleichtert grinste. Das sah sie nicht, weil ihre Augen unter Wasser standen. Und die Geranien, die waren genau so traurig. Jedenfalls rochen sie so.

Ich lache nicht

Käm' gerne noch mit mir und mit der Welt ins Reine.
Was sagt? was meint? was weiß? was will das stumme Licht?
Weiß ich es? weiß ich's nicht? Ich weiß es, denn ich weine
und lache über uns. Bei Gott, ich lache nicht!

PETER GAN

PETER BICHSEL As one of Peter Bichsel's countrymen, the novelist and playwright Max Frisch, has pointed out, modern man is a "homo faber" (i.e. man the artisan or, in modern terms, man the technologist) living in the "age of reproduction." The inventor in this story suffers the fate of being the last of his kind, an anachronism whose originality is no match for the endless resources of a technological age. His touching and amusing quaintness is thus really a testimony to Bichsel's melancholy conclusion that the inventor, in his obsession for work and solitude ("denn Erfinder brauchen Ruhe"), is condemned to "reproduce," i.e. to repeat the achievements of a world that has passed him by.

But does not the story's ending suggest another "ja doch!" after the fashion of the earlier Bichsel story, a kind of defiant defense of the lonely (because obsolete) individual? Or is it possible to read *Der Erfinder* as a socio-political parable of modern Switzerland?

---

    der Erfinder *inventor*
1. der Beruf *profession, occupation* · deshalb *therefore, for that reason*
3. erfinden† *invent*
4. der Ingenieur' *engineer* · der Techniker *technician*
5. der Schreiner *carpenter* · der Maurer *mason*
8. die Glühbirne *electric light bulb*
9. damals *then, at that time*
10. bauen *build*
11. der Film'aufnahmeapparat' *movie camera*

17. geboren *born*

25. der Besuch *visit(ors)*

3. **werden ... erfunden** *(passive) are invented*

Der Erfinder

by Peter Bichsel

Erfinder ist ein Beruf, den man nicht lernen kann; deshalb
ist er selten; heute gibt es ihn überhaupt nicht mehr. Heute
werden die Dinge nicht mehr von Erfindern erfunden, sondern von Ingenieuren und Technikern, von Mechanikern°,
von Schreinern auch, von Architekten° und von Maurern; 5
aber die meisten erfinden nichts.

Früher aber gab es noch Erfinder. Einer von ihnen hieß
Edison. Er erfand die Glühbirne und das Grammophon°,
das damals Phonograph° hieß, er erfand das Mikrophon°
und baute das erste Elektrizitätswerk° der Welt, er baute 10
einen Filmaufnahmeapparat und einen Apparat°, mit dem
man die Filme° abspielen konnte.

1931 starb er.

Ohne ihn wären wir ohne Glühbirnen. So wichtig sind
Erfinder. 15

Der letzte starb im Jahre 1931.

1890 wurde zwar noch einer geboren, und der lebt noch.
Niemand kennt ihn, weil er jetzt in einer Zeit lebt, in der c3
keine Erfinder mehr gibt.

Seit dem Jahre 1931 ist er allein. 20

Das weiß er nicht, weil er schon damals nicht mehr hier
in der Stadt wohnte und nie unter die Leute ging; denn
Erfinder brauchen Ruhe.

Er wohnte weit weg von der Stadt, verließ sein Haus nie
und hatte selten Besuch. 25

1. berechnen *calculate* · zeichnen *sketch*
2. legte seine Stirn in Falten *knit his brow*
3. fuhr sich mit der Hand. . . . übers Gesicht *passed his hand over his face* · nach-denken† *reflect, cogitate*
4. die Berechnung *calculation* · zerreißen† *tear to pieces*
5. von neuem *anew, again*
6. mürrisch *sullen* · gelaunt *humored*
7. gelingen† *succeed, be successful*
8. die Zeichnung *drawing, sketch* · begreifen† *grasp, comprehend*
11. verstecken *hide*
12. ab-schreiben† *copy*
13. aus-lachen *laugh at*
14. auf-stehen† *get up*
15. die Post *mail* · die Zeitung *newspaper*

20. nach-prüfen *check over*
21. stimmen *be correct*

23. völlig *completely* · verändern *change*

25. das Warenhaus *department store* · die Rolltreppe *escalator*
26. die Eisenbahn *railroad* · der Dampf *steam* · die Straßenbahn *streetcar*
28. das Kästchen *(little) box*

30. staunen *be amazed*
32. der Kühlschrank *refrigerator*
39. ein-fallen† *occur* · auf . . . zu *up to*

12. **man könnte** *(past subjunctive, frequent with verbs such as* **glauben, fürchten** *and elsewhere, to indicate more or less likely assumptions) people might*
37-38. **fast hätte er . . . vergessen** *(subjunctive with words and phrases like* **fast,** *indicating conditions or results that do not obtain) he almost (but not quite) forgot*

Er berechnete und zeichnete den ganzen Tag. Er saß stundenlang° da, legte seine Stirn in Falten, fuhr sich mit der Hand immer wieder übers Gesicht und dachte nach.

Dann nahm er seine Berechnungen, zerriß sie und warf sie weg und begann wieder von neuem, und abends war er 5 mürrisch und schlecht gelaunt, weil die Sache wieder nicht gelang.

Er fand niemanden, der seine Zeichnungen begriff, und es hatte für ihn keinen Sinn, mit den Leuten zu sprechen. Seit über vierzig Jahren saß er hinter seiner Arbeit, und wenn 10 ihn einmal jemand besuchte, versteckte er seine Pläne°, weil er fürchtete, man könnte von ihm abschreiben, und weil er fürchtete, man könnte ihn auslachen.

Er ging früh zu Bett, stand früh auf und arbeitete den ganzen Tag. Er bekam keine Post, las keine Zeitungen und 15 wußte nichts davon, daß es Radios° gibt.

Und nach all den Jahren kam der Abend, an dem er nicht schlecht gelaunt war, denn er hatte seine Erfindung erfunden, und er legte sich jetzt überhaupt nicht mehr schlafen. Tag und Nacht saß er über seinen Plänen und prüfte sie nach, 20 und sie stimmten.

Dann rollte° er sie zusammen und ging nach Jahren zum ersten Mal in die Stadt. Sie hatte sich völlig verändert.

Wo es früher Pferde gab, da gab es jetzt Automobile°, und im Warenhaus gab es eine Rolltreppe, und die Eisen- 25 bahnen fuhren nicht mehr mit Dampf. Die Straßenbahnen fuhren unter dem Boden und hießen jetzt Untergrundbahnen°, und aus kleinen Kästchen, die man mit sich tragen konnte, kam Musik°.

Der Erfinder staunte. Aber weil er ein Erfinder war, begriff 30 er alles sehr schnell.

Er sah einen Kühlschrank und sagte: „Aha."

Er sah ein Telefon und sagte: „Aha."

Und als er rote und grüne Lichter sah, begriff er, daß man bei Rot warten muß und bei Grün gehen darf. 35

Und er wartete bei Rot und ging bei Grün.

Und er begriff alles, aber er staunte, und fast hätte er dabei seine eigene Erfindung vergessen.

Als sie ihm wieder einfiel, ging er auf einen Mann zu, der

1. entschuldigen *pardon*

5. nämlich *namely, you see*
6. schalten *switch* · die Ampel *traffic light*

8. sich aus-kennen† *know one's way*

15. das Gespräch *conversation*

21. sonnig *sunny*
22. wunderschön *wonderful*

26. eigenartig *special*
32. breiten *spread*
33. das Bein *leg*

10. was hätten die Leute sagen sollen *(past perfect subjunctive, with modal and dependent verb, thus "double infinitive"; somewhat like conclusion of "if" clause) what should they have said?*
13. als hätten . . . *(subjunctive, "as if" clause; equivalent, with different word order, to* als ob, als wenn*)*
27-29. wenn er nicht . . . gewesen wäre, . . . dann hätte er . . . nicht . . . glauben können *(past perfect subjunctive, in* wenn *clause and its main clause conclusion, the latter also having a "double infinitive" for the perfect tense of a modal with dependent verb) if he hadn't been . . . , he wouldn't have been able to . . .*

eben bei Rot wartete und sagte: „Entschuldigen Sie, mein Herr, ich habe eine Erfindung gemacht." Und der Herr war freundlich und sagte: „Und jetzt was wollen Sie?"
Und der Erfinder wußte es nicht.

„Es ist nämlich eine wichtige Erfindung", sagte der Erfinder, 5 aber da schaltete die Ampel auf Grün, und sie mußten gehen.

Wenn man aber lange nicht mehr in der Stadt war, dann kennt man sich nicht mehr aus, und wenn man eine Erfindung gemacht hat, weiß man nicht, wohin man mit ihr soll.

Was hätten die Leute sagen sollen, zu denen der Erfinder 10 sagte: „Ich habe eine Erfindung gemacht."

Die meisten sagten nichts, einige lachten den Erfinder aus, und einige gingen weiter, als hätten sie nichts gehört.

Weil der Erfinder lange nicht mehr mit Leuten gesprochen hatte, wußte er auch nicht mehr, wie man ein Gespräch be- 15 ginnt. Er wußte nicht, daß man als erstes sagt: „Bitte, können Sie mir sagen, wie spät es ist?" oder daß man sagt: „Schlechtes Wetter heute."

Er dachte gar nicht daran, daß es unmöglich ist, einfach zu sagen: „Sie, ich habe eine Erfindung gemacht", und als in 20 der Straßenbahn jemand zu ihm sagte: „Ein sonniger Tag heute", da sagte er nicht: „Ja, ein wunderschöner Tag", sondern er sagte gleich: „Sie, ich habe eine Erfindung gemacht."

Er konnte an nichts anderes mehr denken, denn seine Er- 25 findung war eine große, sehr wichtige und eigenartige Erfindung. Wenn er nicht ganz sicher gewesen wäre, daß seine Pläne stimmten, dann hätte er selbst nicht daran glauben können.

Er hatte einen Apparat erfunden, in dem man sehen 30 konnte, was weit weg geschieht.

Und er sprang auf in der Straßenbahn, breitete seine Pläne zwischen den Beinen der Leute auf dem Boden aus und rief: „Hier schaut mal, ich habe einen Apparat erfunden, in dem man sehen kann, was weit weg geschieht." 35

Die Leute taten so, als wäre nichts geschehen, sie stiegen ein und aus, und der Erfinder rief: „Schaut doch, ich habe etwas erfunden. Sie können damit sehen, was weit weg geschieht."

1. das Fernsehen   *television*

6. bestellen   *order*
7. der Nachbar   *neighbor*

12. an-schauen = ansehen

16. ein-stellen   *turn on*

20. achten   *heed, pay attention to*
21. schimpfen   *swear* · tippen   *tap*
22. die Stirn   *forehead*

23. seither'   *since (then)*
24. nach Hause   *home*

26. der Bogen   *sheet*

„Der hat das Fernsehen erfunden", rief jemand, und alle lachten.

„Warum lachen Sie?" fragte der Mann, aber niemand antwortete, und er stieg aus, ging durch die Straßen, blieb bei Rot stehen und ging bei Grün weiter, setzte sich in ein 5 Restaurant° und bestellte einen Kaffee°, und als sein Nachbar zu ihm sagte: „Schönes Wetter heute", da sagte der Erfinder: „Helfen Sie mir doch, ich habe das Fernsehen erfunden, und niemand will es glauben — alle lachen mich aus." 10

Und sein Nachbar sagte nichts mehr. Er schaute den Erfinder lange an, und der Erfinder fragte: „Warum lachen die Leute?" „Sie lachen", sagte der Mann, „weil es das Fernsehen schon lange gibt und weil man das nicht mehr erfinden muß", und er zeigte in die Ecke des Restaurants, wo ein Fernseh- 15 apparat° stand, und fragte: „Soll ich ihn einstellen?"

Aber der Erfinder sagte: „Nein, ich möchte das nicht sehen." Er stand auf und ging.

Seine Pläne ließ er liegen.

Er ging durch die Stadt, achtete nicht mehr auf Grün und 20 Rot, und die Autofahrer schimpften und tippten mit dem Finger an die Stirn.

Seither kam der Erfinder nie mehr in die Stadt.

Er ging nach Hause und erfand jetzt nur noch für sich selbst. 25

Er nahm einen Bogen Papier, schrieb darauf *Das Automobil,* rechnete und zeichnete wochenlang° und monatelang° und erfand das Auto noch einmal, dann erfand er die Rolltreppe, er erfand das Telefon, und er erfand den Kühlschrank. Alles, was er in der Stadt gesehen hatte, erfand er noch 30 einmal.

Und jedes Mal, wenn er eine Erfindung gemacht hatte, zerriß er die Zeichnungen, warf sie weg und sagte: „Das gibt es schon."

Doch er blieb sein Leben lang ein richtiger Erfinder, denn 35 auch Sachen, die es gibt, zu erfinden, ist schwer, und nur Erfinder können es.

FRIEDRICH KLOTH One of the relatively large and active group of young German writers to appear after World War II, Friedrich Kloth (born in Lübeck in 1925) spent a number of years in Paris, where he studied at the Sorbonne, taught school, and worked as journalist and editor for the United Press. He now makes his home in Hamburg. Kloth's literary activity dates from 1949, and a number of his short stories have been presented as readings on the German radio or published in leading literary and cultural magazines. His novel *Fremd im Paradies* appeared in 1960.

Hunger was written shortly after the war and is thus one of Kloth's first literary efforts. While the plain, straightforward language, the stylistic simplicity, and a sketchlike brevity mark this story as generally typical of much postwar shorter fiction, its message—a note of hope, of optimistic "Neubeginn"—is markedly different. The young woman who cries, "Ich werde nie mehr Hunger haben" is, for example, in sharp contrast to Borchert's returning soldier with his despairing "keiner weiß wohin."

1. starren   *stare* · die Dunkelheit   *darkness*
2. der Ofen   *stove*
3. bleich   *pale* · die Gas'later'ne   *gas lantern* · kriechen†   *creep*
5. ewig   *eternal* · qualvoll   *tormenting*
6. auf-gehen†   *open* · schmal   *narrow* · der Lichtspalt   *crack of light*
7. das Hemd   *shirt* · schweißbedeckt   *covered with sweat*
8. grinsen   *grin*
10. kühl   *cool*
11. rauh   *harsh* · Sowas auch, Geld!   *Money yet!*

15. übrig-bleiben†   *be left*
16. ertragen†   *endure*
17. verrückt   *mad*
18. Verbrechen begehen   *commit crimes*
19. begreifen†   *grasp the fact* · verhungern   *starve*
20. wehren   *defend*

23. sich sorgen um   *be concerned about*

Hunger

by Friedrich August Kloth

Sie lag noch immer und starrte in die Dunkelheit des Zimmers.
Das Feuer im Ofen war heruntergebrannt. Von draußen fiel
der bleiche Schein von Gaslaternen herein. Die Kälte° kroch
langsam wie ein großes, trauriges Tier an ihrem Körper
herauf — und der Hunger, der ewige, qualvolle Hunger. Die 5
Tür ging auf. In dem schmalen Lichtspalt sah sie seinen
breiten Oberkörper°, das offene Hemd, die schweißbedeckte
dunkle Brust°. Sie sah fort. Sicher grinste er. Wie er immer
grinste, wie er ewig grinste. „Hast du Geld? Hast du endlich
einmal Geld mitgebracht?" sagte sie kühl. „Geld?" Er lachte. 10
Sie hörte, wie er rauh lachte. „Geld! Sowas auch, Geld!" Seit
Monaten gibt es zwischen ihnen keine anderen Fragen: Hast
du Geld? Und er: Hast du was zu essen? Und sie dachte
jedesmal°: Ist dein Hunger größer als meiner oder bleibt
für mich noch etwas übrig? Gott im Himmel, ich bitte dich, 15
laß ihn weniger Hunger haben als mich, ich ertrage es nicht,
wenn ich heute nichts esse. Ich werde verrückt oder begehe
Verbrechen. Sicher begehe ich noch einmal Verbrechen, weil
ich nicht begreife, daß Menschen verhungern müssen, ohne
sich dagegen wehren zu können, ohne schuldig zu sein, 20
ohne . . .

Alles zwischen ihnen war jetzt so einfach. Früher sorgten sie
sich um die Liebe. Als die Liebe tot war, sagten sie sich nur

1. sich Höflichkeiten sagen   *exchange civilities* · ums nackte Leben   *for life itself*

4. rot'unterlau'fen   *bloodshot* · mal = einmal
5. schaffen   *manage*
6. auf-treiben†   *dig up, get*

9. untüchtig   *useless, incompetent, no good* · leichter sein   *be relieved*
12. die Last   *burden* · ab-wälzen   *remove, roll off* · die Ehrlichkeit   *fairness, honesty*
13. die Küche   *kitchen* · hohl   *hollow* · kahl   *barren*
14. die Allee'   *avenue*
19. der Kanten   *crust*
20. überlegen   *reflect*
21. der Teller   *plate, bowl* · die Suppe   *soup*
22. der Gedanke   *thought* · stürzen   *plunge* · der Schlund   *abyss*
25. die Schnitte   *slice*
27. lauwarm   *slightly warm*
28. sich nieder-kauern   *crouch*
29. sich satt essen   *eat one's fill*
30. verhaßt   *hateful*
31. satt   *sated, full* · gemein   *common, vulgar*
32. wirken   *have the effect of*
33. unheimlich   *sinister*
34. klirren   *jangle* · gesprungen   *cracked*
35. sich streichen über   *stroke* · das Kinn   *chin* · trotz   *despite*
36. hastig   *hastily*
38. Hoffentlich . . . geschmeckt!   *I hope you enjoyed it!*
39. es zuckte   *there was a twitch*

15. **Wenn er doch ginge!** *(past subjunctive wish clause) If only he would go!*
24-25. **Wenn er . . . würde** *(conditional wish clause)*
35-36. **Das . . . Kinn** *(extended adjective construction)* = **Das Kinn, das . . . war**

noch Höflichkeiten. Als der Kampf ums nackte Leben begann, stellten sie sich nur noch diese zwei Fragen. Leer und hungrig°, ewig hungrig saßen sie sich gegenüber und sahen sich in die rotunterlaufenen Augen. „Ich möchte mal wissen, wann du Geld mitbringst, wann du es endlich einmal schaffst, Geld 5 aufzutreiben", sagte sie wieder bitter. „Gib mir was zu essen!" sagte er kurz. „So!" Sie sah ihn an. „Ich kann dir nichts geben, wenn du kein Geld auftreibst. Ich kann es nicht, wenn du untüchtig bist." Ihr war jetzt leichter. Endlich habe ich es ihm gesagt. Sie weinte, sie fühlte sich sehr verlassen in der 10 kalten Dunkelheit, aber ihr war doch leichter. Endlich habe ich diese Last von mir abgewälzt: die Ehrlichkeit.

Draußen hörte sie seine Schritte in der Küche: hohl, kahl, wie die Schritte in einer windigen° Allee mit hohen Bäumen. Vielleicht ging er für immer. Wenn er doch ginge! Kann ein 15 Mann noch bleiben, wenn man ihm sagt, daß er untüchtig ist? Muß ein Mann dann nicht gehen? Aber er würde bleiben. Sie wußte, daß er bleiben würde. Sicher aß er jetzt den letzten Kanten Brot, wie er es jeden Abend tat bevor° er wieder das Haus verließ. Sie überlegte, daß sie seit gestern nur einen 20 Teller Suppe gegessen hatte. Vor morgen durfte sie nichts mehr . . . Ihre Gedanken stürzten in einen Schlund. Und dann? Was würde nach morgen sein? Hunger? Ewiger Hunger? Eine Ewigkeit° voll Hunger? Wenn er doch jetzt nur nicht den letzten Kanten essen würde, wenn er doch . . . eine Schnitte, 25 nur eine Schnitte! . . . Sie kauerte sich wieder in die kalte, dunkle Ecke zwischen dem Fenster und dem lauwarmen Ofen nieder.

Endlich war er fertig. Hatte er sich also satt gegessen! Seine Schritte kamen näher. Diese verhaßten Schritte der 30 satten Beine! Gibt es etwas Gemeineres als Schritte? In dem bleichen Licht wirkte er ganz hoch und schwarz wie ein fremdes, unheimliches Tier. „Bist du satt?" Ihre Stimme war kalt und klirrte wie ein gesprungenes Glas. „Danke." Er strich sich über das Kinn. Das trotz des Hungers immer noch volle 35 Kinn. Ich könnte dich . . . sie wandte sich hastig zum Fenster, um nicht weiterzudenken.

„Hoffentlich hat's dir geschmeckt!" Sie sah, wie es in dem schwarzen Gesicht zuckte. Es gab also doch noch etwas, womit

1. genießen† *enjoy* · mager *meager*
2. gewaltig *powerful* · die Sehnsucht *longing*

6. sich schleichen† *slink* · das Geschirr *dishes*
7. die Fliese *floor tile*
8. war ihr *she felt* · um-sinken† *collapse*
9. wußte zu = konnte
10. wiederholen *repeat* · gewaltsam *violent* · der Blitz *lightning*
11. zerreißen† *rip open*
12. die Finsternis *darkness* · mehrere *several* · sich täuschen *be mistaken*
13. fein säuberlich *neatly and cleanly*
14. die Scheibe = die Schnitte · schwindelig *giddy* · die Erregung *excitement*
16. spüren *feel*

20. lehnen *lean* · die Fensterbank *window seat*
21. weich *tender*

23. die Falte *wrinkle*
24. die Rinne *crease*
25. glänzend *shiny* · hassen *hate*

28. schieben† *shove*

33. einsam *lonely*
34. das Blut *blood* · die Schläfe *temple* · dröhnen *pound, roar*
35. riesig *enormous*
37. reglos *motionless*
38. der Schiffbrüchige *castaway* · die Rettung *rescue*
39. an-starren *stare at*

sie ihn treffen konnte. Für Sekunden° genoß sie ihren mageren Triumph°, vergaß sie den Hunger, die gewaltige Sehnsucht nach einem Stück Brot, für die Menschen Verbrechen begehen. Für die Menschen ihre Götter verlassen. Für die Menschen einander töten. 5

Müde schlich sie sich in die Küche, um das Geschirr abzuwaschen°. Als sie auf den leeren Fliesen des Küchenbodens° stand, war ihr so schwach, daß sie glaubte, sie müsse umsinken.

Was dann geschah, wußte sie später nicht mehr zu wiederholen. Es war alles zu plötzlich, zu gewaltsam, so wie Blitze 10 einen Nachthimmel° zerreißen, oder wie Sonne durch eine Finsternis bricht. Mehrere Male sah sie hin. Sie täuschte sich nicht: das Brot lag noch da. Es lag dort fein säuberlich in Scheiben geschnitten. Ihr war schwindelig vor Erregung. Ich werde verrückt, dachte sie, gleich werde ich verrückt. 15

Sie vergaß den Hunger, die Kälte, die Angst. Dann spürte sie, daß sie weinte. Warum weint man, dachte sie: Warum weint man, wenn man in einer großen Finsternis plötzlich Licht sieht?

Er lehnte gegen die Fensterbank und sah auf die Straße 20 hinaus. „Bist du satt?" Seine Stimme war weit weg und weich. Sie hatte die Stimme noch nie gehört. Dann sah sie in sein Gesicht. Das Gesicht da vor ihr hatte Falten, viele tiefe Rinnen liefen zum Munde. Sie sah, daß auch das runde glänzende Kinn, das sie so sehr gehaßt hatte, Falten zeigte. 25

„Komm", sagte er, „du mußt was essen." „Ich mag nicht, ich meine . . . es ist besser . . . ich meine . . . ich bin schon satt." Sie schob ihm den Kanten hin. — Er lächelte: „Du mußt aber was essen." „Ich habe keinen Hunger mehr", sagte sie. „Ich werde nie mehr Hunger haben." Sie sahen sich 30 an. Zum erstenmal nach vielen Monaten sahen sie, daß jeder noch ein Gesicht hatte. Sie dachte: das hier ist nicht wahr, ich war doch immer einsam. Das hier träume ich doch sicher nur. — Das Blut in ihren Schläfen dröhnte, und vor ihnen waren nur Augen, riesige Augen: die Augen des anderen, die 35 sie nie verstanden hatten.

Eine Weile standen sie sich reglos gegenüber und starrten in ihre Gesichter, wie Schiffbrüchige nach ihrer Rettung die Sonne anstarren, die Erde und den fernen Himmel. „Es ist ja

1. man = nur
2. sich rühren   *stir*

gut, es ist ja alles gut", sagte er. „Nun iß man." Sie rührte sich nicht. „Ich werde nie mehr Hunger haben", flüsterte sie. „Nie mehr." „Nun glaub' ich aber doch, daß du was essen mußt", lächelte er.

Sie sah, wie er das Brot brach. Sie sah, wie er dann den halben Kanten in den Mund schob. Da nahm sie den anderen Kanten und aß und lächelte wieder. 5

Erinnerung an M.K.

Der Baum
hat nicht gewußt,
daß du ihn finden würdest.
Die Nacht
hat ihn 5
mit Dunkelheit behängt.
Die Fische im Strom
haben geschlafen.
Keine Hand, kein Mund
hielten dich auf. 10
Als die Arbeiter° dich
am Morgen sahen;
es war in der Zeitung zu lesen;
sagten sie untereinander°:
sie war schön, sie war jung. 15

ROLF BONGS

HEINRICH SPOERL was born in Düsseldorf in 1887. From 1919 to 1937 he practiced law in his home town. His literary activity dates from about 1928, and an indication of the popularity he achieved in his "second profession" may be seen in the way his works have sold. By 1949, for example, *Die Feuerzangenbowle* (1932) had gone through editions totaling 740,000 copies, his *Man kann ruhig darüber sprechen* (1937) more than 975,000. All of Spoerl's novels were made into motion pictures which enjoyed the same resounding success. Spoerl's later years were spent at Tegernsee in Bavaria. He died in 1955.

His short story *Der Stift* may best be described by the words which one critic has applied to Spoerl's writings in general, "harmlos und heiter."

---

    der Stift   *pin*
1. die Türklinke   *latch* · bestehen†   *consist*

3. zerfallen†   *fall apart* · die Herrlichkeit   *the whole show*
4. die Obertertia   *tenth grade*
5. bewährt   *proven* · der Grundsatz   *principle* · konstruieren   *construct*
6. der Lehrer   *teacher*
8. behalten†   *keep*
9. klirren   *clatter*
10. der Gang   *corridor*

12. viereckig   *square* · das Loch   *hole*
13. desglei'chen   *likewise*

15. unbändig   *unrestrained*
16. römisch   *Roman numeral* · ausführlich   *detailed* · die Untersu'chung   *investigation*
17. schuldbeladen   *guilt-ridden* · der Schüler   *pupil*

21. erfahren   *experienced*
22. ausgerechnet   *of all things* · kriminalis'tisch   *criminological*

Der Stift

by Heinrich Spoerl

Eine Türklinke besteht aus zwei Teilen, einem positiven° und
einem negativen°. Sie stecken ineinander, der kleine wichtige
Stift hält sie zusammen. Ohne ihn zerfällt die Herrlichkeit.
Auch die Türklinke an der Obertertia ist nach diesem
bewährten Grundsatz konstruiert. 5

Als der Lehrer für Englisch um zwölf Uhr in die Klasse kam
und mit der ihm gewohnten konzentrierten° Energie° die
Tür hinter sich schloß, behielt er den negativen Teil der
Klinke in der Hand. Der positive Teil flog draußen klirrend
auf den Gang. 10

Mit dem negativen Teil kenn man keine Tür öffnen. Die
Tür hat nur ein viereckiges Loch. Der negative Teil desgleichen.

Die Klasse hat den Atem angehalten und bricht jetzt in
unbändige Freude aus. Sie weiß, was kommt. Nämlich° 15
römisch eins: Eine ausführliche Untersuchung, welcher schuld-
beladene Schüler den Stift herausgezogen hat. Und römisch
zwei: Technische° Versuche, wie man ohne die Klinke die
Tür öffnen kann. Damit wird die Stunde herumgehen.

Aber es kam nichts. Weder römisch eins noch römisch zwei. 20
Professor Heimbach war ein viel zu erfahrener Pädagoge°, um
sich ausgerechnet mit seiner Obertertia auf kriminalistische

1. sich ein-lassen auf   *get involved in*
2. erwarten   *expect* · das Gegenteil   *opposite*
3. schon mal   *all right*
4. gleichgültig   *nonchalantly* · das Kapi'tel   *chapter*
5. der Absatz   *paragraph, section*

8. verpufft   *shot*
9. der Junge = der Knabe · schlau   *sly* · wenigstens   *at least*
10. auf einmal = plötzlich · lang   *tall, lanky*
11. raus = heraus (hinaus)
12. nachher'   *later*
13. trotzdem   *anyway*

15. behaupten   *claim*
16. der Pflaumenkuchen   *plum tart* · und so weiter   *et cetera*

18. widerle'gen   *contradict* · die Folgen   *consequences*

20. nach-geben†   *yield* · stochern   *poke*
21. der Schlüssel   *key*
22. klemmen   *jam*
23. merkwürdig   *strange*
24. krabbeln   *fiddle* · geschäftig   *busily* · die Hose   *pants*
25. feixen   *grin, giggle*
26. unvorsichtigerweise   *incautiously*

30. die Rechnung   *bill*
31. das Gewissen   *conscience* · das Grinsen   *grinning* · fort-
    fahren†   *continue*
33. schellen   *ring*
34. die Anstalt   *institution* · schütten   *pour* · der Insasse   *inmate*
35. erlösen   *release, liberate* · dritter Stock   *fourth floor*

37. der Unterricht   *instruction*
38. das Kathe'der   *lecture platform* · packen   *grab, clutch*

Untersuchungen und technische Probleme° einzulassen. Er
wußte, was man erwartete, und tat das Gegenteil:
„Wir werden schon mal wieder herauskommen", meinte er
gleichgültig. „Matthiesen, fang mal an. Kapitel siebzehn,
zweiter Absatz." 5
Matthiesen fing an, bekam eine drei minus. Dann ging es
weiter; die Stunde lief wie jede andere. Die Sache mit dem
Stift war verpufft.
Aber die Jungen waren doch noch schlauer. Wenigstens
einer von ihnen. Auf einmal steht der lange Klostermann auf 10
und sagt, er muß raus.
„Wir gehen nachher alle."
Er muß aber trotzdem.
„Setz dich hin!"
Der lange Klostermann steht immer noch; er behauptet, er 15
habe Pflaumenkuchen gegessen und so weiter.
Professor Heimbach steht vor einem Problem. Pflaumen-
kuchen kann man nicht widerlegen. Wer will die Folgen auf
sich nehmen?
Der Professor gibt nach. Er stochert mit seinen Haus- 20
schlüsseln in dem viereckigen Loch an der Tür herum. Aber
keiner läßt sich hineinklemmen.
„Gebt mal eure Schlüssel her." Merkwürdig, niemand hat
einen Schlüssel. Sie krabbeln geschäftig in ihren Hosentaschen
und feixen. 25
Unvorsichtigerweise feixt auch der Pflaumenkuchenmann°.
Professor Heimbach ist Menschenkenner°. Wer Pflaumenkuchen gegessen hat und so weiter, der feixt nicht.
„Klostermann, ich kann dir nicht helfen. Setz dich ruhig
hin. Die Rechnung kannst du dem schicken, der den Stift auf 30
dem Gewissen hat. — Kebben, laß das Grinsen und fahr fort."
Also wieder nichts.
Langsam, viel zu langsam, wird es ein Uhr. Es schellt. Die
Anstalt schüttet ihre Insassen auf die Straße. Die Obertertia
wird nicht erlöst. Sie liegt im dritten Stock am toten Ende 35
eines langen Ganges.
Professor Heimbach schließt den Unterricht und bleibt auf
dem Katheder. Die Jungen packen ihre Bücher. „Wann

3. außerdem   *besides*
4. das Butterbrot   *bread and butter* · kauen   *chew*
5. die Backe   *cheek* · betreten   *crestfallen*
6. der Bleistift   *pencil*

9. erstens   *firstly*

11. zart   *delicate* · schonen   *spare*
12. sich aus-ruhen   *rest* · meinethalben   *as far as I am concerned*
13. die Bank   *bench* · genügend   *adequate* · üben   *practice*
14. verbieten†   *forbid*
15. empfehlen†   *recommend* · Spaß machen   *be fun*

17. öd(e)   *desolate* · die Langeweile   *boredom* · kriechen†
    creep
18. dösen   *doze* · korrigieren   *correct* · das Heft   *composition
    book*
19. die Putzfrau   *scrubwoman*
21. stolz   *proud*
22. die Klassenhiebe   *punishment by the class*

SUGGESTIONS A clever and effective image: one "opens" words
and floats. The image is also visual, i.e. shaped before us on the
page. What meanings are suggested by "schwebt"? What meta-
phoric connections do you see between parachute jumping and
poetry writing?

2. der Fallschirm   *parachute*   8. schweben   *float, hover*

können wir gehen?" — „Ich weiß es nicht. Wir müssen eben warten."

Warten ist nichts für Jungen. Außerdem haben sie Hunger. Der dicke Schrader hat noch ein Butterbrot und kaut schon mit vollen Backen; die anderen kauen betreten an ihren 5 Bleistiften.

„Können wir nicht vielleicht unsere Hausarbeiten° machen?"

„Nein, erstens werden Hausarbeiten, wie der Name sagt, zu Hause gemacht. Und zweitens habt ihr fünf Stunden hinter 10 euch und müßt eure zarte Gesundheit° schonen. Ruht euch aus; meinethalben könnt ihr schlafen."

Schlafen in den Bänken hat man genügend geübt. Es ist wundervoll°. Aber es geht nur, wenn es verboten ist. Jetzt, wo es empfohlen wird, macht es keinen Spaß und funktioniert° 15 nicht.

Eine öde Langeweile kriecht durch das Zimmer. Die Jungen dösen. Der Professor hat es besser: er korrigiert Hefte.

Kurz nach zwei kamen die Putzfrauen, die Obertertia konnte nach Hause, und der lange Klostermann, der das mit dem 20 Stift gemacht hatte und sehr stolz darauf war, bekam Klassenhiebe.

Worte

Worte
meine Fallschirme
mit euch
springe
ich   5
ab
wer euch richtig öffnet
schwebt

HORST BIENEK

HEINRICH BÖLL, winner of the 1972 Nobel Prize for Literature, is one of Germany's most popular writers. He was born into a Catholic family in Cologne in 1917. After completing secondary school he became a bookseller's apprentice but was drafted soon afterwards and served as an infantry soldier from 1939 to 1945.

Böll's short stories have been appearing since 1947—there have been eleven volumes of shorter fiction during the past 25 years—and even some of his novels tend to dissolve into short episodes: his first novel, *Wo warst du, Adam?* (1951), is more reminiscent of a series of sketches or stories than a novel. Later works include the highly successful *Und sagte kein einziges Wort* (1953), *Billard um halbzehn* (1959), *Ansichten eines Clowns* (1963), and, most recently, *Gruppenbild mit Dame* (1971).

Thematically, Böll is most concerned with ordinary lives, i.e., with the little man in his struggle to assert his private humanity. Against a backdrop first of war, then of a recuperating and increasingly prosperous, materialistic Germany, Böll's men and women try to find their way back to love and understanding.

Abschied, one of the 25 "Kurzgeschichten ohne Pointe" that make up the collection *Wanderer, kommst du nach Spa . . .* (1950), typifies Böll's art of understatement, his gift for realistic detail, and his understanding treatment of the tenderness and strain of human relationships.

---

der Abschied *farewell* 1. gräßlich *terrible* · die Stimmung *mood* 2. Abschied nehmen *take leave* 3. trennen *part* · vermögen† *be able* · ab-fahren† *leave* 4. die Bahnhofshalle *railroad station hall* · schmutzig *dirty* 5. zugig *drafty* · erfüllen *fill* · der Dunst *haze, fume* · der Abdampf *exhaust steam* · der Lärm *noise* 7. der Flur *corridor* 8. stoßen† *push, hit* · beisei'te *aside* · drängen *push, crowd* 9. fluchen *curse* 10. kostbar *precious* · gemeinsam *mutual* 11. das Winkzeichen *(hand) signal* 12. das Abteil *compartment* · sich verständigen *to make oneself understood* 13. nett *nice* 17. immerhin' *for all that* 19. auf-hören *stop* 21. der Dreck *muck, filth* 22. bißchen *bit, little*

Abschied

by Heinrich Böll

Wir waren in jener gräßlichen Stimmung, wo man schon lange Abschied genommen hat, sich aber noch nicht zu trennen vermag, weil der Zug noch nicht abgefahren ist. Die Bahnhofshalle war wie alle Bahnhofshallen, schmutzig und zugig, erfüllt von dem Dunst der Abdämpfe und von Lärm, 5 Lärm von Stimmen und Wagen.

Charlotte stand am Fenster des langen Flurs, und sie wurde dauernd von hinten gestoßen und beiseite gedrängt, und es wurde viel über sie geflucht, aber wir konnten uns doch diese letzten Minuten°, diese kostbarsten letzten gemeinsamen un- 10 seres Lebens nicht durch Winkzeichen aus einem überfüllten° Abteil heraus verständigen . . .

„Nett", sagte ich schon zum drittenmal, „wirklich nett, daß du bei mir vorbeigekommen bist."

„Ich bitte dich, wo wir uns schon so lange kennen. Fünfzehn 15 Jahre."

„Ja, ja, wir sind jetzt dreißig, immerhin . . . kein Grund . . ."

„Hör auf, ich bitte dich. Ja, wir sind jetzt dreißig. So alt wie die russische° Revolution . . ." 20

„So alt wie der Dreck und der Hunger . . ."

„Ein bißchen jünger . . ."

„Du hast recht, wir sind furchtbar jung." Sie lachte.

2. der Koffer   *suitcase*
3. das Bein   *leg*
4. was dran tun   *put something on it*

11. sich schämen   *be ashamed*
12. der Lumpen   *rag* · die Trümmer *(pl.)* *ruins*
13. scheußlich   *horrible*

15. der Unsinn   *nonsense*

17. manchmal   *sometimes* · das Essen   *food*
18. herrlich   *fine, splendid* · kaputt'   *ruined, broken*
19. begeistert   *enthusiastic*

21. erklingen†   *sound* · der Bahnsteig   *platform*

23. an-kündigen   *announce*
24. zart   *tender, delicate* · betrachten   *regard, study*
25. der Geruch   *odor* · die Seife   *soap*
26. elend   *miserable*
27. verzweifelt   *desperate* · der Mut   *courage*
28. zerren   *pull* · behalten†   *keep*

32. toll   *insane, wild, terrific*
33. gefangen†   *(as) a prisoner* · Rußland   *Russia* · abenteuerlich *adventurous* · die Flucht   *flight, escape* · lesen†   *lecture*

36. promovieren   *take a degree*
37. Halt die Schnauze!   *hold your trap!, shut up!*
38. entsetzt   *horrified, shocked* · bleich   *pale*

„Sagtest du etwas", fragte sie nervös°, denn sie war von hinten mit einem schweren Koffer gestoßen worden . . .

„Nein, es war mein Bein."

„Du mußt was dran tun."

„Ja, ich tu was dran, es redet wirklich zu viel . . ." 5

„Kannst du überhaupt noch stehen?"

„Ja . . .", und ich wollte ihr eigentlich sagen, daß ich sie liebte, aber ich kam nicht dazu, schon seit fünfzehn Jahren . . .

„Was?"

„Nichts . . . Schweden°, du fährst also nach Schweden . . . 10

„Ja, ich schäme mich ein bißchen . . . eigentlich gehört das doch zu unserem Leben, Dreck und Lumpen und Trümmer, und ich schäme mich ein bißchen. Ich komme mir scheußlich vor . . ."

„Unsinn, du gehörst doch dahin, freu dich auf Schwe- 15 den . . ."

„Manchmal freu' ich mich auch, weißt du, das Essen, das muß herrlich sein, und nichts, gar nichts kaputt. Er schreibt ganz begeistert . . ."

Die Stimme, die immer sagt, wann die Züge abfahren, 20 erklang jetzt einen Bahnsteig näher, und ich erschrak, aber es war noch nicht unser Bahnsteig. Die Stimme kündigte nur einen internationalen° Zug von Rotterdam nach Basel an, und während ich Charlottes kleines, zartes Gesicht betrachtete, kam der Geruch von guter Seife und Kaffee mir in den Sinn, 25 und ich fühlte mich scheußlich elend. Einen Augenblick lang fühlte ich den verzweifelten Mut, diese kleine Person einfach aus dem Fenster zu zerren und hier zu behalten, sie gehörte mir doch, ich liebte sie ja . . .

„Was ist?" 30

„Nichts", sagte ich, „freu dich auf Schweden . . ."

„Ja. Er hat eine tolle Energie°, findest du nicht. Drei Jahre gefangen in Rußland, abenteuerliche Flucht, und jetzt liest er da schon über Rubens."

„Toll, wirklich toll . . ." 35

„Du mußt auch was tun, promovier doch wenigstens . . ."

„Halt die Schnauze!"

„Was?" fragte sie entsetzt. „Was?" Sie war ganz bleich geworden.

1. verzeihen† *pardon*

4. bloß *only, anyway*
5. heiraten *marry* · hübsch *pretty*

8. unter-bringen† *accomodate*

15. das Gegenteil *opposite* · schlank *slender*
16. hochbeinig *long-legged*

24. lohnt sich nicht *isn't worth while*

29. horchen *listen*
30. an-blicken = ansehen

36. fort-fahren† *continue*

„Verzeih", flüsterte ich, „ich meine nur das Bein, ich rede manchmal mit ihm . . ."

Sie sah absolut° nicht nach Rubens aus, sie sah eher nach Picasso aus, und ich fragte mich dauernd, warum er sie bloß geheiratet haben mochte, sie war nicht einmal hübsch, und ich liebte sie.

Auf dem Bahnsteig war es ruhiger geworden, alle waren untergebracht, und nur noch ein paar Abschiedsleute° standen herum. Jeden Augenblick würde die Stimme sagen, daß der Zug abfahren soll. Jeder Augenblick konnte der letzte sein . . .

„Du mußt doch etwas tun, irgend etwas tun, es geht so nicht . . ."

„Nein", sagte ich.

Sie war das gerade Gegenteil von Rubens: schlank, hochbeinig, nervös, und sie war so alt wie die russische Revolution, so alt wie der Hunger und der Dreck in Europa° und der Krieg . . .

„Ich kann's gar nicht glauben . . . Schweden . . . es ist wie ein Traum . . ."

„Es ist ja alles ein Traum."

„Meinst du?"

„Gewiß. Fünfzehn Jahre. Dreißig Jahre . . . Noch dreißig Jahre. Warum promovieren, lohnt sich nicht. Sei still, verdammt°!"

„Redest du mit dem Bein?"

„Ja."

„Was sagt es denn?"

„Horch."

Wir waren ganz still und blickten uns an und lächelten, und wir sagten es uns ohne ein Wort zu sprechen.

Sie lächelte mir zu: „Verstehst du jetzt, ist es gut?"

„Ja . . . ja."

„Wirklich?"

„Ja, ja."

„Siehst du", fuhr sie leise fort, „das ist es ja gar nicht, daß man zusammen ist und alles. Das ist es ja gar nicht, nicht wahr?"

Die Stimme, die sagt, wann die Züge abfahren, war jetzt

1. amtlich   *official* · sauber   *neat, clean*
2. zusam'men-zucken   *wince, cringe* · grau   *grey* · behördlich
   official
3. die Peitsche   *whip*

6. an-fahren†   *start up* · sich entfernen   *depart*

SUGGESTIONS   Like Bienek's "Worte," "Fesselung" is composed
of but one striking image, an essentially modern one that captures
the nightmarish quality of our lives. Lines, instead of the concretized
fears of other ages—dragons, monsters, demons and devils—seem far
more apt as the metaphor of our age. How do we account for "Zu
spät merkt man? "

Title.   die Fesselung   *fettering, capture*   3.   hinzu'-kommen†
be added, come along   5.   erkennen†   *recognize*   8.   sich
zusammen-ziehen†   *gather, draw together* · rasch = schnell
10.   das Entkommen   *escape*

ganz genau über mir, amtlich und sauber, und ich zuckte
zusammen, als schwinge° sich eine große, graue, behördliche
Peitsche durch die Halle°.
„Auf Wiederschen!"
„Auf Wiedersehen!"   5
Ganz langsam fuhr der Zug an und entfernte sich im Dunkel
der großen Halle . . .

Fesselung

Es ist zuerst nur
eine Linie° am Horizont°.

Eine zweite kommt hinzu,
sie ist schon näher.

Bald erkennt man   5
die Linien überall.

Sie ziehen sich
rasch zusammen.

Zu spät merkt man,
daß es kein Entkommen gibt.   10

WALTER HELMUT FRITZ

GABRIELE WOHMANN Since the disturbing but highly influential fiction of Franz Kafka, many German writers have demonstrated a passionate concern for the "outsider," for man's "otherness" and his frightening vulnerability, which not only isolate but represent a mark of distinction, a "badge." As Gabriele Wohmann suggests, green is perhaps *unheimlich*, but it is more beautiful; yet her technique of distorting in order to define and describe—"entstellen, um festzustellen," as has been said of Kafka too—by no means offsets the deep sense of alienation and the feeling of skepticism towards modern society. In what sense is green really green in this story? What is the effect of *blasser* in the final line?

Gabriele Wohmann was born in Darmstadt in 1932. She studied music and German literature at the University of Frankfurt, then taught for a few years before devoting herself full time to writing. She has published novels, lyric poetry, radio and television plays, and a large number of short stories.

---

1. die Placke   *patch, spot*
2. die Haut   *skin* · schwärzlich   *darkish, blackish*
3. schlimm   *bad*
5. der Erwachsene   *adult* · verdecken   *cover, conceal*
6. der Handschuh   *glove*
7. neugierig   *curious*

10. sich drehen   *turn* · der Badezimmerspiegel   *bathroom mirror*
11. betrachten   *examine* · nackt   *naked* · stengeldünn   *thin as a rail*
12. innen   *inside*
13. heraus'-strecken = herausstecken · die Zunge   *tongue* · finster   *dark*
14. fett   *fat* · der Lappen   *flap, lobe*
15. wischen   *wipe*
16. der Tau   *mist (lit. dew)* · blaß   *light, pale*
17. der Zahn   *tooth*
18. häßlich   *ugly* · unheimlich   *weird, uncanny*
21. die Treppe   *stairs* · der Gangschlauch   *speaking tube*
22. der Frosch   *frog*

Grün ist schöner

by Gabriele Wohmann

Ich bin ein grüner Mensch. Grün mit grünblauen Placken.
Grüne Haut. Die Lippen° von einem so schwärzlichen Grün,
daß die Leute sich fürchten. Das wird überhaupt schlimm,
wenn ich mal mehr unter Leute komme. In der Schule und
dann als Erwachsener. Ich muß so viel wie möglich verdecken. 5
Doktor Stempel hat auch immer Handschuhe an. Er hat Ek-
zem°. Bei mir werden auch alle Leute neugierig drauf sein,
was ich unter den Handschuhen habe. Sie werden denken,
ich hätte Ekzem. Ich muß auch einen Namen dafür finden.

Das Kind drehte sich vor dem langen Badezimmerspiegel, 10
betrachtete seinen nackten Körper, hob die stengeldünnen
Ärmchen — alles grün, unten, oben; innen auch? Es trat
näher an den Spiegel°, streckte die Zunge heraus: finstre
bläuliche° Grünporen°, ein fetter Grünlappen hing° über
die dunklen Lippen. Also auch innen grün. Es wischte den 15
Tau seines Atems vom Glas, es lächelte sich zu: die blassen
Zähne gefielen ihm.

Häßlich bin ich nicht. Nur unheimlich. Grüne Haut ist
eigentlich schöner als braune oder rosige°.

— Bist du schon im Wasser? rief die Stimme der Mutter 20
die Treppe herauf und durch den Gangschlauch zu ihm ins
Badezimmer°. Bist du schon ein Frosch im Wasser?

Grüner Frosch im Wasser.

2. patschen *make a splashing noise* · knistern *crackle* · die Schaumwolke *cloud of suds*
3. glitschen *slide* · die Wannenschräge *sloping part of the tub* · schwitzen *sweat*
4. schnauben *snort*
6. der Sprenkel *speckle, spot*
8. die Stirn *forehead* · kriegen = bekommen · der Bart *beard*
9. der Hals *throat, neck*
10. der Nacken *nape of neck*
11. bloß *merely*
12. deshalb' = daher

14. die Hose *pants*

19. baden *bathe, swim* · zurück'haltend *reserved*
20. quälen *torment*
21. vornehm *refined*
22. heiß *hot*
23. spazieren-gehen† *walk, stroll*
24. das Fröschlein *dim. of* Frosch
25. nach-sehen† *check* · sauber *clean*
26. ab-sondern *segregate*
27. einsam *lonely*

29. die Badewanne *bathtub*
30. das Schaumbläschen *bubble*
31. naß *wet* · glänzen *glisten*
32. trocken *dry*
33. schade *too bad* · strahlend *radiant, shiny*

35. die Schlange *snake*
36. raus = heraus

— Ja! schrie es.

Es patschte sich schnell in die knisternden Schaumwolken, glitschte an der Wannenschräge hinunter und schwitzte und schnaubte.

Aber das grüne Gesicht wird jeder sehn. Grün mit grün- 5
blauen Sprenkeln und einer fast schwarzen Zunge hinter fast schwarzen Lippen. Ich trag das grüne Haar tief in der Stirn, später krieg ich auch einen Bart, der wird auch grün. Und ich habe einen grünen Hals, ich winde° immer einen Schal° drumherum, der verdeckt auch den Nacken. Die Leute 10 können denken, ich wär bloß im Gesicht grün. Alles andere ist normal°. Ich sag: an den Händen hab ich Ekzem, deshalb die Handschuhe. Sonst zeigt man ja nichts. Ich werde immer lange Hosen tragen.

— Ists schön im Wasser, du Frosch? rief die Mutter. 15

— Ja! schrie es.

Alle werden denken: wie ein Frosch sieht er aus. Aber ich kann natürlich° nicht mit Mädchen und so, wie Dicki das macht, baden gehn. Ich bin ganz zurückhaltend, alle wollen mit mir baden gehn, alle Mädchen, immer werd ich gequält 20 von allen Mädchen, baden zu gehn, aber ich bin ganz vornehm und ganz grün. Ich geh in der heißesten Sonne mit meinem Schal spazieren und mit den Handschuhen.

— Fröschlein, rief die Mutter, gleich komm ich und seh nach, ob du sauber bist. 25

Das Grüne wird mich natürlich von den andern absondern. Ich werd wie Onkel Walter: ein einsamer alter Mann. Nur schon, bevor° ich alt bin.

Von der Badewanne aus konnte es in den Spiegel sehn. Es hob einen Arm aus dem Wasser: Schaumbläschen flüster- 30 ten; das nasse Grün glänzte, es sah schärfer und krasser° aus als das trockne.

Schade, daß niemand je meine strahlende nasse Grünhaut sehn wird. Ich werde ein einsamer grüner Mann. Wie eine Schlange. Der Schlangenmann°. 35

— Fröschlein, rief die Mutter, gleich hol ich dich raus!

— Ja, rief es.

Jetzt hab ich noch die Mutter, die weiß es. Später weiß es keiner mehr.

1. flink *nimble* · der Gang *hallway*
2. klaffen *be ajar*

4. aus-knipsen *switch off* · die Höhensonne *ultra-violet lamp*
5. an-schalten *turn on* · gelb *yellow* · weich *soft* · die Decke *ceiling*

SUGGESTIONS Central to an understanding of this urbanized pastoral is the nature of the "Licht" which dominates the first twelve lines. It may not be specifically identifiable. Which could be best sustained: love, religious light, natural light? The best clues lie in its effects: the roses blossom, children lift their eyes, doves feed on its sweetness. Perhaps most revealing is the change it brings about in young women and men.

1. schütten *shake, pour* 4. auf-blühen *blossom out*
8. die Taube *pigeon, dove* · naschen *nibble* 9. die Süße *sweetness* 11. sanft *gentle* 13. ehe *before*

Es hörte die flinken Schritte auf der Treppe, im Gang. Die Tür klaffte; es hielt die Hände vor die Augen, denn dazu hatte es gar keine Lust! Ein Strom° frischer° Luft zog herein, und die Mutter knipste die Höhensonne aus und schaltete das gelbe weiche Deckenlicht an und sagte: 5
— So, nun komm, mein blasser sauberer Froschmann.

Der Augenblick des Fensters

Jemand schüttet Licht
aus dem Fenster.
Die Rosen der Luft
blühen auf,
und in der Straße   5
heben die Kinder beim Spiel
die Augen.
Tauben naschen
von seiner Süße.
Die Mädchen werden schön   10
und die Männer sanft
von diesem Licht.
Aber ehe es ihnen die anderen sagen,
ist das Fenster von jemandem
schon wieder geschlossen worden.   15

KARL KROLOW

HANS BENDER is a writer to whom other writers owe much. As editor and anthologist, as arranger of symposia and translations, he has worked extensively in their interest. He has been connected with several periodicals active in the presentation of new writing: *Deutsche Zeitung, Konturen, magnum* (of which he is editor-in-chief), and the American journal of contemporary German literature, *Dimension*. His anthologies include *Junge Lyrik* and the annual *Jahresring*. At the same time he has been able to maintain a major reputation in fiction. His own forte is the short story, and the American influence is clear. His characters tend to be ordinary, often undistinguished, their speech natural, even "common." Bender's style is straightforward and unpretentious. His symbolism is implicit or unobtrusive, but his skill as an observer gives extended meaning to his works as a portrait of the contemporary German scene.

Der Automat offers a slice of not too pleasant reality, naturalistically portrayed, immediately identifiable as to scene, characters and time: a society in disorder, the American intruder, the banality and crudity of very ordinary German types, above all the omnipresence of the physical and the imagery and allusions of sex. Under its realistic surface, the story is tightly constructed, with a remarkable range of submerged symbol and of social or historical implications.

---

der Automat′   *slot machine*
1. decken   *set (a table)*
3. gähnen   *yawn*
4. strecken   *stretch* · das Trikothemd   *undershirt* · rutschen *slip* · der Gürtel   *belt*
5. die Haut   *skin* · streicheln   *stroke*
6. lehnen   *lean*
7. die Handtasche   *purse* · der Spiegel   *mirror*
8. der Lippenstift   *lipstick*
10. aufmerksam machen   *catch the attention of* · hübsch   *pretty* · schmal   *narrow*
11. blaß   *pale* · stoßen†   *poke*
12. der Ellenbogen   *elbow* · die Illustrierte   *picture magazine*
13. besehen†   *look at*
15. sich graben†   *line, etch*   20. ober   *upper*
21. der Rand   *edge*   23. der Fleck   *spot* · das Kleid   *dress*

Der Automat

by *Hans Bender*

An einem der gedeckten Tische vor den Fenstern saß ein
amerikanischer° Sergeant mit seiner deutschen Freundin°, die
sich Mary nannte. Beide hatten müde Augen. Sie gähnte. Er
streckte sich. Das Trikothemd rutschte aus seinem Gürtel.
Mary griff an seine Haut und streichelte sie. Er schloß die 5
Augen, faßte nach ihren Knien° und lehnte den Kopf zu
ihrem Haar. Sie nahm die Handtasche, holte Spiegel und
Lippenstift heraus und zog ihre Lippen° neu.
    Der Lippenstift machte die Frau am Nebentisch° aufmerk-
sam. Eine junge Frau. Sie war hübsch, hatte ein schmales, 10
blasses Gesicht und einen geraden Mund. Sie stieß mit dem
Ellenbogen an ihren Mann, der vor sich eine Illustrierte
besah:
    „Schau mal, hast du so etwas gern?"
    Er sah hinüber. Um seinen Mund grub sich ein Lächeln. 15
„Warum nicht . . ."
    „Du —"
    „Doch, ich habe das ganz gern. Warum machst du's nicht
auch?"
    Er nahm sein Glas, trank und schaute über den oberen 20
Rand zu Mary hinüber. Er dachte: Sie hat in der Nacht bei
ihm geschlafen. Sie ist müde. Sie gähnt. Am Hals hat sie rote
Flecke. Das Kleid ist von ihm. Amerikanisch. Im PX gekauft.

2. spüren *feel*
3. beobachten *watch*
4. rauher Teint *rough skin (complexion)*
5. zornig *angry* · zugleich' *at the same time* · ein-sperren
   lock up, cage
6. der Bussard *here: hawk* · nebendran' *next to (him)*
8. erleben *experience*
9. wirken *give an impression, act* · schätzen auf *guess to be*

11. sich täuschen *be fooled* · sehnig *sinewy*
12. liegen *(+ dat.) suit*

17. gutgelaunt *good-humoredly*
18. der Wirt *innkeeper, barkeeper* · nicken *nod*
19. zu Ende trinken *finish*

22. überlegen *reflect* · Ami = *colloq. for* Amerikaner
23. sommersprossig *freckled*
24. gestickt *embroidered* · der Kram *stuff, junk* · das Gold-
    blech *gold plate*
25. schließlich *after all* · mal = einmal
27. die Hose *pants* · der herausgedrückte Hintere *rear end
    sticking out*

34. schräg *slanting*
35. lehnen *lean* · die Theke *bar, counter*
36. die Vereinstafel *club plaque* · die Rekla'me *ad*
37. der Bursch(e) *fellow, man* · schieben† *shove*
38. der Spalt *slot* · schleudern *shoot* · der Hebel *lever*
39. die Scheibe *pane of glass* · die Messingschiene *brass strip (rail)*

Aber sie ist gut. Die Brust° gerade richtig . . .

Mary spürte den Blick. Sie hielt den Lippenstift ruhig und beobachtete ihn über den Spiegelrand°. Er sieht gut aus, dachte sie. Männlich°. Ein rauher Teint. Seine Augen sind traurig und zornig zugleich. Die Augen eines eingesperrten 5 Bussards. Aha, die nebendran ist seine Frau. Kein Wunder°. Sie läßt ihn nicht, wie er will.

Die hat nichts erlebt. Er hat viel erlebt. Ich sehe das. Er wirkt älter, als er aussieht. Ich schätze ihn auf fünfunddreißig. Er kann auch erst achtundzwanzig sein. Ich mag diesen Typ°. 10 Doch man kann sich täuschen. Was für sehnige Hände er hat! Er arbeitet schwer, aber das liegt ihm nicht . . .

Seine Frau fragte: „Gehn wir, Kurt?"

Er sagte: „Ich trink noch ein Bier."

„Trink doch keins mehr!" 15

„Warum soll ich keins mehr trinken?"

Er lachte gutgelaunt und trank leer. Er hob das Glas hoch. Der Wirt sah gerade her und nickte.

„Trink meins zu Ende. Ich mag nicht mehr. Es ist bitter."

„Du und bitter!" 20

Sie redete weiter. Er hörte nicht hin. Er sah zu Mary und überlegte: warum hatte sie nur diesen Ami bei sich? Diesen schwachen, sommersprossigen Ami? Das Einzige, was an ihm dran ist, die Uniform°, der gestickte Kram, das Goldblech. Hatten wir schließlich auch mal. Aber vielleicht sind es doch 25 mehr die Dollars, der Kaffee, die Zigaretten° — oder die enge Hose mit dem herausgedrückten Hintern . . .

„Warum lachst du?"

„Ich dachte an etwas."

„An was dachtest du?" 30

„Wie?"

„Du hast doch gelacht!"

„Ja, habe ich gelacht?"

Der Wirt ließ Bier ins schräge Glas laufen. Die Tochter Jossi lehnte über die Theke. An der Wand zwischen den 35 schwarzen Vereinstafeln und den Zigarettenreklamen hing ein Automat. Junge Burschen spielten. Sie schoben Zehnpfennig-stücke° in den Spalt und schleuderten sie mit einem Hebel hinter die Scheibe, in ein Oval° aus Messingschienen zu

1. drehen *turn* · das Rad *wheel*
2. die Kralle *claw, metal jaw*
3. winken *beckon to*
4. zahlen *pay* · übersetzen *translate, interpret*
5. der Geldschein *bill* · die Kasse *cash box, cash register*

8. sich bücken *bend down*
9. behalten† *keep*
10. verspielen *gamble away*

20. die kennt man so *you just sort of know her*
21. die Jacke *jacket*

23. grinsen *grin*

25. der Kasten *box* · die Feder *spring*
26. das Gelenk *hinged piece, joint* · aus-lösen *set in motion*
27. frei-geben† *release* · der Becher *receptacle*
28. rasseln *rattle, clink* · streichen† *stroke, sweep*

31. schenken *give*

36. Nimm sie nur in Schutz *go ahead and defend her*

treffen. Trafen sie, drehte sich das Messingrad in der Mitte und ließ aus seinen Krallen zwei, drei oder fünf Zehnpfennigstücke fallen. Der Sergeant winkte Jossi. Sie ging an seinen Tisch. Er wollte zahlen. Mary half übersetzen. Jossi ging zur Theke, legte die Geldscheine in die Kasse, nahm Geldstücke 5 heraus und ging zum Tisch zurück. Ein Zehnpfennigstück fiel daneben, fiel auf den Boden und rollte° unter die Stühle. Jossi bückte sich. Mary fand das Zehnpfennigstück. Sie nahm es auf und behielt es in der Hand.

„Ich verspiele es", sagte sie. „Hast du etwas dagegen? Ich 10 werde gewinnen°, Frank. Bestimmt werde ich gewinnen!"

„Okay."

Mary stand auf und ging am Tisch der beiden vorbei. Sie schaute zu Kurt und sagte halb zu ihm und halb zu sich—:

„Vielleicht habe ich Glück." 15

Kurt sagte: „Sicher hast du Glück."

Seine Frau fragte: „Kennst du die?"

„Woher soll ich sie kennen?"

„Du sagtest doch du?"

„Nun, die kennt man so." 20

Frank folgte Mary. Unter der Jacke schaute sein Trikot hervor. Die Burschen um den Automaten machten Platz und grinsten. Die Frau dachte: verlieren soll sie! Verlieren soll sie! Mary warf einen Zehner° ein und schleuderte. Sie traf in das Oval. Der Kasten schüttelte sich. Federn, Räder, Ge- 25 lenke wurden ausgelöst, die Krallen drehten sich und gaben fünf Zehnpfennigstücke frei, die in den Messingbecher rasselten. Mary strich sie in die Hand. Dann warf sie wieder ein, schleuderte, verlor. Sie warf wieder ein —

„Sie verliert! Siehst du, alle, die spielen, verlieren. — Mit 30 Geld spielt man nicht, selbst wenn man es geschenkt bekommt."

„Wer bekommt Geld geschenkt?"

Sie antwortete nicht.

„Meinst du die?" 35

„Nimm sie nur in Schutz!"

„Nehm ich sie in Schutz?"

Mary gewann. Dann wollte Frank spielen.

„Okay."

2. zupfen *tug* · das Hemd *shirt*
3. auf-hören *stop*

5. leuchten *shine* · glühen *glow*
6. der Absatz *heel* · die Diele *here:* = Boden · die Hüfte
   hip
7. ständig *constant* · die Bewegung *motion*
8. bestellen *order*
9. der Gedanke *thought* · durcheinan'der-bringen† *shake up*
10. aus-halten† *(be able to) stand* · verrückt machen *drive
    crazy*
12. kapiert? *get it?*
14. Nun fehlt noch, daß du heulst *Next thing you know you'll be
    crying*

18. drüben *over there*

22. Darf man auch mal? *Mind if I take a turn?*
23. gedehnt *speaking slowly*

25. streifen *touch, brush against* · die Berührung *contact*

27. paß auf *watch*

29. der Stammtisch *regular (reserved) table (for club members or
    regular customers)*

36. wirbeln *whirl*

Mary steckte ihm das Trikot in den Gürtel. Die Burschen zupften sich an ihren Hemden. Frank warf ein Zehnpfennigstück ein und gewann beim ersten Mal. Er wollte aufhören, aber Mary nahm ihm das gewonnene Geld ab und warf wieder ein, immer wieder. Ihre Augen leuchteten. Ihr Gesicht glühte. 5 Die Absätze klopften auf die Dielen. Die Hüften waren in ständiger Bewegung.

Kurt bestellte das dritte Glas. Und einen Kognak°. Ich muß die Gedanken durcheinanderbringen, dachte er. Sonst halte ich es nicht aus. Sie macht mich verrückt . . . 10

„Nun trinkst du noch eins?"

„Ja! — Und den Rest° werfe ich in den Kasten, kapiert?"

„Bitte, Kurt, spiel nicht! Bitte — bitte — bitte!"

„Nun fehlt noch, daß du heulst, ja?"

Mary hatte wieder gewonnen. Frank stand hinter ihr und 15 legte den Ellenbogen auf ihre Schulter°. Der Automat schüttelte sich. Mary dachte: recht so! Ich will gewinnen! Ich muß gewinnen! Die drüben sollen sehen, daß ich gewinne! Und er soll sehen — sie schob Frank die gewonnenen Geldstücke in die Tasche und ließ lange die Hand darin. 20

Dann stand Kurt auf und ging zum Automaten.

„Darf man auch mal?"

Mary drehte den Kopf und sagte gedehnt: „Alle dürfen."

Sie ging zur Seite, ihm Platz zu machen. Sie kam ihm dabei ganz nahe, streifte ihn nicht, und doch war es eine Berührung. 25 Kurt warf ein. Die andern wurden aufmerksam.

Die Jungen sagten: „Paß auf, wie der spielt!"

Der Wirt sagte: „Dort drüben spielt einer."

Ein Alter am Stammtisch sagte: „Er spielt mal wieder."

Und ein anderer sagte: „Das gefällt mir gar nicht, daß der 30 dort spielt."

Kurt schleuderte, traf. Er warf ein, schleuderte, gewann. Er warf ein, schleuderte, verlor. Gewann, verlor, gewann, verlor, gewann, verlor, gewann, gewann, gewann . . . Seine Frau saß am Tisch und starrte° in das halb ausgetrunkene° Glas. 35 Der Kasten wirbelte. Und Mary lachte!

FRIEDRICH DÜRRENMATT   The career of the Swiss playwright
and critic Friedrich Dürrenmatt (born in Konolfingen near Bern in
1921) has been one of the most phenomenal of postwar Europe.
The son of a Protestant minister, Dürrenmatt studied philosophy
and theology first at Bern, then at Zürich. After working for a time
as a draftsman and designer, he turned to writing in 1947. His success was immediate. Such plays as *Romulus der Große, Die Ehe des
Herrn Mississippi, Ein Engel kommt nach Babylon, Der Besuch der
alten Dame,* and the radio plays *Der Streit um des Esels Schatten,
Die Panne* (later to become a famous short novel), and *Das Unternehmen der Wega* have earned him a major European reputation. *The
Visit* and the *Physicists,* among others, have been produced in the
United States. Another of Dürrenmatt's achievements is the literary
detective novel, a genre ably represented in the English-speaking
world by G. K. Chesterton and Graham Greene but virtually unknown
in Germany. Dürrenmatt is at present theater critic of the well-known
Swiss weekly *Die Weltwoche.*

　　Das Unternehmen der Wega (the concluding scenes of which are
offered here) is a *Hörspiel* of powerful and controversial impact, as
contemporary as the bomb, the cold war, and the nuclear arms race.
In re-plays of films taken on the scene, the story of the spaceship
Wega unfolds. The United States of America and Europe have sent
the *Wega* to Venus to win that planet before the Russians do. Venus
offers, by virtue of its terrible, overclouding atmosphere, the possibility of undetected preparation for sudden nuclear attack, a possibility which has vanished on Earth. The ultimate fate of the mission
(and of Venus) is decided in these last scenes. The irony and pessimism are as strong, the verdict on man as severe as in any of Dürrenmatt's works.

---

　　das Unterneh'men　*mission*

1. die Aufnahme　*recording*
2. taubstumm　*deafmute* · der Gatte　*husband* · die
　　Straßendirne　*streetwalker*
3. das Spital'schiff　*hospital ship* · leiten　*lead*
4. hager　*gaunt* · etwa　*about*
5. naß　*wet* · erwarten　*await*

6. schwer-fallen†　*be difficult* · willkom'men heißen　*welcome*

from Das Unternehmen der Wega

by Friedrich Dürrenmatt

Mannerheim is the personal physician of the president of the United States of Europe and America. He is also a member of the secret service and in this capacity has recorded the negotiations undertaken on the journey.

Bonstetten appears here for the first time in the play. He is mentioned earlier as having been the last commissioner sent to Venus by the government. Ten years before the play opens he resigned and, like his predecessors, did not return to Earth.

Sir Horace Wood, foreign minister, is head of the delegation.

Colonel Roi is in charge of the space-ship's observation room. He is also in charge of the military equipment with which, unknown to Wood at the start of the journey, the Wega is outfitted.

The time is the year 2255.

Mannerheim: Die zehnte Aufnahme. Seine Exzellenz° und ich sind vom taubstummen — Gatten — der Straßendirne in die Kantine° des Spitalschiffs geleitet worden, wo uns ein hagerer, etwa sechzigjähriger° Mann im Halbdunkel° des nassen Raumes erwartet.   5

Bonstetten: Es fällt schwer, dich willkommen zu heißen, Wood. Du kommst in einer traurigen Mission°.

4. sich verändern *change*
5. ziemlich *rather*

11. der Kommissar' = der Kommissär' *commissioner, commissar*
12. sich bemächtigen *(+ gen.)* *seize control of*
13. der Unsinn *nonsense* · der Arzt *doctor*
14. der Bevollmächtigte *plenipotentiary*

17. jagen *hunt* · der Wal(fisch) *whale*
18. an-bieten† *offer*
19. rauchen *smoke*
20. neugierig *curious* · schmecken *taste*

23. Bescheid wissen = wissen
24. nett *nice*
25. das Staatsoberhaupt *chief of state* · ernennen† *name*
26. nur noch *just . . . now*
27. benachrichtigen *inform*
28. funken *radio*
29. zurück'-kehren *return*

34. das Eiweiß *(excess of) albumin* · erhöht *elevated*

38. es ist nun einmal so *that's the way things are*
39. begreifen† *comprehend*

Wood: Du bist —
Bonstetten: Bonstetten. Du studiertest° mit mir in Oxford und
  Heidelberg.
Wood: Du hast dich verändert.
Bonstetten: Ziemlich.   5
Wood: Wir haben zusammen Plato gelesen und Kant.
Bonstetten: Eben.
Wood: Ich hätte mir denken sollen, daß du hinter dem allem
  steckst.
Bonstetten: Ich stecke hinter nichts.   10
Wood: Du bist unser Kommissar gewesen und wirst dich der
  Venus bemächtigt haben.
Bonstetten: Unsinn. Ich bin Arzt geworden, und dies ist meine
  freie Stunde. Nun bin ich der Bevollmächtigte und werde
  mit dir reden.   15
Wood: Der russische° Kommissär°?
Bonstetten: Jagt Wale. Hast du eine Zigarette°?
Wood: Mannerheim wird dir eine anbieten.
Bonstetten: Seit zehn Jahren habe ich keine mehr geraucht.
  Neugierig, wie das wieder schmeckt.   20
Mannerheim: Feuer?
Bonstetten: Danke.
Wood: So weißt du Bescheid?
Bonstetten: Natürlich°. Irene hat mir alles erzählt. Nett, daß
  ihr sie zum Staatsoberhaupt ernannt habt. Wir nennen sie 25
  nur noch Exzellenz.
Wood: Die andern sind benachrichtigt?
Bonstetten: Wir haben nach den Schiffen gefunkt, ob jemand
  zurückkehren wolle.
Wood: Die Antwort?   30
Bonstetten: Niemand.
  Schweigen
Wood: Ich bin müde, Bonstetten. Ich muß mich setzen.
Bonstetten: Du wirst Eiweiß haben und erhöhte Temperatur°.
  Das haben wir alle die erste Zeit hier.   35
  Schweigen
Wood: Niemand von euch will zurück.
Bonstetten: Es ist nun einmal so.
Wood: Ich kann es nicht begreifen.

7. fürchterlich = furchtbar

11. die Dirne   *prostitute* · der Verbrecher   *criminal*
12. verfolgen   *persecute*

16. die Narko'se   *anesthetic*
17. schmecken   *taste good*
18. die Feuchtigkeit   *humidity* · qualmen   *smolder*

20. der Durst   *thirst*
21. abgekocht   *boiled*
22. verteufelt   *devilish* · die Luke   *porthole* · zitro'nengelb
     lemon-colored
23. der Dampf   *vapor* · schwindlig   *giddy, dizzy*
24. wechseln   *change*
25. gleißen   *glitter*

28. schaffen†   *do, make, create* · das Werkzeug   *tool*
29. die Kleider   *clothing* · der Funk'apparat'   *radio* · die Waffe
     weapon
30. riesenhaft   *gigantic* · die Erfahrung   *experience*
31. das Vertrauen   *confidence* · ständig   *constant*
32. sich ändern   *change* · die Pflanze   *plant*
33. giftig   *poisonous*
35. scheußlich   *abominable*
36. trinkbar   *potable*

38. mild   *gentle* · ein-tauschen   *trade*
39. dampfend   *steaming* · glühen   *glow*

Bonstetten: Du kommst von der Erde. Darum kannst du es
nicht begreifen.

Wood: Ihr seid doch auch von der Erde.

Bonstetten: Das haben wir vergessen.

Wood: Hier kann man doch nicht leben! 5

Bonstetten: Wir können es.

Wood: Dann muß es ein fürchterliches Leben sein.

Bonstetten: Ein richtiges Leben.

Wood: Was verstehst du darunter?

Bonstetten: Was wäre ich auf der Erde, Wood? Ein Diplomat°. 10
Irene? Eine Dirne. Wieder andere wären Verbrecher und
einige Idealisten°, verfolgt von irgendeiner Staatsmaschine°.

Schweigen

Wood: Und nun?

Bonstetten: Du siehst, ich bin Arzt. 15

Wood: Und operierst° ohne Narkose.

Bonstetten: Die Zigarette schmeckt nicht mehr. Sie ist naß
geworden in dieser Feuchtigkeit und qualmt nur.

Schweigen

Wood: Ich habe Durst. 20

Bonstetten: Hier hast du abgekochtes Wasser.

Wood: Das verteufelte Licht in den Luken, zitronengelb, der
stinkige° Dampf dieser Luft macht mich schwindlig.

Bonstetten: Es gibt keine andere Luft, nur das Licht wechselt.
Zitronengelb, manchmal wie gleißendes Silber°, oft auch 25
sandig° rot.

Wood: Ich weiß.

Bonstetten: Alles müssen wir uns selber schaffen. Werkzeuge,
Kleider, Schiffe, Funkapparate, Waffen gegen die riesen-
haften Tiere. Alles fehlt. Die Erfahrung. Das Wissen. Das 30
Gewohnte. Das Vertrauen in den Boden, der sich ständig
ändert. Keine Medikamente°; Pflanzen, Früchte, die wir
nicht kennen, die meisten giftig. Selbst an das Wasser kann
man sich nur langsam gewöhnen.

Wood: Es schmeckt scheußlich. 35

Bonstetten: Es ist trinkbar.

Schweigen

Wood: Was habt ihr gegen die milde Erde eingetauscht?
Dampfende Ozeane°. Brennende Kontinente°, rot glühende

1. die Wüste *desert* · tosen *rage* · die Erkenntnis *realization*

3. kostbar *precious*
4. die Gnade *act of grace*
5. lächerlich *ridiculous*
6. schon lange *a long time*

10. zwingen† *force*
11. der Unterschied *difference*
12. zu Grunde gehen *meet destruction, perish*

15. verraten† *betray*

17. die Hölle *hell*

22. vernünftig *reasonable*
23. besiegen *conquer* · hierher *to this place*

26. ein-schätzen *assess* · die Lage *situation*
27. die Straf'kolonie' *penal colony*
28. die Menschheit *mankind* · sich an-schicken *set about* · der Besitz *possession*
29. einträglich *profitable* · das Grundstück *property*
30. die Abfallgrube *refuse pit* · gemeinsam *common*

33. spannen *hitch*
34. dahin'-fallen† *vanish*
35. die Rückkehr *return*
36. entlassen† *dismiss*
37. wer auch immer *whoever*
38. betreten† *set foot on* · fallen† = kommen · das Gesetz *law*

Wüsten. Ein tosender Himmel. Welche Erkenntnis habt ihr dafür bekommen?

Bonstetten: Der Mensch ist etwas Kostbares und sein Leben eine Gnade.

Wood: Lächerlich. Diese Erkenntnis haben wir auf der Erde 5 schon lange.

Bonstetten: Nun? Lebt ihr nach dieser Erkenntnis?

Schweigen

Wood: Und ihr?

Bonstetten: Die Venus zwingt uns, nach unseren Erkenntnissen 10 zu leben. Das ist der Unterschied. Wenn wir hier einander nicht helfen, gehen wir zu Grunde.

Wood: Darum bist du auch nicht mehr zurückgekehrt.

Bonstetten: Darum.

Wood: Und hast die Erde verraten. 15

Bonstetten: Ich desertierte°.

Wood: In eine Hölle, die ein Paradies° ist.

Bonstetten: Wir müßten töten, wenn wir zurück wollten, denn helfen und töten ist bei euch dasselbe. Wir können nicht mehr töten. 20

Schweigen

Wood: Wir müssen vernünftig sein. Auch ihr seid in Gefahr. Wenn die Russen° uns besiegen, werden sie hierher kommen.

Bonstetten: Wir fürchten uns nicht. 25

Wood: Ihr schätzt die politische° Lage falsch ein.

Bonstetten: Du vergißt, daß wir die Strafkolonie der ganzen Erde sind. Die Menschheit schickt sich an, um den Besitz der schönen Zimmer und der einträglichen Grundstücke zu kämpfen, nicht um die Abfallgrube, die allen gemeinsam 30 ist. Für uns interessiert° sich niemand. Ihr braucht uns jetzt nur, um uns wie Hunde vor den Wagen eures Krieges zu spannen. Ist der Krieg zu Ende, fällt auch dieser Grund dahin. Doch ihr könnt uns zwar hierher schicken, aber nicht zur Rückkehr zwingen. Ihr habt keine Macht über 35 uns. Ihr habt uns aus der Menschheit entlassen. Die Venus ist nun fürchterlicher als ihr. Wer auch immer ihren Boden betritt, fällt unter ihr Gesetz, in welcher Eigenschaft er

1. in welcher . . . komme   *in whatever capacity he may come* ·
   die Freiheit   *freedom* · gewähren   *grant*
3. krepie'ren   *kick off, die*
4. handeln   *act* · notwendig   *necessary*

7. verführen   *entice* · die Ungleichheit   *inequality* · die Armut
   poverty
8. die Schande   *disgrace* · schänden   *defile*
9. die Nahrung   *nourishment*
10. kleben   *cling* · der Schweiß   *sweat*
11. die Ungerechtigkeit   *injustice*
12. der Überfluß   *superabundance*

15. die Wahrheit   *truth*

18. der Wasserstoff   *hydrogen*

22. ahnungslos   *unsuspecting* · der Befehl   *order*
23. überrascht   *surprised* · vernehmen†   *learn*

26. peinlich   *painful*
27. verzweifelt   *desperate*
28. zweifeln   *doubt*
29. schließlich   *finally* · sich durch-setzen   *prevail*

31. momentan'   *for the moment*
32. die Maßnahme   *measure* · ergreifen†   *take*
33. selbstverständlich   *obvious*
34. es tut mir leid   *I'm sorry*

36. ein-setzen   *make use of*

auch komme, und es wird ihm keine andere Freiheit gewährt als die ihre.

Wood: Die Freiheit, zu krepieren.

Bonstetten: Die Freiheit, recht zu handeln und das Notwendige zu tun. Auf der Erde konnten wir es nicht. Auch ich nicht. 5 Die Erde ist zu schön. Zu reich. Ihre Möglichkeiten° sind zu groß. Sie verführt zur Ungleichheit. Auf ihr ist Armut eine Schande, und so ist sie geschändet. Nur hier ist die Armut etwas Natürliches. An unserer Nahrung, an unseren Werkzeugen klebt nur unser Schweiß, nicht noch Ungerech- 10 tigkeit wie auf der Erde. Und so haben wir Furcht vor ihr. Furcht vor ihrem Überfluß, Furcht vor dem falschen Leben, Furcht vor einem Paradies, das eine Hölle ist.

Schweigen

Wood: Ich muß dir die Wahrheit sagen, Bonstetten. Wir 15 haben Bomben° bei uns.

Bonstetten: Atombomben°?

Wood: Wasserstoffbomben.

Bonstetten: Mit einem Kobaltmantel° darum?

Wood: Mit einem Kobaltmantel. 20

Bonstetten: Ich dachte es.

Wood: Ich war ahnungslos. Es geschah auf Befehl des Präsidenten°. Ich war überrascht, als ich es gestern vernahm, Bonstetten.

Bonstetten: Ich glaube dir ja. 25

Wood: Es ist mir natürlich peinlich. Aber wir sind in einer verzweifelten Lage. An unserem guten Willen° kann nicht gezweifelt werden. Die Freiheit und die Humanität° werden sich schließlich durchsetzen.

Bonstetten: Natürlich. 30

Wood: Wir sind einfach momentan gezwungen, scharfe Maßnahmen zu ergreifen.

Bonstetten: Selbstverständlich.

Wood: Es tut mir wirklich leid, Bonstetten.

Schweigen 35

Bonstetten: Ihr setzt die Bomben ein, wenn wir euch nicht helfen?

Wood: Wir müssen.

4. entkommen† *escape*

7. verstreuen *scatter*
8. voraus'-ahnen *foresee*

12. sich erholen *recover, rest*
13. die Schweiz *Switzerland* · das Engadin *region in the Swiss Grisons*

20. die Nachricht *message*

22. leb wohl *farewell*

24. entgehen† = entkommen

28. drohen *threaten*
29. sinnlos *senseless* · die Grausamkeit *(act of) cruelty*

32. der Schlächter *butcher*

34. die Tat *deed*

37. scheitern *fail, be ruined* · das Mitleid *compassion*
38. verblassen *grow pale*
39. das Mißtrauen *mistrust* · erwachen *awaken*

Bonstetten: Wir können euch nicht hindern°.
Schweigen
Wood: Ihr seid verloren.
Bonstetten: Viele. Andere werden entkommen. Die Schiffe
waren gewarnt°, als ihr kamt. Sonst lebten wir nahe beiein-   5
ander, doch nun sind wir über den ganzen Planeten° ver-
streut.
Wood: Ihr habt alles vorausgeahnt?
Bonstetten: Wir waren schließlich auch einmal auf der Erde.
Schweigen   10
Wood: Ich muß nun gehen.
Bonstetten: Du wirst dich erholen müssen, wenn du zurück-
kehrst. Geh in die Schweiz. Ins Engadin. Ich war einmal dort
im letzten Sommer vor fünfzehn Jahren. Ich vergesse nie die
Bläue° dieses Himmels.   15
Wood: Ich fürchte — die politische Lage —
Bonstetten: Natürlich. Eure politische Lage. Daran habe ich
gar nicht gedacht.
Wood: Du hast noch Familie auf der Erde. Deine Frau, zwei
Söhne — hast du ihnen eine Nachricht zu geben?   20
Bonstetten: Nein.
Wood: Leb wohl.
Bonstetten: Stirb wohl, willst du sagen. Mein Spitalschiff wird
deinen Bomben nicht entgehen.
Wood: Bonstetten!   25
Bonstetten: Der Mann Irenes bringt dich an Land.
Wood: Wir setzen die Bomben natürlich nicht ein, Bon-
stetten. Ich habe nur damit gedroht. Da wir euch nicht
zwingen können, wäre dies nur eine sinnlose Grausamkeit.
Ich gebe dir mein Wort.   30
Bonstetten: Ich nehme es dir nicht ab.
Wood: Ich bin kein Schlächter!
Bonstetten: Aber ein Mensch von der Erde. Du kannst die
Tat nicht zurücknehmen, die du denken konntest.
Wood: Ich verspreche dir. . .   35
Bonstetten: Du wirst dein Versprechen brechen. Deine Mission
ist gescheitert. Noch hast du Mitleid mit mir. Doch wenn
du auf dein Schiff zurückkehrst, wird dein Mitleid verblassen
und dein Mißtrauen erwachen. Die Russen könnten kom-

1. das Abkommen *agreement*

3. behandeln *treat*
4. das Stäubchen *speck, grain*

6. sich verbünden *ally oneself*
7. um ... willen *for the sake of* · die Unsicherheit *uncertainty*
8. ab-werfen† *release*

13. das Opfer *victim*

17. an-nehmen† *accept*

19. die Hitze *heat* · die Strahlung *radiation*
20. der Wurm *worm* · die Haut *skin*
21. das Eingeweide *intestine(s)* · dringen† *penetrate* · das Blut *blood* · vergiften *poison* · das Virus *virus*
22. die Zelle *cell* · zerstören *destroy*
23. unpassier'bar *impassable* · der Sumpf *swamp* · kochen *boil* · das Ölmeer *sea of oil* · der Vulkan' *volcano*
24. das Riesentier *giant animal*
25. mitten in *in the midst of*
28. unangreifbar *unassailable* · die Festung *fortress*

31. bewundern *admire*
32. zu-geben† *admit*
33. lieb = nett
34. gefährden *endanger*
35. berühren *touch*

37. der Außenminister *foreign minister*
38. vereinigen *unite*

men und mit uns ein Abkommen schließen, wirst du denken. Du wirst zwar wissen, daß dies unmöglich ist, daß wir
die Russen behandeln würden, wie wir euch behandelt
haben, aber an deinem Wissen wird ein Stäubchen Furcht
kleben, daß wir uns doch vielleicht mit euren Feinden 5
verbünden könnten, und um dieses Stäubchens Furcht
willen, um dieser leichten Unsicherheit willen in deinem
Herzen, wirst du die Bomben abwerfen lassen. Auch wenn
sie sinnlos sind, auch wenn du Unschuldige triffst, und so
werden wir sterben. 10
Wood: Du bist mein Freund, Bonstetten. Ich kann doch einen
Freund nicht töten!
Bonstetten: Man tötet leicht, wenn man sein Opfer nicht sieht,
und du wirst mich nicht sterben sehen.
Wood: Das sagst du, als wäre es etwas Leichtes, zu sterben! 15
Bonstetten: Alles Notwendige ist leicht. Man muß es nur annehmen.
Und das Notwendigste, das Natürlichste auf diesem
Planeten ist der Tod. Er ist überall und zu jeder Zeit. Zu
große Hitze. Zuviel Strahlung. Selbst das Meer radioaktiv°.
Überall Würmer, die unter unsere Haut, in unsere Einge- 20
weide dringen, Bakterien°, die unser Blut vergiften, Viren,
die unsere Zellen zerstören. Die Kontinente voll unpassier-
barer Sümpfe, überall kochende Ölmeere und Vulkane,
stinkende° Riesentiere. Wir fürchten eure Bomben nicht,
weil wir mitten im Tode leben und lernen mußten, ihn 25
nicht mehr zu fürchten.
Schweigen
Wood: Ihr seid unangreifbar in der Festung eurer Armut and
eurer Todesnähe.
Bonstetten: Geh jetzt. 30
Wood: Bonstetten. Ich bewundere dich. Du hast recht und
ich unrecht. Ich gebe es zu.
Bonstetten: Das ist lieb von dir.
Wood: Was du über eure Armut und über euer gefährdetes
Leben gesagt hast, berührt mich tief. 35
Bonstetten: Das ist schön von dir.
Wood: Wenn ich jetzt nicht Außenminister der freien ver-
einigten Staaten der Erde wäre, würde ich bei dir bleiben.
Bonstetten: Das ist edel von dir.

2. im Stich lassen *leave in the lurch*

4. die Hinsicht *respect*

14. die Verhandlungen *negotiations* · ergebnislos verlaufen *come to no conclusion, be fruitless* · der Oberst *colonel*

18. müssen = muß *(honorific)* · sich entscheiden† *decide, make up one's mind*
20. befehlen† *order*

23. möglichst gleichmäßig *as evenly as possible*
24. verteilen *distribute*

29. an-schnallen *fasten in (safety belt)*

32. fesseln *chain, tie down*

Wood: Aber ich kann natürlich die Erde nicht einfach im Stich lassen.
Bonstetten: Das ist ja klar.
Wood: Es ist tragisch°, daß ich in dieser Hinsicht nicht frei bin.　　　　　5
Bonstetten: Du mußt nicht traurig sein.
Wood: Die Bomben werden nicht abgeworfen.
Bonstetten: Wir wollen jetzt nicht mehr darüber sprechen.
Wood: Mein Wort.
Bonstetten: Leb wohl.　　　　　10

Mannerheim: Die elfte Aufnahme. Das Raumschiff° Wega fliegt zur Erde zurück.

Roi: Eure Exzellenz?
Wood: Die Verhandlungen sind ergebnislos verlaufen, Oberst Roi.　　　　　15
Roi: Dann lasse ich die Bomben abwerfen, Exzellenz?
Schweigen
Roi: Exzellenz müssen sich nun entscheiden.
Schweigen
Roi: Der Präsident hat befohlen.　　　　　20
Schweigen
Wood: Wenn der Präsident befohlen hat, Oberst Roi, lassen Sie die Bomben eben abwerfen. Möglichst gleichmäßig über die Venus verteilt.
Roi: Bereit zum Start°.　　　　　25
Eine Stimme: Bereit zum Start.
Wood: Führen Sie mich in meine Kabine°, Mannerheim.
Schritte
Mannerheim: Ich schnalle Sie an, Exzellenz.
Wood: Bitte.　　　　　30
Mannerheim: Geht es so, Exzellenz?
Wood: Gefesselt.
Mannerheim: Das rote Licht, Exzellenz. In zwanzig Sekunden° starten° wir.
Schweigen　　　　　35
Mannerheim: Noch zehn Sekunden.

3. der Summton   *buzzing*

9. unwahrscheinlich   *unlikely*
10. leider   *unfortunately*

17. sicher gehen   *make sure, be certain*

21. die Höhe   *altitude*

23. die Höchstgeschwindigkeit   *full speed* · ein-schalten   *turn on*

25. außerirdisch   *extra-terrestrial* · das Gebiet   *area*
26. auf-leben   *come around, come to life*

28. wieder der alte   *his old self*

30. der Minis'terrat   *cabinet meeting* · statt-finden†   *take place*

32. im Ziel   *on target*

35. die Wirkung   *effect*
36. unbeobachtbar   *not observable*

39. ekeln   *disgust*

Wood: Gescheitert.
Mannerheim: Wir starten.
  Leiser Summton
Wood: Mannerheim?
Mannerheim: Exzellenz?   5
Wood: Die Russen könnten kommen und mit ihnen einen
  Pakt° schließen.
Mannerheim: Eben.
Wood: Es ist zwar unwahrscheinlich, aber doch möglich.
Mannerheim: Leider.   10
Roi: Bomben bereit?
Eine Stimme: Bereit.
Wood: Diese Möglichkeit, so unwahrscheinlich sie ist, zwingt
  uns, die Bomben zu werfen.
Roi: Öffnet die Luken!   15
Eine Stimme: Geöffnet.
Wood: Wir müssen sicher gehen.
Mannerheim: Sicher, Exzellenz.
Roi: Bomben abwerfen!
Eine Stimme: Abgeworfen.   20
Wood: Welche Höhe haben wir?
Mannerheim: Hundert Kilometer°.
Roi: Höchstgeschwindigkeit einschalten!
Eine Stimme: Eingeschaltet.
Wood: Wie geht es dem Minister für außerirdische Gebiete?   25
Mannerheim: Er lebt auf.
Wood: Dem Kriegsminister°?
Mannerheim: Wieder der alte.
Wood: Auch mir geht es besser.
Mannerheim: Morgen findet ein Ministerrat statt.   30
Wood: Die Politik° geht weiter.
Roi: Bomben im Ziel?
Eine Stimme: Im Ziel.
  Schweigen
Wood: Die Wirkung?   35
Mannerheim: Unbeobachtbar. Aber wir können es uns ja
  denken.
  Schweigen
Wood: Mich ekelt dies alles. Diese Venus ist fürchterlich.

1. schließlich   *after all*

3. schmutziges Thea'ter vorspielen   *put on a bad show*

7. der Keller   *cellar, shelter* · von Amts wegen   *ex officio* ·
   die Ferien   *vacation*
9. verzichten   *give up* · die Klassiker   *classics, classical authors*
10. beruhigen   *reassure, soothe*
11. spannend   *exciting*
12. die Lektü're   *reading*
13. prägen   *coin*

Sind schließlich alles Verbrecher da oben. Bin sicher, daß Bonstetten sich mit den Russen verbünden wollte. War schmutziges Theater, das sie uns vorspielten.

Mannerheim: Glaube ich auch, Exzellenz.

Wood: Nun sind die Bomben gefallen, und bald werden sie 5 auch auf der Erde fallen. Froh, daß ich einen atombomben-sicheren° Keller habe. Von Amts wegen. Und Ferien, die hat ein Außenminister im Krieg ja immer. Nur aufs Fischen° werde ich verzichten müssen. Werde Klassiker lesen. Am besten Thomas Stearns Eliot. Der beruhigt 10 mich am meisten. Es gibt nichts Ungesünderes als spannende Lektüre.

Mannerheim: Da haben Exzellenz ein goldenes° Wort geprägt.

SUGGESTIONS   An extreme example in poetry of the modern emphasis on words and language as such—in good measure the result of Wittgenstein's impact on philosophy and literature. Embedded in the second strophe is an already familiar thought: "Geschehen," a happening without the words to say, tell, or describe it, did not happen and hence does not exist! How is this special sense of "in the beginning was the word" related to Frank's poem "Du" ("Du bist nur ich . . .")? Compare the conclusion of "Sagen schweigen sagen" with that of Bienek's "Worte." Has the attitude changed? Which other poems in this anthology suggest comparison with this one? (Note that a poem by Rilke, included in a later section devoted to older poets, suggests the opposite: language kills rather than creates).

4. auf-hören   *stop*   14. beschreiben†   *describe*   17. fortsetzen   *continue*   19. das Bruchstück   *fragment*

Sagen Schweigen Sagen

Wenn wir alles gesagt haben werden
wird immer noch etwas zu sagen sein
wenn noch etwas zu sagen ist
werden wir nicht aufhören dürfen
zu sagen was zu sagen ist   5
wenn wir anfangen werden zu schweigen
werden andere über uns sagen
was zu sagen ist
so wird nicht aufhören
das Sagen und Sagen über das Sagen   10

Ohne das Sagen gibt es nichts
wenn ich nicht das
was geschehen ist
sage erzähle oder beschreibe
ist das Geschehen   15
überhaupt nicht geschehen
das Sagen wird fortgesetzt
Stück für Stück
besser: Bruchstück für Bruchstück

Niemals wird es das Ganze sein   20
niemals also wird alles gesagt sein

HORST BIENEK

WOLFGANG HILDESHEIMER In terms of place and profession, Wolfgang Hildesheimer's life has been a varied one. Born in Hamburg in 1916, he went to the Gymnasium in Mannheim and later to a private school in England. At 17 he emigrated to Palestine and found work as a cabinetmaker and interior decorator. After further training in London, he turned to stage designing and commercial art, and finally to painting. During the war Hildesheimer served as British information officer in Palestine and subsequently as a translator at the Nürnberg trials. His career as writer began in 1952, with a collection of short stories, *Lieblose Legenden*, from which our story is taken. Hildesheimer's literary work also includes a novel (*Paradies der falschen Vögel*, 1953), plays, translations, literary criticism, and a number of successful radio plays. He now lives in the Swiss village of Poschiavo, in the Canton of Grisons.

Der hellgraue Frühjahrsmantel is a kind of "nonsense" fiction, understated, bizarre, capricious, deceptively simple. Harmless in itself, the extended anecdote about switched coats, with the added complication of lost letters, a twelve-year-old theater ticket, etc., points like a parable to our contemporary situation, in which human action appears to derive its logic from the trivial and inevitably absurd life of *things*. For is it not the spring coat, with its mushroom guide, and the other lost or misplaced or "senseless" things that control and give direction to the otherwise passive life of Hildesheimer's characters?

---

    hellgrau   *light grey* · der Frühjahrsmantel   *spring coat*
1. das Frühstück   *breakfast*
2. der Vetter   *cousin*
3. der Frühlingsabend   *spring evening*
4. ein-stecken   *mail*
5. zurück'-kehren = zurückkommen · seitdem'   *since then*
10. nach-schicken   *forward, send on* · nämlich   *you see*
11. der Pilzsammler   *mushroom gatherer*
12. eßbar   *edible* · der Pilz   *mushroom*
13. im voraus   *in advance*
14. herzlichst   *(most) cordially, affectionately*
17. dabei'   *on the point of* · der Tauchsieder   *immersion-heater*
18. das Ei   *egg* · kochen   *cook*

Der hellgraue Frühjahrsmantel

by Wolfgang Hildesheimer

Vor zwei Monaten — wir saßen gerade beim Frühstück —
kam ein Brief von meinem Vetter Eduard. Mein Vetter Eduard
hatte an einem Frühlingsabend vor zwölf Jahren das Haus
verlassen, um einen Brief einzustecken, und war nicht
zurückgekehrt. Seitdem hatte niemand etwas von ihm gehört.   5
Der Brief kam aus Sydney in Australien°. Ich öffnete ihn
und las:

Lieber Paul!
Könntest Du mir meinen hellgrauen Frühjahrsmantel nach-
schicken? Ich kann ihn nämlich brauchen. In der linken   10
Tasche ist ein *Taschenbuch° für Pilzsammler.* Das kannst
Du herausnehmen. Eßbare Pilze gibt es hier nicht. Im vor-
aus vielen Dank.
                              Herzlichst Dein Eduard.

Ich sagte zu meiner Frau: „Ich habe einen Brief von meinem   15
Vetter Eduard aus Australien bekommen." Sie war gerade
dabei, den Tauchsieder in die Blumenvase° zu stecken, um
Eier darin zu kochen, und fragte: „So, was schreibt er?"
    „Daß er seinen hellgrauen Mantel braucht und daß es in
Australien keine eßbaren Pilze gibt." — „Dann soll er doch   20

2. obwohl es . . . hatte   *though that wasn't really the point*
3. der Klavier'stimmer   *piano tuner*
4. schüchtern   *shy* · zerstreut   *absent-minded, distracted* ·
   nett   *nice*
6. das Sai'teninstrument'   *stringed instrument* · erteilen   *give* ·
   der Blockflötenunterricht   *recorder instruction*
8. der Akkord'   *chord* · an-schlagen† = schlagen
9. die Gardero'be   *closet*
10. der Speicher   *store-room, loft, attic*
11. sorgfältig   *careful* · die Post   *post-office*
12. ein-fallen†   *occur*

14. spazieren-gehen†   *walk*

16. umher'-irren   *wander about (aimlessly)* · der Schrank   *wardrobe cabinet*

22. aus Versehen   *by mistake*
23. stören   *disturb* · betreten   *disconcerted*
24. sich entschuldigen   *excuse oneself, leave*

27. verstaubt   *dusty* · der Koffer   *suitcase*
28. zerknittern   *rumple, crease* · schließlich   *after all*
29. der Zustand   *condition*
30. bügeln   *press*
31. die Partie'   *game*
32. an-ziehen†   *put on* · sich verabschieden   *say good-bye*
33. erhalten† = bekommen
34. der Steinpilz   *yellow boletus (common edible mushroom)*

36. Sehr geehrter Herr   *Dear Sir*
37. liebenswürdig   *kind*

etwas anderes essen." — „Da hast du recht", sagte ich, obwohl
es sich eigentlich darum nicht gehandelt hatte.

Später kam der Klavierstimmer. Es war ein etwas schüch-
terner und zerstreuter Mann, aber er war sehr nett, ich kannte
ihn. Er stimmte° nicht nur Klaviere°, sondern reparierte° 5
auch Saiteninstrumente und erteilte Blockflötenunterricht. Er
hieß Kolhaas. Als ich aufstand, hörte ich ihn schon im Neben-
zimmer° Akkorde anschlagen.

In der Garderobe sah ich den hellgrauen Mantel hängen.
Meine Frau hatte ihn also schon vom Speicher geholt. Ich 10
packte° ihn sorgfältig ein, trug das Paket° zur Post und
schickte es ab. Mir fiel ein, daß ich vergessen hatte, das Pilz-
buch° herauszunehmen.

Ich ging noch etwas spazieren, und als ich nach Hause
kam, irrten der Klavierstimmer und meine Frau in der Woh- 15
nung umher und schauten in die Schränke und unter die
Tische.

„Kann ich irgendwie helfen?" fragte ich.

„Wir suchen Herrn Kolhaas' Mantel", sagte meine Frau.
„Ach so", sagte ich, „den habe ich eben nach Australien 20
geschickt". „Warum nach Australien?" fragte meine Frau.
„Aus Versehen", sagte ich. „Dann will ich nicht weiter
stören", sagte Herr Kolhaas etwas betreten und wollte sich
entschuldigen, aber ich sagte: „Warten Sie, Sie können den
Mantel von meinem Vetter bekommen." 25

Ich ging auf den Speicher und fand dort in einem verstaub-
ten Koffer den hellgrauen Mantel meines Vetters. Er war
etwas zerknittert — schließlich hatte er zwölf Jahre im Koffer
gelegen — aber sonst in gutem Zustand.

Meine Frau bügelte ihn noch etwas auf, während ich mit 30
Herrn Kolhaas eine Partie Domino° spielte. Dann zog Herr
Kolhaas ihn an, verabschiedete sich und ging.

Wenige Tage später erhielten wir ein Paket. Darin waren
Steinpilze. Auf den Pilzen lagen zwei Briefe. Ich öffnete den
einen und las: 35

Sehr geehrter Herr!
Da Sie so liebenswürdig waren, mir ein *Taschenbuch für*
Pilzsammler in die Tasche zu stecken, möchte ich Ihnen als

1. die Pilzsuche   *mushroom hunt* · zu-schicken = schicken
2. schmecken   *taste (good)* · außerdem   *besides*

4. irrtümlich = aus Versehen

6. ergebenst   *very sincerely, respectfully*

7. um den . . . handelte   *in question, referred to here*
8. damals   *then, at that time* · der Kasten   *(letter) box*
9. offenbar   *evident*
10. richten   *direct, address* · sich erinnern   *remember*
11. der Umschlag   *envelope*
12. die Thea'terkarte   *theater ticket* · der Zettel   *slip of paper, note*

16. der Gebrauch   *use*
17. verreisen   *go on a trip* · aus-spannen   *relax*

19. herzliche Grüße   *best regards*

23. übrigens   *incidentally*

26. die Aufführung   *performance*
27. sowieso   *anyhow, in any case*

29. heute morgen   *this morning*
30. die Bitte   *request* · die Tenor'blockflöte   *tenor recorder*

32. die Erlernung   *acquisition, learning* · gedenken†   *plan, have in mind*
34. erhältlich   *available*

Dank das Resultat° meiner ersten Pilzsuche zuschicken und hoffe, daß es Ihnen schmecken wird. Außerdem fand ich in der anderen Tasche einen Brief, den Sie mir wohl irrtümlich mitgegeben haben. Ich schicke ihn hiermit zurück. 5

Ergebenst Ihr A. M. Kolhaas.

Der Brief, um den es sich hier handelte, war also wohl der, den mein Vetter damals in den Kasten stecken wollte. Offenbar hatte er ihn dann zu Hause vergessen. Er war an Herrn Bernhard Hase gerichtet, der, wie ich mich erinnerte, ein 10 Freund meines Vetters gewesen war. Ich öffnete den Umschlag. Eine Theaterkarte und ein Zettel fielen heraus. Auf dem Zettel stand:

Lieber Bernhard!
Ich schicke Dir eine Karte zu *Tannhäuser* nächsten Montag, 15 von der ich keinen Gebrauch machen werde, da ich verreisen möchte, um ein wenig auszuspannen. Vielleicht hast Du Lust, hinzugehen.

Herzliche Grüße, Dein Eduard.

Zum Mittagessen° gab es Steinpilze. „Die Pilze habe ich 20 hier auf dem Tisch gefunden. Wo kommen sie eigentlich her?" fragte meine Frau. „Herr Kolhaas hat sie geschickt." „Wie nett von ihm. Übrigens habe ich auch eine Theaterkarte gefunden. Was wird denn gespielt?"

„Die Karte, die du gefunden hast", sagte ich, „ist zu einer 25 Aufführung von *Tannhäuser,* aber die war vor zwölf Jahren!" „Na ja", sagte meine Frau „zu *Tannhäuser* hätte ich sowieso keine Lust gehabt."

Heute morgen kam wieder ein Brief von Eduard mit der Bitte, ihm eine Tenorblockflöte zu schicken. Er habe nämlich 30 in dem Mantel (der übrigens länger geworden sei) ein Buch zur Erlernung des Blockflötenspiels° gefunden und gedenke, davon Gebrauch zu machen. Aber Blockflöten seien in Australien nicht erhältlich.

„Wieder ein Brief von Eduard", sagte ich zu meiner Frau. 35

1. die Kaffeemühle   *coffee-mill* · auseinan'der-nehmen†   *take apart*

Sie war gerade dabei, die Kaffeemühle auseinanderzunehmen und fragte: „Was schreibt er?" — „Daß es in Australien keine Blockflöten gibt." — „Dann soll er doch ein anderes Instrument° lernen", sagte sie. „Das finde ich auch", meinte ich. Sie kennt eben keine Probleme°.   5

SUGGESTIONS Behind an undeniable virtuosity of composition and suggestions of mannerism, a clear and possibly dismaying meaning emerges: surrender of self, commitment to another, carries its dangers, for we inevitably deceive ourselves in the process of following. The image of intimacy (*sich entblößen*) serves an opposing end as well: that of estrangement, which is effectively conveyed in the growing sense of coldness (strophe 1), loss of direction and light (strophe 2), and, in the final strophe, the crunching sound of ice— which the "du" claims not to hear. What other evidence of deception can one find in the poem? Is a more positive reading of this poem possible?

5. entblößen   *uncover, bare, strip*   6. die Haut   *skin*
12. nach allen Enden   *in all directions*   22. aus-halten†   *keep up, stand, endure*   23. irre werden   *waver, lose confidence, go astray*   25. weich   *smooth, soft*   26. die Sohle   *sole*
27. pflücken   *pluck, pick*   29. knirschen   *crunch*

jemand schweigt

jemand schweigt
und du glaubst er spricht
und du antwortest
und sprichst gut
und entblößt dich   5
haut um haut die du nicht
geben kannst du der du sprichst
und es wird kalt und kälter

jemand schweigt
und du wartest   10
auf das schweigen
nach allen enden
und weiter hinaus
und es trägt nicht das wort
und nicht weißt du   15
wo das licht ist
das helle und dunkle

jemand geht
und du glaubst
er geht gut   20
und du folgst ihm
und hältst seinen schritt aus
und wirst nicht irre

jemand geht
und du glaubst er geht weich   25
auf weichen sohlen
und du pflückst das weiche
und läßt das harte stehen
und das eis° knirscht
und du sagst ich hör es nicht   30

ELISABETH BORCHERS

GERHARD ZWERENZ is probably the only author represented in this collection who was for some time a policeman—and in East Germany at that. He would be the first to admit the humor of this conjunction. He has a sharp eye for the contradictions and incongruities of human institutions, and his iconoclasm is impartially directed: to the Left and the Right, toward the "sacred" as well as the profane. Indeed, he is more at home in the essay than in fiction, being at heart a critic of society. In the present story, Zwerenz's satire on civilization is implicit: the object of the satire has already succumbed to its own folly. The tale is a bizarre allegory of man's last stand.

Zwerenz was born in 1925, became a German soldier in 1943, a Russian prisoner soon after. It was upon his release that he became a "Vopo" (*Volkspolizist*). Subsequently he studied philosophy at Leipzig. His independent cast of mind made him an outspoken critic even in the East. For a time this was tolerated; then in 1957 he had to flee to the West. He lives and writes in Munich.

2. nach-denken† *think, reflect* · die Muße *leisure*
3. recht geben *admit (someone) is right*

5. auf der Jagd nach *in pursuit of* · der Lebensunterhalt *subsistence*
7. widmen *devote*
8. der Sandfloh *sand flea*
9. aufsichtführend *supervising* · der Eleva′tor *lift, hoist, elevator*
10. Mitteilung machen *inform* · die Chemie *chemistry (department)*
11. das Mittel *remedy, medicament* · entwickeln *develop*
12. die Umge′bung *surrounding area*
13. der Erdteil *continent* · ein-wandern *(im)migrate*

16. sich verteilen *be scattered*
17. vor-bereiten *prepare*
18. die Wanze *roach* · die Kleider *(pl.) clothes* · die Filzlaus *body louse*
19. verwenden† *use* · das Ab′wehrpräparat′ *protective medication*
20. sich ein-reiben† *rub oneself*
21. das Futter *food (for animals)*
23. ansonst′ *in other respects, in general* · gut dran sein *be well off*

Der Letzte

by *Gerhard Zwerenz*

Mir gehts an sich ganz gut. Ich sitz in der Sonne und denk ein wenig nach. Früher blieb einem nie Muße dazu. Da muß ich den Soziologen° recht geben, erst, wenn der Mensch zu sich selbst kommt, wird er ein freier Mensch. Solange° er nur auf der Jagd nach seinem Lebensunterhalt ist, bleibt 5 ihm keine Zeit für Kultur°.

Ich kann mich heut den ganzen Tag der Kultur widmen. Wenn nur diese dummen Sandflöhe nicht wären. Ich habe dem aufsichtführenden Elevator schon darüber Mitteilung gemacht. Er sagt, die Chemie habe ihm versprochen, ein 10 Mittel dagegen zu entwickeln. Die Sandflöhe kommen aus der ganzen Umgebung hier zusammen. Auch aus fremden Erdteilen wandern sie ein. Man kann das verstehen, aber schön ist es nicht.

Früher wußte ich gar nicht, was Sandflöhe sind. Die Tiere 15 verteilten sich. Erst jetzt kommen sie alle zu mir.

Das Dumme ist, daß wir nicht darauf vorbereitet waren. Bei Wanzen, Flöhen, Kleider-, Kopf- und Filzläusen verwendeten wir Abwehrpräparate. Ich rieb mich jeden Tag mit dem Mittel ein, das mir der aufsichtführende Elevator 20 früh mit dem Morgenfutter hereinreichte. Da hatte ich meine Ruhe.

Aber ich will nicht klagen. Ansonst bin ich ganz gut dran.

1. an-bauen *build on, add* · die Höhle *cave*
2. nach-lesen† *read (up on)*
3. grausen *horrify* · das Morgengrauen *dawn* · die Fabrik' *factory*
4. nach Hause *home*
5. der Betrieb *activity, coming and going* · sich ein-nisten *settle in*
6. durcheinan'der-wimmeln *swarm all over*
7. sich erinnern *remember*
8. entsetzlich = furchtbar
9. heutzutage *nowadays*
10. passen *suit*
11. besonders *especially* · sich drängen *crowd*
12. nachdenklich *thoughtful, pensive*
14. angelaufen kommen *come running up* · klappern *rattle*
15. dröhnen *hum, whir*
16. zu-hören *listen*
17. an-stoßen† *nudge* · sachte *gently*
18. der Akade'miker *academic person, academician*
20. diensttuend *in charge*
22. der Spaß *amusement, fun* · bereiten *give*
23. enttäuscht *disappointed*
24. Benzon', Ener'gicum *(made-up names for liquid fuels)* · tanken *fill up (a fuel tank)*
26. der Kuchen *cookie, cake*
27. unbekannt *unfamiliar*
28. der Wandertag *holiday for school excursions*
30. das Gitter *bars (of a cage)* · lauter *all, nothing but* · niedlich *nice, dear, cute*
31. die Kaffeemühle *coffee grinder*
32. der Staubsauger *vacuum cleaner*
33. das Fernsehgerät *television set*
34. das Lebewesen *living thing*

36. betreffen† *concern* · das Motorrad *motorcycle*
37. der Bagger *dredge*
38. die Weltall-Insel *space station* · derglei'chen *the like* · zählen *count, be counted*

Hinten in der angebauten Höhle liegen ein paar alte Bücher.
Wenn ich nachlese, wie die Menschen früher so lebten,
graust es mich. Im Morgengrauen aufstehen und in die Fabrik,
und erst spät, wenn's schon dunkel ist, wieder nach Hause;
und dann der Betrieb, überall hatten sie sich eingenistet und 5
wimmelten durcheinander, in den Fabriken, auf der Straße,
ich erinnere mich selbst noch ein wenig an die Stadt, nein,
es war entsetzlich.

Wie schön hab ich's da heutzutage.

Ich kann schlafen, essen, lesen, singen, ganz wie's mir paßt. 10
Singen haben sie besonders gern. Da drängen sie sich draußen und sehen ganz nachdenklich aus. Wenn ich mit einem
Lied beginne, kann man eine Weile gar nichts hören, da
kommen sie von überall her angelaufen, das klappert und
dröhnt. 15

Dann stehen sie ganz still und hören mir zu. Oder sie stoßen
sich sachte an und flüstern. Ich weiß, was sie sagen. „Ro-
mantiker°" nennen sie mich. Die Akademiker haben einen
besonderen Namen dafür: „Anthroromantikus". Der Elevator,
was der diensttuende Aufsichtsführende ist, der nennt mich 20
einfach „Antro".

Den größten Spaß bereitet es ihnen, wenn ich etwas esse.
Wenn ich trinke, sind sie enttäuscht, das kennen sie, weil sie
auch von Benzon oder Energicum leben. „Er tankt", sagen ihre
Kleinen dann nur. 25

Aber wenn ich mir Kuchen in den Mund stecke, sind sie
vor Freude gar nicht zu halten, weil es ihnen unbekannt ist.

Heute haben die Schulen Wandertag. Da wimmelt der ganze
Zoo° von den Kleinen. Ich mag sie ganz gern. Sie drängen
sich vor meinem Gitter, lauter niedliche junge Maschinen° 30
und Maschinchen°: Rasierapparate°, Kaffeemühlen, Mixer-
chen°, Fotoapparate°, Telefone°, Staubsauger, Miniatursput-
niks°, Handfeuerraketen°, Fernsehgeräte und was es alles
an Lebewesen gibt.

Die Fernsehgeräte sind die Größten unter den Kindern. 35
Was die andern betrifft: Motorräder, Autos° oder gar Omni-
busse°, Kräne°, Bagger, Windmaschinen°, Schiffe, Normal-
raketen°, Weltall-Inseln und dergleichen, das zählt nicht unter

1. der Erwachsene *adult*
2. die Besichtigung *visit, inspection*
3. an-gehen† *concern*
4. arglos *innocent, open* · z.B. = zum Beispiel · spucken *spit* · die Tafel *bar*
5. schieben† *push, shove* · schmal *narrow*
6. das Transport'band *conveyor (belt)* · kriechen† *crawl*
8. kauen *chew* · verdauen *digest*
9. ungekünstelt *unaffected* · der Beifall *applause*
10. dage'gen *on the other hand* · begeistern *interest, inspire with enthusiasm*
11. der Universal'-App(arat) *universal machine (made-up term)* · ekelhaft *revolting, disgusting*
12. sich dünken *consider oneself* · erhaben *superior*
13. in Streit geraten *get into an argument*
15. ab-schaffen *get rid of* · die öffentliche Moral' *public morality*
16. verderben† *corrupt*
17. beschwören† *swear*
19. nett *nice* · golden *golden; dear*
21. treuherzig *sincere, true*
22. entfernen *remove*

24. liest . . . ab *can tell what I want, by the look in my eyes*

26. das Hochhaus *skyscraper*
27. nicken *nod*

29. nach dem Rechten sehen *check into things*
30. stören *disturb*
31. es hat sich herumgesprochen *word has spread*

33. der Käfig *cage* · ehrlich gesagt *to be quite honest* · fatal' *disagreeable, a nuisance*
35. ab-stammen *be descended* · sich jucken *scratch oneself, itch*

die Kinder, sondern gehört zu den Erwachsenen, die kommen einzeln und familienweise° zur Besichtigung.

Was mich angeht, so mag ich die Kleinen lieber, sie sind argloser, die kleinen Automaten° z. B. spucken eine Tafel Schokolade° aus und schieben sie mir mit Hilfe schmaler 5 Transportbänder, die durch die Gitter kriechen, direkt° in den Mund.

Wenn ich dann ein wenig kaue und verdaue, danken sie es mir mit ungekünsteltem kindlichem° Beifall.

Die Großen dagegen sind nicht so leicht zu begeistern. Be- 10 sonders die Universal-Apps, diese ekelhaften Alleswisser°, dünken sich über alles erhaben. Mit denen geriet ich auch wegen Eva in Streit. Sie haben sie mir dann weggenommen. Ich weiß nicht, was aus ihr wurde, aber ich fürchte, sie haben Eva abgeschafft. Es wäre gegen die öffentliche Moral, sagten 15 die großen Maschinen, wenn wir uns liebten. Das verdürbe die Kleinen. Dabei, das kann ich beschwören, haben sie es gar nicht verstanden. Die Kinder schüttelten nur die Köpfe, die netten niedlichen Staubsauger, die goldnen Telefone und freundlichen Miniaturraketen; sie sind ja so lieb und treuher- 20 zig.

Seit sie Eva entfernten, bin ich allein.

Ich will ja nicht klagen, es geht mir gut, der Elevator liest mir jeden Wunsch von den Augen ab. Auch der Direktor°, ein Superatomgenerator°, der hinterm Ozean° in einigen 25 Hochhäusern wohnt und nur selten zu uns in den Zoo kommt, weil er so wenig Zeit hat, auch der Direktor nickt mir freundlich zu, wenn er doch einmal kurz und präzise° nach dem Rechten sieht.

Nur die Sandflöhe stören mich etwas. Da hat sich nun in 30 allen Erdteilen herumgesprochen, daß es mich hier noch gibt, und da fassen sie neue Hoffnung und strömen° in meinen Käfig. Das ist, ehrlich gesagt, fatal, was sollen denn die arglosen kleinen Maschinen von mir denken, wenn der Mensch, von dem sie alle abstammen, sich dauernd juckt? 35

The Vocabulary of Part Two

A. Derivational Suffixes From this point on, the student should be prepared to recognize a few of the most important and relatively constant derivational suffixes of German. In the list of the second 500 many of these are explicitly noted, but words in the first 500 are equally productive of derived forms. In Part Two such derived forms will not be marked with a zero or glossed. (In this Part we shall, in general, be somewhat freer in omitting glosses for obvious derivatives, either from words in the frequency lists, or, occasionally, from words recently glossed in the same work.)

-er.	The "agent" suffix (pl. –), added usually to verbs and corresponding to English *-er*. *dichten* "write (poetry)": *der Dichter* "writer, poet" *zeigen* (first 500) "show, point, etc.": *der Zeiger* "pointer, etc."
-heit, *-keit,* *-igkeit.*	Feminine noun suffix (pl. *–en*) added most commonly to adjectives. English correspondences: *-ness, -ity, -ment,* etc. (Cognate with *-hood*.) *zufrieden* "content (ed)": *die Zufriedenheit* "contentment, contentedness." *ähnlich* "similar": *die Ähnlichkeit* "similarity" *feucht* "moist": *die Feuchtigkeit* "moisture" *müde* (first 500) "tired": *die Müdigkeit* "fatigue"
-ung	Feminine noun suffix (pl. *–en*) added most commonly to verb stems. Indicates the process

or the result of the activity expressed by the verb. Common English correspondences: *-tion, -ing, -ment,* etc.

erziehen "educate": *die Erziehung* "education"

zeichnen "draw": *die Zeichnung* "drawing"

entwickeln "develop": *die Entwicklung* "development"

erzählen (first 500) "tell, narrate": *die Erzählung* "story, narration"

-bar. Adjective suffix added primarily to verb stems, corresponding in function to English *-able, -ible.*

brauchen (first 500) "use": *brauchbar* "usable"

essen (first 500) "eat": *eßbar* "edible"

-lich. Adjective suffix added to nouns and adjectives, with the meaning "having the quality of," "like." English *-ly, -ish, -like,* etc.

rot (first 500) "red": *rötlich* "reddish"

der Meister "master": *meisterlich* "masterly"

der Gegenstand "object, etc.": *gegenständlich* "objective"

-los. Suffix forming so-called privative or negative adjectives from nouns, sometimes with an added *-s-* or slight stem changes. Like English *-less.*

die Heimat "home (land)": *heimatlos* "homeless"

der Ausdruck "expression": *ausdruckslos* "expressionless"

die Hilfe (first 500) "help": *hilflos* "helpless"

Note: *-ieren.* This is a common verbal suffix, associated particularly with foreign words borrowed into German. Though it often has no corresponding English suffix —

interessieren (Interesse), "interest" —

the student should keep in mind the possibility that its English counterpart may end in -*ate*:

> *eliminieren,* "eliminate";
> *faszinieren,* "fascinate."

Since these words and their stems are foreign borrowings and (with the -*ieren*/-*ate* correspondence) generally obvious ones, they too will not be marked with a zero.

B. Two Prefixes Inseparable prefixes have more complicated fields of meaning than the separable. Only two are consistent enough to warrant discussion here.

zer	almost always means "to pieces," "apart," though the specific translation must often be adapted to the particular word or situation:
	    schlagen (first 500) "hit, strike, etc."
	    zerschlagen "batter"
	    reißen (first 500) "tear, etc."
	    zerreißen "tear apart, tear up"

ent-	frequently indicates separation or removal (though it has several other functions as well) ; it combines with nouns as well as verbs, usually requires a dative object, and may often be translated by "away."
	    nehmen (first 500) "take"
	    entnehmen "take away, take from"
	    Haupt (first 500) "head"
	    enthaupten "behead" (w. acc.)

C. The High German Sound Shift and Related Changes The High German Sound Shift, itself a systematic and orderly change in the phonemic pattern of early German (ca. A.D. 750–1050) , resulted in a systematic set of correspondences between certain consonants of English and German. These correspondences are helpful in two ways: they serve as a point of reference for remembering new vocabulary, and they often reveal the English cognate of a new and unfamiliar German word, particularly when the context narrows the semantic range. The following is a highly compressed outline of the shift, and of related, though later, changes. (No attempt is made to give these shifts in their historical order.) Remember that it was German that changed. English represents basically the consonantal pattern of the earlier West Germanic period.

Affected: *p, t, k* ⎫
  th   ⎬ —— These remain in English, basically
  d   ⎭ unchanged

Unaffected and thus roughly the same in German and English are all the rest, e.g. *b, g, r, m.*

th   became, in all positions, German *d.*
Thus, where German has *d*, English will, if there is a cognate, show *th.*
Ding: thing
baden: bathe
Bad: bath

d   became, similarly, *t.*
Tat: deed
älter: elder, older
(Note that vowel relationships, though not arbitrary, are complicated. One must keep an open — and agile — mind as far as vowels are concerned. Also, English has sloughed off or "weakened" many of its endings. Thus the process of guessing the English cognate of German *Tod* is to think first: *d — th.* Context, if not simple frequency or common sense, will help you decide between *doth* and *death.*)

With *p, t, k* (the area specifically of the "High German Sound Shift") the change is more complicated, depending as it does on position in the word. Two positions must be distinguished: initial and medial-final (middle or end of word).

Initial		Medial-Final	
$p > pf$	(Pfund)	$p > f$ or ff	(Affe, Schlaf)
$t > z$	(zehn)	$t > s, ss, \beta$	(Wasser, es)
(k remains k)	(Kuh)	$k > ch$	(machen, Buch)

For convenience, the orthographical forms are used above, though to be more accurate only the sounds should be indicated (thus for z: /ts/). If the student will take the trouble to visualize these as *sound* changes, he will be able to appreciate the extraordinary symmetry of the Sound Shift. This symmetry is broken only by initial k. And there are German dialects where even this sound was shifted in a fashion completely analogous to the rest. It is an unlikely looking combination, but can you see what it must be?

As keys to aid in remembering the shift (words, that is, which show both changes in a single word or phrase):

> p: Pfeffer — pepper
> t: zu heiß — too hot
> k: Koch — cook

Here are a few words from our first 500 which become fairly obvious, even without context, in the light of the Sound Shift:

beide	Brot	Schlaf
besser	Erde	weiß
Bett	Fuß	zu
breit	Schiff	

The reader will also recognize, in the same light, certain words which, by their frequency of occurrence, would otherwise be listed in our second 500, viz. *das Bad, baden; beißen, biß, gebissen; das Blut; der Haß, hassen; kochen; die Schulter.* (You might see whether you can identify these words, even out of context. They will of course occur *in* context — and they are listed in the end vocabulary.)

There are, as one might expect, several special cases, for example those in which phonetic environment affects the operation of the Sound Shift. For the student who is interested in going a little further, either from general interest or as a matter of practical help, here are a few of them:

1. *pp, tt, kk* behave as if in initial position, becoming *pf, tz, ck*, respectively. (These doublets cannot always be recognized as such in English, but German words with *pf, tz, ck* belong here.)

Apfel
sitzen
stecken

2. After *m, n, l, r,* the consonants *p, t, k* likewise behave as if in initial position. But *lpf* and *rpf* soon became *lf* and *rf*, thus coming around to the regular medial form *f*.

münzen, Salz
Herz, Krampf
(helfen, Harfe)
danken, Werk

3. *sp, st* remain *sp, st*. *sk* becomes *sch*. Note: *sl, sm, sn, sw* change to *schl,* etc. (*sp* and *st* undergo the same change in pronunciation as *sl*, etc., but not in orthography.)

Schule
schlafen
schmal
Schnee
schwarz

4. *t* does not shift in the combinations *tr, cht, ft*.

treten, Nacht
Kraft

5. *d* sometimes does not shift in the combinations *nd, ld, rd*.

Ende, bin-
den, Hand
bilden, Schild
Herde

6. The inevitable irregulars (in which English *d* has changed to *th*) :

Wetter
Mutter, Vater

Notes:

1. Remember that, obviously, not all cases of German *f* and *s* will be the result of the above Sound Shift. Present *f* and *s* may also come unchanged from Germanic. That is, *f* may come either from Germanic *f* or, by Sound Shift, from *p, (steif* vs. *tief*; similarly, *s* from *s* or *t* *(Kuß* vs. *Nuß)* .

2. Seeming exceptions to the Sound Shift may be due to later borrowing, after the Sound Shift was completed, e.g. *Tempel*.

Some Changes Affecting English

1. German *b* sometimes corresponds to English *v* or *f*.

give, half

2. *f* sometimes becomes *v*.

oven

3. German *g* sometimes corresponds to *y, i, w*.

yesterday
rain
tomorrow

4. German *ch* sometimes corresponds to our *gh* (pronunciation?) .

high, night

5. German *ck* sometimes corresponds to *dg, tch*.

bridge, stretch

6. *k* sometimes becomes *ch* in English.

church

D. *The Second 500 Words*

ab-schließen, o, abgeschlossen (shut and) lock, close (up) ; conclude
die *Absicht, – en* intent (ion)
achten (die Achtung) respect, regard
ähnlich similar *(die Ähnlichkeit)*
allerdings' to be sure, it is true
allerlei all kinds of
das *Alter* age
ändern (die Änderung) change
an-kommen, kam an, angekommen (ist) arrive
an-nehmen, nahm an, angenommen accept, take on; assume
an-ziehen, zog an, angezogen put on; *sich a.* get dressed; *der Anzug, ⁻e* suit
an-zünden light
der *Ärger* annoyance; *ärgern* annoy; *ärgerlich* annoyed, angry
der *Arzt, ⁻e* doctor
die *Aufgabe, –n* task, lesson
auf-hören stop
auf-machen open
aufmerksam attentive; *die Aufmerksamkeit* attention
auf-passen watch (for) ; pay attention
auf-regen excite *(die Aufregung)*
der *Ausdruck, ⁻e* expression; *ausdrücken* express
außen outside; *äußer-* outer
außerordentlich extraordinary
auswendig by memory

die *Bank, ⁻e* bench
bauen build
bedürfen, bedurfte, bedurft need
der *Befehl, –e; befehlen, a, o* command
sich *befinden, a, u* be; feel
begegnen (ist) meet
begleiten accompany
begreifen, begriff, begriffen comprehend, grasp
behalten, ie, a keep
behaupten assert *(die Behauptung)*
beina'he almost
bekannt familiar, known; *der Bekannte* (as adj.) acquaintance
bequem comfortable
berichten report
berühmt famous
beschäftigen occupy, busy
beschließen, o, beschlossen decide (on) , conclude
beschreiben, ie, ie describe *(die Beschreibung)*
der *Besitz* possession; *besitzen, besaß, besessen* possess, own
besonder(s) special(ly), especially
bestehen, bestand, bestanden consist (w. *aus, in*) ; insist (w. *auf*) ; exist
der *Besuch; besuchen* visit
betrachten regard, observe, contemplate *(die Betrachtung)*
betreten, a, e enter

The Vocabulary of Part Two 173

betrunken drunk
(sich) *beugen* bend, bow
(sich) *bewegen* move *(die Bewe-gung)*
der *Beweis, –e* proof; *beweisen, ie, ie* prove
biegen, o, o (hat) bend; *(ist)* turn
bieten, o, o offer
bilden form, constitute; educate
bisher' previously, up to now
blaß pale
bleich pale
bloß only, bare(ly), mere(ly)
blühen bloom
brav good
die *Brücke, –n* bridge
bunt gay, of many (different) colors
der *Bursch, –en, –en* fellow, boy

das *Dach, ∸er* roof
damals then, at that time
die *Dame, –n* lady
dämmern grow dark; *dämmerig, dämmernd* dim, dusky; die *Däm-merung* dusk, twilight
dar-stellen represent *(die Dar-stellung)*
die *Decke, –n* cover; ceiling; *decken* cover, set
dennoch yet, nevertheless
deshalb for that reason
deuten interpret; point (out)
deutlich clear, distinct
dicht close; thick, dense
dichten write (poetry) ; der *Dich-ter, –* poet
der *Dienstag* Tuesday
der *Donnerstag* Thursday
(sich) *drehen* turn
dringen, a, u (ist) penetrate, press, push; *(hat)* urge; *drängen* push, crowd
der *Druck, ∸e* pressure; print (pl. –e); *drucken* print
drücken press, squeeze

dünn thin
durchaus completely, quite, by all means, at all costs
durcheinan'der in confusion, all together
das *Dutzend, –e* dozen

ebenso just as
echt genuine
ehe before
die *Ehe, –n* marriage
die *Ehre, –n; ehren* honor
der *Eifer* zeal, eagerness, fervor; *eifrig* eager, zealous
die *Eile; eilen (ist, hat)* hurry
ein-laden, u, a invite *(die Einla-dung)*
einsam lonely *(die Einsamkeit)*
ein-schlafen, ie, a (ist) fall asleep
einst once
das *Eisen* iron
die *Eisenbahn, –en* railway
der *Empfang, ∸e* reception; *emp-fangen, i, a* receive
empfehlen, a, o recommend *(die Empfehlung)*
empfinden, a, u feel, sense *(die Empfindung)*
entdecken discover *(die Entdeckung)*
entfernen remove; *entfernt* re-mote, away; die *Entfernung, –en* distance
enthalten, ie, a contain
entlang along
entscheiden, ie, ie decide *(die Entscheidung)*
sich *entschließen, o, entschlossen* decide
entschuldigen excuse *(die Ent-schuldigung)*
das *Entsetzen* horror, fright; *ent-setzlich* horrible, terrible
entstehen, entstand, entstanden (ist) arise
entweder . . . oder either . . . or

entwickeln develop *(die Entwicklung)*

erblicken catch sight of, see

der *Erfolg, –e* success

ergreifen, ergriff, ergriffen seize, grip, take

erhalten, ie, a receive; maintain

erheben, o, o lift; *sich e.* get up, rise

erinnern remind; *sich e.* remember; *die Erinnerung, –en* memory

erkennen, erkannte, erkannt recognize

erklären explain, declare *(die Erklärung)*

erlauben allow

ernst serious

erreichen reach

erscheinen, ie, ie (ist) appear; *die Erscheinung, –en* appearance; phenomenon

erstaunen astonish

erwachen (ist) awake

erwähnen (die Erwähnung) mention

erwarten expect *(die Erwartung)*

erwidern reply

erziehen, erzog, erzogen educate *(die Erziehung)*

etwa about; perhaps, say, maybe, for instance

ewig eternal *(die Ewigkeit)*

fähig able, capable *(die Fähigkeit)*

der *Fall, ⸚e* case

faul lazy, dull

die *Feder, –n* feather; pen

die *Feier, –n* celebration, ceremony; *feiern* celebrate

der *Fels, –en, –en* rock, cliff

die *Ferien* (pl.) holiday (s) , vacation

das *Fest, –e* celebration, festival, banquet

fest-stellen set, determine

finster dark; *die Finsternis* darkness

die *Flasche, –n* bottle

fleißig hardworking

fliehen, o, o (ist) flee

das *Flugzeug, –e* airplane

der *Fluß, Flüsse* river

die *Folge, –n* consequence

fordern demand

fort-fahren, u, a (ist) continue; drive away, etc.

freilich to be sure, of course

der *Freitag* Friday

fressen, fraß, gefressen eat (as of animals)

frieren, o, o (ist, hat) freeze

das *Frühjahr, –e; der Frühling, –e* spring

das *Frühstück, –e* breakfast

der *Fußboden, –* and *⸚* floor

das *Futter; füttern* feed (animal)

der *Gang, ⸚e* walk; gait; corridor; passage

das *Gebäude, -*building

gebieten, o, o command, rule

geboren born

der *Gebrauch, ⸚e; gebrauchen* use

der *Gedanke, –ns, –n* thought

die *Geduld* patience; *geduldig* patient

das *Gefühl, –e* feeling, emotion

die *Gegend, –en* region

der *Gegenstand, ⸚e* object; subject

die *Gegenwart* presence; present

geheim; das Geheimnis, –se secret

die *Gelegenheit, –en* opportunity

gelingen, a, u (ist) succeed

gelten, a, o pass for, be a matter of; be (well) thought of

genießen, o, genossen enjoy

geraten, ie, a get, fall into

das *Geräusch, –e* noise

das *Gericht, –e* court

das *Geschenk, –e* present

das *Gesetz, –e* law

das *Gespräch, –e* conversation

die *Gewalt, –en* power, force; *gewaltig* powerful, mighty
gewinnen, a, o win
gießen, o, gegossen pour
der *Gipfel, –* summit
der *Glanz* radiance, luster, splendor; *glänzen* shine
das *Glied, –er* limb
glühen glow, shine, burn
graben, u, a dig
grau grey
die *Grenze, –n* boundary, limit
das *Gut, ⸚er* estate, property; (pl.) goods

der *Handel, ⸚* trade, business (transaction) ; *handeln* trade, bargain, deal; act
der *Haufe(n), –(n)s, –(n)* crowd; pile; *(sich) häufen* pile (up) , accumulate; *häufig* frequent
die *Haut ⸚e* skin
heftig violent
heilig holy; St.
die *Heimat, –en* home (land)
heimlich secret
die *Heirat, –en* marriage; *heiraten* marry
heiß hot; ardent
heiter cheerful *(die Heiterkeit)*
der *Held, –en, –en* hero
der *Herbst, –e* autumn
herrlich splendid
horchen listen
hübsch pretty; nice

immerzu' constantly, repeatedly
indes'(sen) however, (mean) while
der *Inhalt* content (s)
innen inside; *inner–* inside; inner
irren lose one's way, wander; *sich i.* be wrong

die *Jagd, –en; jagen* hunt, chase, race
jedoch' however

die *Jugend* youth
der *Junge, –n, –n* boy

die *Karte, –n* card; map; ticket
kehren (re)turn (gen. *ist* w. compounds)
der *Kerl, –e* fellow
das *Kleid, –er* dress, (pl.) clothes; *kleiden* dress; *die Kleidung* clothing
klettern (ist) climb; scramble
die *Klingel, –n* bell; *klingeln* ring
klingen, a, u sound
klug smart, clever
der *König, –e* king
der *Kreis, –e* circle
kriechen, o, o (ist, hat) crawl, creep
kriegen get
die *Küche, –n* kitchen
der *Kuchen, –* cake, cookies
die *Kuh, ⸚e* cow
die *Kunst, ⸚e* art; *der Künstler, –* artist

der *Laden, ⸚ and –* store
die *Lage, –n* location, situation, position
lange; längst long since, for a long time
der *Laut, –e* sound
lauter pure(ly), sheer, nothing but
lehnen lean
lehren teach *(der Lehrer)*
der *Leib, –er* body
die *Leidenschaft, –en* passion; *leidenschaftlich* passionate
leider unfortunately
leid tun (tat, getan) be sorry; hurt
leisten accomplish; *sich l.* afford
leuchten glow, gleam, shine
lieber prefer (ably) ; *am liebsten* like best (comp. and superl. of *gern*)
die *Linie, –n* line
das *Loch, ⸚er* hole

der *Lohn,* ¨*e* pay, reward; *lohnen* (re)pay; *sich l.* be worthwhile

los rid of; off; wrong; *(sich) lösen* detach, loosen, remove; dissolve, relax; solve

malen paint

manchmal sometimes, occasionally

der *Mangel,* ¨*; mangeln* lack

der *Markt,* ¨*e* market (place)

das *Maß,* –*e* measure

die *Mauer,* –*n* wall

das *Maul,* ¨*er* mouth (as of animals)

mehrere several

der *Meister,* – master

die *Menge,* –*n* crowd, multitude

messen, maß, gemessen measure

minder less; *mindest* least

mit-teilen tell, communicate, report *(die Mitteilung)*

das *Mittel,* – means

der *Mittwoch* Wednesday

der *Montag* Monday

der *Mord,* –*e* murder; *der Mörder,* – murderer

die *Mühe,* –*n* trouble, effort

der *Nachbar,* –*s* and –*n,* –*n* neighbor

nach-denken, dachte nach, nachgedacht ponder; *nachdenklich* thoughtful

nachher' afterward

die *Nachricht,* –*en* report, news

nackt naked

sich *nähern* approach

nämlich you see; namely; same

naß wet

der *Nebel,* – fog, mist

(sich) *neigen* incline, bend; *die Neigung,* –*en* inclination, affection

nett nice

nicken nod

die *Not,* ¨*e* distress; emergency; need

nötig necessary

der *Nutzen,* – use; *nützen* be of use; use; *nützlich* useful

obgleich' although

das *Obst* fruit

öffentlich public

das *Opfer,* – sacrifice; victim; *opfern* sacrifice

die *Ordnung,* –*en* order

passen fit

pfeifen, pfiff, gepfiffen whistle

die *Pflanze,* –*n* plant

pflegen be accustomed to; take care of

die *Pflicht,* –*en* duty

die *Post,* –*en* mail

prüfen (die Prüfung) test

die *Quelle,* –*n* source; spring; *quellen, o, o* spring, gush, pour

das *Rad,* ¨*er* wheel; bicycle

der *Rand,* ¨*er* edge, side

rasch quick

der *Rauch; rauchen* smoke

rauschen rustle, murmur

rechnen reckon, figure

das *Recht,* –*e* right; justice; (pl.) law

die *Regel,* –*n* rule

regieren govern; *die Regierung,* –*en* government

das *Reich,* –*e* empire; realm

reif mature, ripe

die *Reihe,* –*n* row, series

reizen charm; irritate; *reizend* charming

rennen, rannte, gerannt (ist) run

retten save, rescue *(die Rettung)*

richten judge; direct *(die Richtung)*

der *Rücken,* – back

(sich) *rühren* touch, move, stir

der *Samstag* Saturday

sanft gentle, soft
schade too bad
schaden hurt
schaffen, schuf, geschaffen do;
  create, make; schaffen do; take
der Schatten, – shadow, shade
der Schatz, ̈e treasure; sweetheart
scheiden, ie, ie separate
schenken give
das Schicksal, –e fate
schieben, o, o push, shove, stick
schießen, o, geschossen shoot
schlank slender
schleichen, i, i (ist) creep, sneak
schließlich finally, after all
schlimm bad
der Schlüssel, – key
schmal narrow
schmecken taste (good)
der Schmerz, –en; schmerzen hurt,
  pain
schmutzig dirty
schrecklich terrible
der Schutz protection; schützen
  protect
schwierig difficult (die Schwierig-
  keit)
senden, sandte, gesandt (or reg.)
  send
senken lower, sink
seufzen; der Seufzer, – sigh
sobald' as soon as
sofort' immediately
sogar' even
der Sonnabend Saturday
der Sonntag Sunday
die Sorge, –n; sorgen worry; care
spazieren (ist); der Spaziergang, ̈e
  walk
die Spitze, –n point, head
spüren detect, sense, feel
statt-finden, a, u take place
die Stellung, –en position, job
der Stern, –e star
stimmen be correct
die Stirn(e), –(e)n forehead
der Stock, ̈e stick, cane; stor(e)y

stolz proud; der Stolz pride
stören disturb, interrupt (die Störung)
stoßen, ie, o push, strike, hit
die Strafe, –n punishment, penalty;
  strafen punish
strahlen beam, glow; strahlend
  radiant
streben strive
strecken stretch
streichen, i, i stroke; brush; paint;
  spread; cancel; (ist) move; rove;
  sweep
der Streit, –e; streiten, stritt, gestritten quarrel
streng severe, strict
der Strom, ̈e stream, current
die Stube, –n room, parlor
studieren study
die Stufe, –n step; stage
stumm silent, mute
stürzen (ist, hat) rush; fall;
  plunge; throw
stützen support, prop

das Tal, ̈er valley
die Tante, –n aunt
der Tanz, ̈e; tanzen dance
die Tat, –en deed
die Tatsache, –n fact
der Teufel, – devil
der Ton, ̈e sound, tone; tönen
  sound
das Tor, –e gate
die Träne, –n tear
trennen separate (die Trennung)
die Treppe, –n stair
trocken; trocknen dry
tropfen; der Tropfen, – drop, drip
der Trost; trösten comfort
trotz in spite of; trotzdem' although; in spite of that
das Tuch, ̈er cloth; shawl
tüchtig capable, sturdy
der Turm, ̈e tower

übel bad

üben *(die Übung)* practice, exercise

überraschen *(die Überraschung)* surprise

übersetzen translate *(die Übersetzung)*

überzeugen convince

übrig remaining, left over, other

übrigens incidentally; besides; in other respects

umgeben, a, e surround; *die Umgebung, –en* surroundings, vicinity

der *Umstand, ⸚e* circumstance

ungefähr approximate

ungeheuer enormous, monstrous

das *Unglück* unhappiness, misfortune, accident; *unglücklich* unhappy

unheimlich mysterious, uncanny, sinister

der *Unsinn* nonsense

unterbrechen, a, o interrupt

(sich) unterhalten, ie, a converse; entertain *(die Unterhaltung)*

der *Unterricht* instruction; *unterrichten* instruct

unterscheiden, ie, ie differentiate; *sich u.* be different; *der Unterschied, –e* difference

untersuchen investigate *(die Untersuchung)*

die *Ursache, –n* cause

der *Ursprung, ⸚e* origin

das *Urteil, –e* judgment; sentence; *urteilen* judge, pass sentence

verbergen, a, o hide, conceal

verbieten, o, o forbid

verbinden, a, u connect; *die Verbindung, –en* connection, combination, association

verbringen, verbrachte, verbracht spend (time)

verderben, a, o ruin, destroy

die *Vergangenheit* past

vergebens in vain

der *Vergleich, –e* comparison; *vergleichen, i, i* compare

das *Vergnügen,* – pleasure

das *Verhältnis, –se* relationship

verletzen injure, violate

vernehmen, a, vernommen hear

verraten, ie, a betray

verschieden different

vertrauen trust

verwandeln transform *(die Verwandlung)*

verwandt related; *der Verwandte (as adj.)* relative

verwirren confuse *(die Verwirrung)*

verwundern surprise *(die Verwunderung)*

das *Vieh* cattle; beast

vollen'den complete, perfect *(die Vollendung)*

vollkom'men perfect, complete

vollständig complete

voraus' ahead, in advance

vor-bereiten prepare

vorhan'den on hand, present

vorher' before (hand)

vor-kommen, kam vor, vorgekommen *(ist)* occur; appear

vorn(e) in front, ahead

der *Vorschlag, ⸚e* proposal; *vorschlagen, u, a* propose

die *Vorsicht* caution; *vorsichtig* cautious

vor-stellen represent, introduce; *sich v.* imagine

der *Vorteil, –e* advantage, profit

vor-ziehen, zog vor, vorgezogen prefer

wach awake; *wachen* be awake, wake

wagen dare

die *Wahl, –en* choice, election; *wählen* choose, elect

wahrschein'lich probable, likely, evident

–wärts –ward (s) (e.g. *rück–, seit–, vor–*)

der *Wechsel,* –; *wechseln* change

weder . . . noch neither . . . nor

weg away; gone

das *Weh* misery, pain; *weh* alas; *weh tun (tat, getan)* hurt

weich soft

weichen, i, i (ist) yield

weisen, ie, ie point, show

der *Wert, –e* value, worth

das *Wesen,* – being, creature; nature; system

wider against

wiederholen repeat *(die Wiederholung)*

wiegen, o, o weigh

die *Wiese, –n* meadow

willen: um . . . willen for the sake of

wirken (have an) effect; work

der *Wirt, –e* host, landlord, hotelkeeper

die *Wolke, –n* cloud

das *Wunder,* – miracle, wonder

(sich) *wundern* (be) surprised, wonder

die *Würde, –n* dignity; *würdig* dignified; worth

die *Zahl, –en* number; *zählen* count

zahlen pay

zart tender, delicate; *zärtlich* tender, affectionate

der *Zauber,* – magic, enchantment

das *Zeichen,* – sign

zeichnen draw; *die Zeichnung, –en* drawing

die *Zeile, –n* line

die *Zeitung, –en* newspaper

zerstören destroy *(die Zerstörung)*

das *Ziel, –e* goal, destination

ziemlich rather, fairly

zittern tremble

der *Zorn* anger; *zornig* angry

zucken tremble, twitch; shrug; flash

der *Zufall, ̈-e* chance, coincidence; *zufällig* accidental, by chance

zufrie'den content, satisfied *(die Zufriedenheit)*

zugleich' at the same time

zu-hören listen (to)

die *Zukunft* future

zu-machen close

zunächst' first (of all)

zu-sehen, a, e watch, observe

der *Zustand, ̈-e* condition

zuwei'len occasionally, sometimes, at times

der *Zweck, –e* purpose

der *Zweifel, –; zweifeln* doubt

der *Zweig, –e* branch, bough

zwingen, a, u compel

Lebendige Literatur

Part Two

WALTER BAUER Variety and contrast characterize the life of Walter Bauer. He is one of the better-known figures in postwar German literature, a member of the Deutsche Akademie für Sprache und Dichtung, recipient of the first Albert Schweitzer Prize (for a biography of Nansen), and author of an important work on the life of Van Gogh. But he is also a professor of German in University College of the University of Toronto. For years before the war (in which he served from 1940 to 1945) he had taught school in Germany, yet his principal degree is a Canadian B.A. which he received in 1957. He had left Germany in 1952 for Canada—to work at packing jobs, day labor, and dishwashing. Indeed, one of his best known books is entitled *Night Vigil of a Dishwasher (Nachtwachen des Tellerwäschers);* another is a collection of stories *Fremd in Toronto.* In terms of general literary development, Bauer has moved from a proletarian orientation to more generalized interest in ordinary human beings and their problems.

Quiet sympathy and sensitive insight speak from Bauer's stories. Their plots are neither violent nor flamboyant. They are outwardly simple, straightforward in the basic realism of their narration, yet markedly poetic in word and phrase. From the simple ways of ordinary men and women he draws pathos, humor, dignity, and above all the response of understanding. Two of his finest works appear on the following pages. Here, in the sudden revelation of a grown man's lost love and renewed grief, in the description of a child's awakening and a young man's maturing, Bauer shows his uncommon skill.

5. bedächtig *deliberate*
8. jedenfalls *in any event*
10. die Haut *skin, web*
11. um-spinnen† *spin all around*
12. überdies' *besides*
14. hängen an *be devoted to*
16. ernähren *nourish*

18. knarren *creak*
19. schlurfen *shuffle*
20. zu-fallen† *close*
21. der Wecker *alarm clock* · der Zuruf *call*

23. auf-stehen† *get up* · es ist soweit *it is time*

Die Tränen eines Mannes

by *Walter Bauer*

Wenn noch das ganze Haus schlief, ging er fort. Im Sommer geschah das eine Stunde früher als im Winter, aber immer waren seine langsamen Schritte die ersten auf der Treppe. Das Haus sank in den ruhigen Atem der Nacht zurück, da kam er manchmal erst wieder, bedächtiger als er gegangen war, ein 5 Arbeitstag° lag ja zwischen Gehen und Heimkommen. In all den Jahren, in denen ich zu Hause gewesen bin, ist es nicht anders gewesen, ich jedenfalls kann nicht davon reden, daß ich meinem Vater je einen Morgenkuß gegeben habe, als ich klein war — er arbeitete schon lange, wenn die Haut des 10 Traumes zerbrach, die mich in der langen Nacht umsponnen hatte — und überdies: mein Vater hat uns auch nie einen Kuß gegeben, nie war er zärtlich oder er zeigte es nicht, und so hielten wir uns zurück. Er war unser Vater; gewiß; er hing an uns, aber er zeigte es uns nicht. Er ging fort und kam wieder, 15 das war alles, und das ernährte uns, das war der Grund unserer Jugend. Manchmal, wenn der Schlaf gegen Morgen aus irgend-einem Grunde dünn geworden war, hörte ich das Knarren und an mir vorüber leis schlurfende Schritte; dann das Laufen des Wassers und nach einiger Zeit das Zufallen der Tür. Er 20 war gegangen. Er brauchte keinen Wecker, keinen Zuruf, es war, als lege ihm jemand im Schlafe die Hand auf die Schulter und sage: Steh auf, es ist soweit. Und er stand auf. Abends,

2. das Meine *my part* · der Stiefelknecht *bootjack*

5. wusch (waschen)

11. beneiden *envy*

14. erhöhen *elevate*
15. der Fuhrknecht *drayman*

17. gehorchen *obey*
18. die Tugend *virtue*
19. der Gaul *horse* · daher'-stampfen *stamp along*

21. die Schoßkelle *driver's box* · aufrecht *upright*

23. der Satz *sentence*

27. ab-schirren *unharness* · die Kiste *box*

29. der Gefangene *prisoner*
30. die Gewohnheit *habit*

33. unübersehbar *unmistakable*

35. von weither *from far away*

wenn er kam, kannte ich seinen langsamen Schritt genau, und
ich tat das Meine: ich holte den Stiefelknecht aus der Ecke,
ich stellte ihn vor den Stuhl. Von diesem Augenblick an war das
sein Stuhl. Am Tage konnten andere darauf sitzen, von jetzt
an niemand mehr außer ihm. Er wusch sich, aß, sah in die 5
Zeitung, schlief darüber schon beinahe ein, dann stand er auf,
sagte gute Nacht und ging wortlos, wie er die Arbeit angefangen und getan, zur Ruhe. An manchem Abend sprach
er nicht zwanzig Worte. Meine Sorgen haben andere erfahren,
nicht er; niemals wußte er von meinen Tränen. 10

Und er war doch mein Vater, um den mich alle beneiden
konnten. Manchmal traf ich ihn in der Stadt, zufällig, wenn
wir spielten oder wenn ich vom Zeitungstragen° kam; dann
wurde ich über alle erhöht. Mein Vater hatte ja Pferde. Sie
gehörten ihm nicht, er war nur Fuhrknecht in einem Bau- 15
geschäft°, aber niemals hätte ich denken können, sie gehörten
einem anderen als ihm. Er war ihr Herr, ihm gehorchten sie,
er kannte ihre Tugenden und ihre Krankheiten. Wenn die
schweren Gäule auf der Straße daherstampften, rannte ich
dem Wagen entgegen, schwang° mich hinauf und fuhr in der 20
Schoßkelle oder aufrecht stehend mit meinem Vater durch die
Stadt. Er sagte dann manchmal nur: da bist du ja. — Aber er
lächelte; das enthielt mehr Sätze, als er sagen konnte; ich las
alle heraus. Wenn es spät war und er in den Stall° fuhr, blieb
ich bei ihm, sprang dann ab und machte das alte Tor auf, er 25
fuhr in den stillen, dämmernden Hof, wir schirrten die Pferde
ab, er fütterte sie, ich saß auf einer Kiste, die sein Sitz° war, und
sah ihm zu. Dann ging ich neben ihm heim. Er hatte die
Hände auf dem Rücken wie ein Gefangener; aber das war so
seine Gewohnheit. Ich machte meine Schritte groß wie er und 30
war im Abendlicht° Blut von seinem Blut und war sein Sohn.
Ich weiß, er hat wie alle seine Kinder auch mich geliebt, es hat
dafür geringe, aber unübersehbare Zeichen gegeben.

Eines Tages nahm er mich mit über Land. Er mußte
manchmal von weither besondere Sachen holen; ich weiß nicht 35
mehr, was es an jenem Tage war. Dann mußte er schon
morgens gegen vier Uhr fortgehen, und es wurde Nacht über
seinem Kommen. Ich wurde damals dreizehn Jahre alt, der
Sommer war gekommen, die Ferien hatten angefangen. Am

1. das Brot   *loaf of bread, sandwich*

7. der Genosse   *companion*

12. das Gewoge   *waves, swirl*
13. wecken   *wake*

20. frösteln   *shiver* · kühl   *cool*
21. beständig   *unwavering, steady*
22. das Gewebe   *tissue, web*
23. hallen   *resound*
24. übergießen†   *suffuse*
25. der Vorhang   *curtain*
26. bauschen   *billow*
27. an-starren   *stare at* · taumeln   *stagger* · die Morgenröte   *dawn*
28. verzehren   *consume* · der Brand (brennen)
29. wiehern   *neigh*
30. der Aufbruch   *departure*
32. das Laubzelt   *canopy of leaves*

36. knallen   *crack* · die Peitsche   *whip*
37. der Hügel   *hill* · wogte auf und nieder   *swelled and sank (like waves)*

Abend sagte mein Vater zur Mutter, sie solle ihm ein Brot mehr mitgeben, er müsse über Land. In das, was sie miteinander redeten, sagte ich: „Nimm mich doch mit, Vater." Das war noch nie geschehen, keiner hatte daran gedacht. Er sah mich an; auch seine dunklen Augen waren langsam und fest 5 wie sein Schritt. Und als er zu Bett ging, früh wie immer, war es beschlossen, ich würde sein Fahrtgenosse sein. Ich dachte, ich könnte nicht einschlafen, ich sah den langen, unbekannten Reisetag° vor mir; aber die Nacht zog mich dann doch in ihren Grund. Ich meinte, ich hätte kaum die Augen zu- 10 gemacht, da legte jemand seine Hand auf mich und rief in das Gewoge der Träume: „Halb vier. Wenn du mitwillst, mußt du aufstehen." Mein Vater weckte mich, ich sprang aus dem Schlaf.

Noch nie hatte ich so früh in der Küche gesessen, dem 15 Vater gegenüber, noch nie in der Stunde zwischen Nacht und Morgenlicht° von meiner Mutter das Brot in die Hand bekommen, den dünnen, bitteren Kaffee getrunken.

Wir gingen. Wir waren die ersten Wachenden, das Haus schlief mit tiefem, ruhigem Atemzug°. Ich fröstelte. Kühl und 20 jung, von keinem gerufen und beständig kam das Licht aus Osten, die letzten Gewebe der Nacht sanken fort. Wir waren allein auf der Straße, einsam hallten unsere Schritte. Alles war neu, fremd, die von Licht übergossenen leeren Straßen, die Fenster, hinter denen die Menschen schliefen, die Vorhänge, 25 die sich im Morgenwinde° bauschten, ein Betrunkener, der uns anstarrte und forttaumelte. Die Morgenröte kam als ein lautloser, alles verzehrender Brand. Noch nie war ich so früh in den Stall eingetreten, das Wiehern der Pferde klang wie Ruf des Aufbruchs in den strahlenden Tag. 30

Wir fuhren durch die stille Stadt in das Land hinein. Der Wind saß in den Bäumen und griff in die vollen Laubzelte und weckte die Vögel mit rauschender Stimme. Alles begann den Tag. Ich saß neben meinem Vater in der Schoßkelle; dann war ich eingeschlafen und fand mich an ihn gelehnt, und er 35 sah mich an, lächelte, knallte mit der Peitsche, das Land mit seinen frischen Hügeln wogte auf und nieder, und der Tag schritt Stunde um Stunde in das Sommerlicht°. Manchmal stiegen wir ab, um uns etwas Bewegung zu machen, ich nahm

1. die Krähe *crow*

3. wischen *wipe*

7. laden† *load*
8. der Rückweg *way back* · rasten *rest*
9. das Gasthaus *inn*

13. die Landstraße *highway*

16. die Mütze *cap*
17. der Umweg *detour, roundabout way*

19. hin-kommen† *come, settle*

24. der Schuß (schießen) · ab-geben† *give, make*
25. sauber *neat*
26. Zur guten Einkehr: zu *at the sign of;* die Einkehr *stopover*
    (cf. "Bon Repos," "Boar's Head Inn") · das Schild *sign*
27. die Schrift *letters*

die Peitsche in die Hand und erschreckte die Krähen auf den Feldern. Dann nahmen wir das Brot heraus, mein Vater gab mir aus seiner blauen Kaffeeflasche° zu trinken, ich wischte mit der Hand darüber und trank, ja, auch ich war ein Fuhrknecht und ein Herr der Pferde gleich ihm, sein Besitz war der meine, ich hatte den gleichen Weg und das gleiche Leben.

Wir kamen ans Ziel, mein Vater lud auf, was er heimbringen sollte, und wir kehrten um. Auf dem Rückweg rasteten wir vor einem Gasthaus, mein Vater trank ein Glas Bier° und ließ mir eine Flasche mit süßer, roter Limonade° bringen. So schön war alles an diesem Tag.

Dann bogen wir nach einiger Zeit von der großen Landstraße ab und fuhren auf einem stilleren, schmalen Weg weiter. Mein Vater hatte auch an diesem Tage nicht viel gesprochen. Wenn Bauern vorüberkamen, hob er die Hand mit der Peitsche an die Mütze. Jetzt sagte er nur: „Wir machen noch einen kleinen Umweg, es ist ja noch Zeit." Und später, als wir durch schönen Wald fuhren, sagte er: „Hier hätte ich nun mal hinkommen können. Aber es ist nichts daraus geworden." — Ich verstand nicht, was er meinte — jetzt verstand ich es noch nicht, nachher schon und dann immer deutlicher und besser, nachher nämlich, als wir vor einem einsamen Gasthaus hielten und mein Vater dreimal mit der Peitsche einen knallenden Schuß abgab als ein Zeichen: Heraus wir sind da!

Es war ein schönes, großes, sauberes Haus, es hieß „Zur guten Einkehr", und das Schild war blau wie der Himmel, und die Schrift glänzte weiß auf himmelfarbenem° Grund. „Soll ich hingehen?" fragte ich, als niemand herauskam. — „Nein", sagte mein Vater „da kommt schon einer", und er lächelte. Ja, da kam auch einer, ein Mann mit grauem Haar trat heraus, sah herüber und kam zu uns. Wir sprangen ab.

„Ach, du bist es, Karl", sagte der Mann. Es war der Wirt von der „guten Einkehr". — „Du kommst zu spät", sagte er. Sie gaben sich die Hand, und ich stand vor ihnen, die Peitsche in der Hand. „Ist das dein Kleinster?" fragte er. — „Ja. Aber was ist denn mit dir los?" sagte mein Vater. — „Du weißt es nicht? Na ja, ich habe es ja auch nicht allen geschrieben, ich wußte nicht, wo mir der Kopf stand", — und dem Mann liefen mit einem Male die Tränen aus den Augen. Er nahm ein

1. rotgeblümt *red-figured* · das Taschentuch *handkerchief*

5. das Laub *foliage*

7. reiben† *rub*
8. das Geschirr *harness* · flammen (die Flamme)
9. verschwenderisch *profuse*
10. eigentümlich *peculiar, strange*
11. heiser *hoarse*

16. keine acht Tage *not even a week*
17. streicheln über *stroke*

19. an-fangen† = tun

21. laß nur *don't bother*

29. die Wirtschaft *innkeeping, household*

33. nebenher' *alongside*

35. nach-sterben† *to follow in death*

großes, rotgeblümtes Taschentuch hervor und wischte, aber die Tränen hatten kein Ende. „Du weißt es noch nicht?" sagte er, „Anna ist doch tot. Vor sechs Wochen".

Dann waren sie beide still, und ich stand zwischen ihnen und sah die Männer an. Es war so still in der Welt, das Laub 5 rauschte im Sommerwind°, die Wolken zogen auf großer Fahrt durch den Himmelsraum°, die Pferde rieben sich an ihrem Geschirr und schlugen nach den Fliegen, die Sonne flammte ihren Glanz verschwenderisch auf die Erde, aber es war still und eigentümlich kühl. 10

„So", sagte mein Vater, seine Stimme war heiser, „ja, und das hab ich nicht mal gewußt, daß Anna — das hättest du mir doch schreiben können."

„Ich wußte auch nicht deine Adresse°", sagte der Mann, „ich hab's vergessen, es ist ja so schnell gegangen, keine acht 15 Tage." Vielleicht war es nur Zufall, daß mein Vater mit seiner Hand an meinen Kopf kam und über das Haar streichelte. — „Du hast sie doch auch gut gekannt, Karl", sagte der Mann. „Ich weiß nicht, was ich anfangen soll. Wollt ihr nicht hereinkommen und was trinken?" 20

„Nein, nein, laß nur, heute nicht," antwortete mein Vater. „Ich komme bald mal wieder her, aber heute wird es sonst zu spät."

Sie schwiegen, und ich stand bei ihnen und begriff nicht alles, aber manches doch. Da war jemand gestorben, den auch 25 mein Vater gut gekannt hatte, und es tat ihm sehr leid.

„Mach es dir nur nicht zu schwer", sagte er, „hörst du," — und er legte ihm die Hand auf die Schulter. „Also, ich komme bald mal. Ist denn einer da, der dir in der Wirtschaft hilft?"

„Ja, meine Schwester ist gekommen." 30

Sie gaben sich die Hand, mein Vater drehte sich langsam um, ich sprang in die Schoßkelle, wir fuhren davon. Mein Vater ging nebenher und wandte sich nicht um. Ich tat es, aber niemand stand draußen, die Tür war geschlossen, es war, als sterbe das Haus der toten Frau nach. 35

In den langen Stunden der Heimfahrt° in die Dämmerung und in den Abend hinein sagte mein Vater kein Wort mehr. Ein Schatten war über den Tag gekommen, wir hatten ihn am Morgen noch nicht gekannt. Die Sonne hatte ihren Schein

1. ward = wurde
2. an-brennen† = anzünden

5. auf mich zu *toward me* · bange *afraid, uneasy*

8. die Pracht *splendor*

10. das Gewölbe *vault* · jäh = plötzlich · der Sturz (stürzen) · verflammen *burn up*

13. ein-hüllen *wrap up in*

18. das Bund *bundle, bale* · das Stroh *straw*
19. die Futterkiste *feed bin* · funkeln *sparkle*
20. das Korn *grain* · matt *dull*

22. die Sättigung *satiation*
23. fließen† *flow*
24. die Ader *vein*

26. so, wie *as*

28. die Woge *wave* · die Schwalbe *swallow*
29. der Balken *beam* · der Blitz *bolt (of lightning)*

31. bedrängen *oppress, harass*
32. die Brut *brood*
33. das Heu *hay*
34. die Ritze *crack*

36. sich Sorgen machen *worry*
37. sich regen = sich bewegen

verloren, kühl ward die Nacht. Mein Vater brannte die Laterne an, ich saß neben ihm, schlief ein, wachte auf und sah den Sternenhimmel° wachsen. Wenn ich im Fahren lange hinaufsah, war es mir, als käme der ganze Himmel auf mich zu, und mir war bange. Es war so einsam. Die Bäume rauschten 5 so anders als am Tag, der Fluß, über den wir fuhren, hatte eine dunkle böse Stimme. Warum hatte der Tag seinen Glanz verloren? Warum ängstigte° mich die Pracht des Himmels? Warum erschrak ich, als ein Stern sich von dem mächtigen Gewölbe löste und sich in jähem Sturz verflammte? „Frierst 10 du?" fragte mein Vater. — „Nein", sagte ich, aber ich fror, und er wußte es und nahm vom Wagen eine Decke und hüllte mich ein; ja, er war mein Vater.

In der Nacht, unter den still und grenzenlos brennenden Feuern des Himmels, kehrten wir in die Stadt zurück, und sie 15 war ohne Laut wie am Morgen. Die Pferde freuten sich auf den Stall. Wir schirrten sie ab, mein Vater fütterte sie, und ich saß auf einem Bund Stroh und sah ihm zu, er beugte sich über die Futterkiste, das Licht der kleinen Lampe° funkelte in den Körnern, als wären sie mattes Gold. Die Pferde begannen 20 zu ruhen, der Stall war erfüllt° von den Geräuschen ihrer Zufriedenheit und der Sättigung. Ein langer Arbeitstag war es für sie gewesen, und jetzt floß die Müdigkeit wie ein dunkler Strom langsam auch durch ihre Adern.

„Wir müssen noch ein Weilchen warten", sagte mein Vater. 25 Er setzte sich auf die Kiste und beugte sich etwas vor, so, wie ein Mann am Ende des Tagewerkes dasitzt. Die Nacht kam in mächtigen Wogen in den Stall. Die Schwalben oben in dem Nest auf einem Balken, die tags° wie blaue Blitze durch das offene Fenster zuckten, schliefen. Ich hörte einen Laut wie ein 30 ganz feines Seufzen; träumten die Schwalben auch, bedrängte auch sie etwas im Schlaf? Die Mäuse, deren junge Brut ich manchmal in den Ecken fand, all die Wesen in Heu und Stroh, in den Ritzen der Steine, im ganzen Haus, sie schliefen.

Ich sah meinen Vater an. Wir mußten nun gehen, es war 35 schon spät, die Mutter machte sich vielleicht Sorgen um uns. Aber er saß, als schliefe er, als sei er gestorben; er regte sich nicht. Seine Hände hingen zwischen den Knieen° herab, als hätten sie kein Leben mehr. An ihm lebten allein seine Augen.

3. strömen (der Strom)
4. feucht *moist*
5. die Nebelflut *hazy sea*

16. der Kummer *sorrow*

Ostern *Easter*

1. der Feiertag *(day of) holiday*

5. segnen *bless*

Tränen flossen heraus. Mein Vater weinte, aber anders als andere Menschen, ich hörte nichts. Sein Mund war geschlossen, seine Augen nur strömten über, und ich sah im Licht den feuchten, schmalen Weg der Tränen. Und nun plötzlich riß es wie ein Blitz in die Nebelflut der Müdigkeit: ich sah ihn 5 weinen und begriff alles und wußte alles und wußte, daß ich kein Kind mehr war, daß in der Welt nicht alles so war, wie es Kindern gesagt wurde, ich war wach geworden, der ganze Tag verschwand, als sei er nie gewesen, und übrig blieb nur dieser Augenblick, mein Vater, wie er auf der alten Kiste saß, 10 die Augen überfließend vom Schmerz um jemanden, der gestorben war, einen, den er geliebt hatte, den er mehr liebte als der Mann vor dem Gasthaus, mit dem er sein Leben hatte verbringen wollen, und es war nichts geworden. Die Kindheit° zersprang mir, und ich fing an zu wissen, daß auch ein Vater 15 nicht nur Vater ist und daß er Kummer hat; daß er leiden kann.

Ich stand auf, und da wußte mein Vater wohl erst wieder, daß ich da war. Er nahm sein Taschentuch hervor und wischte über das nasse Gesicht. Er sagte: „Du brauchst davon nichts 20 zu erzählen, hörst du?" Er sah noch einmal nach den Pferden und fuhr mit der Hand über ihre glänzenden Rücken. Dann gingen wir.

Der Osterbesuch

by Walter Bauer

Am zweiten Feiertage, wie in jedem Jahr zu Ostern, gingen wir über Land zum Bruder meines Vaters. Er war unser Onkel; auch mein Vater nannte ihn vor uns und der Mutter so. Er war der einzige Onkel, den wir besaßen, wir waren auch damit nicht reich gesegnet. Gut, daß wir diesen einen hatten, und 5

3. der Teller   *plate* · ertragen†   *bear*
4. das Gewicht   *weight* · die Mahlzeit   *meal*

6. bürsten   *brush*
7. kämmen   *comb*
8. widerstehen†   *resist*
9. mit der Schere brennen   *curl (with a curling iron)* · zu viert *the four of us*
11. die Burg   *castle, citadel* · die Armut   *poverty* · mühsam *with difficulty* · verteidigen   *defend*
12. der Teich   *pond*
13. die Braut   *fiancée* · ab-holen   *fetch*

16. die Schar   *group* · bewachen   *guard*
17. die Ebene   *plain* · über . . . hin   *over*
18. die Weide   *willow* · der Bach   *brook*
19. riechen†   *smell*

30. der Bauernhof   *farm*
31. die Zelle   *cell*

wenn die Mutter sagte: „Wir gehen am zweiten Feiertag zum
Onkel", hatten wir das Recht, an einen Tisch zu denken, der
unter den vollen Tellern brach; unser Tisch ertrug leicht das
Gewicht der Mahlzeiten, die darauf standen.

An diesem Tage aßen wir früher zu Mittag; dann bereiteten 5
wir uns vor. Mein Vater zog seinen guten Anzug an, bürstete
den Hut, kämmte sein dichtes schwarzes Haar, das dem Alter
lange widerstand, meine Mutter suchte ihr Feiertagskleid°
heraus und brannte sich mit der Schere die Haare. Zu viert
gingen wir aus dem Haus. Das Haus blieb immer die gleiche 10
alte Burg, in der sich die Armut mühsam verteidigte; aber wir
kamen uns alle jetzt wie neu vor. Am Teich trafen wir meinen
Bruder Hermann, der seine Braut abgeholt hatte, und nun
waren wir sechs.

Das Dorf, das war für uns nicht der Turm der Kirche, der 15
die Schar der Häuser bewachte und uns schon von weitem
über die Ebene hin zurief: Ich erwarte euch: hier ist alles
vorbereitet. Es waren nicht die Weiden am Bach oder die leere
Straße oder die stillen Höfe, aus denen es nach Feiertag roch.
Das Dorf war für uns der Tisch, der auf uns wartete. Wir 20
waren von zu Hause fortgegangen, um uns an einen Tisch zu
setzen, der ganz einfach eine Herrlichkeit° war. Sie war in
jedem Jahr die gleiche, und sie war immer neu; bestand aus
großen Tellern, auf denen Kuchen der verschiedensten Art in
langen, nicht zu schmalen Stücken aufgebaut war. Wir saßen 25
dann zu sechst um den Tisch, nicht gekommen um viel zu
reden, sondern um viel zu essen.

Doch meinem Vater wurden andere Freuden geschenkt als
uns, und er sah andere Dinge als wir oder er sah die gleichen
Dinge des kleinen Bauernhofes mit anderen Augen. Wenn er 30
das Hoftor geöffnet hatte, war er in die innerste Zelle seiner
Heimat eingetreten. Wir, seine Kinder, waren Arbeiterkinder°,
wir gehörten der Stadt, und sie gehörte uns. Doch er war hier
geboren worden, ein jedes Ding sagte zu ihm, mit so leiser
Stimme, daß wir es nicht hören konnten: Erinnere dich — 35
und er erinnerte sich. An diesem Tage, der in jedem Jahr
wiederkehrte, wurde er wieder ein wenig der zweite jüngere
Bruder, dem es zwar nicht mehr erlaubt war, diese Dinge,

2. das Eigentum   *property*

10. die Folge   *sequence*

14. die Scheune   *barn* · die Ernte   *harvest*

18. fruchtbar   *fruitful, fertile* · rinnen†   *run*

21. langweilig   *boring*

28. die Ferne = die Entfernung

30. der Jahrmarkt   *fair*
31. her   *ago*
32. die Wunde   *wound*

37. die Ausruhstille   *restful silence*
38. schnobern   *nuzzle*

dieses Haus, die Stube, alles, was um ihn war und ihm Erinnerungen zurief, als sein Eigentum zu betrachten, aber er war wiedergekommen und war hier zu Hause. Er war in die Stadt gegangen, und dieser Weg hatte ihn von allem entfernt, weiter als nur die Stunde, die man gehen mußte, um in die Stadt zu 5 kommen. Er hatte wie jeder das Glück gesucht und wie viele die Armut und die Arbeit gefunden, und dann waren wir gekommen, seine Kinder, für die er sich müde machte.

In jedem Jahr hatten die Stunden des zweiten Ostertages° die gleiche Folge. Als die Teller leer waren und noch etwas 10 geredet worden war, blieben die Frauen und mein Bruder am Tisch sitzen und sprachen mit der Tante und ihren Töchtern. Mein Vater und der Onkel gingen durch die Ställe°, um das Vieh anzusehen, und in die Scheune, um von der letzten Ernte zu sprechen, und ich ging mit ihnen und hörte, was sie sagten. 15 Sie sprachen wenig. Die Hand, die mein Vater auf den Kopf einer Kuh legte und mit der er das Korn griff, um es wie fruchtbaren Sand durch die Finger rinnen zu lassen, diese Hand sagte mehr. Ich ging mit ihnen, meine Mutter hatte es ja gesagt, daß ich mitgehen sollte und am leeren Tisch war 20 es mir zu langweilig. Ich war sechzehn. Alle bei uns zu Hause sagten „Kleiner" zu mir; ich war der Jüngste, ich war noch gekommen, als keiner mehr mit mir rechnete.

Ich ging nicht allein hinter meinem Vater und dem Onkel her. Neben mir ging meine Kusine° Luise; sie war ein Jahr 25 älter als ich. Jedes Jahr, wenn wir kamen, war sie größer geworden, und jetzt, als wir nebeneinander gingen, wußte ich nicht, was ich sagen sollte; sie ging in weiter Ferne von mir, ferner als die Mädchen, mit denen wir in unserer Stadt abends vor den Häusern standen oder auf den Jahrmarkt gingen. 30

Es ist lange her, sehr lange. Wir haben alle im scharfen Winde der Zeit gestanden und Wunden erhalten. Mein Vater und meine Mutter — träumen sie im Schweigen der Erde noch von dem Tisch, an dem wir saßen, oder wovon zu träumen ist den Toten erlaubt? Ich beuge mich über meine Ver- 35 gangenheit, ich betrachte diesen Ostertag, diesen einen von allen. Ich fühle die Ausruhstille, die in den Ställen lag, und die Wärme°, die sich schnobernd in meine Hand legte. Der Feiertag ruhte im Stroh, und die Schwalben

1. blitzen *flash* · der Flug *flight*

4. das Schwein *pig*
5. entschlüpfen *slip out*
6. sich auf-richten *straighten up*

16. schmelzen† *melt*
17. das Abendbrot *supper*

19. der Friedhof *cemetery*

28. unverwandt *fixedly*

31. zusam'men-brechen† *collapse*
32. der Zaun *fence*
33. die Kohlengrube *coal mine*

37. der Bagger *excavator*

39. der Block *boulder*

brachten in blitzendem Fluge das Licht herein. Ich sehe Luise.
Sie ging neben mir, wir sprachen etwas miteinander, und dann,
während mein Vater und der Onkel an der Futterkiste standen,
sah ich, daß sie sich zu den kleinen Schweinen niederbeugte,
die ihren Händen entschlüpften, und als sie sich wieder 5
aufrichtete, sah ich, daß sie ein junges Mädchen war. Sie war
meine Verwandte gewesen, und jetzt war sie ein Mädchen. Und
ich — wer war ich geworden? In mir hatte das Holz für dieses
Feuer bereit gelegen, und jetzt, in diesem Augenblick, erhob
sich die Flamme° und verzehrte mich, und als Luise sich auf- 10
richtete, sah sie mich an.

Als wir aus der Scheune zurückkamen und an der Haustür
standen, rief mein Onkel hinein, daß wir in den Feldgarten°
gehen wollten. Auch das war ein immer wiederkehrender Teil
des zweiten Ostertages. Der Feldgarten lag zwischen dem 15
Kuchen, der von den Tellern weggeschmolzen war, und dem
Abendbrot. Mein Bruder und die Frauen und Mädchen kamen
aus dem Hause, und langsam gingen wir durch das Dorf, an
der Kirche und am Friedhof vorbei, in dem die toten Bauern
in ihrem noch stilleren Ostertag ruhten, hinaus zum Feld- 20
garten. Luise ging bei den Mädchen und meinem Bruder, der
ihnen Dinge erzählte, über die alle lachten. Meine Mutter und
die Tante gingen zusammen, und ich war bei meinem Vater
und Onkel. Sie waren Brüder. Ihre Hände lagen auf dem
Rücken, als seien sie Gefangene, ihre Schritte waren die 25
Schritte von Bauern, und sie sprachen von dem Land, das dem
einen gehörte und das der andere verloren hatte. Ich hörte,
was sie sagten, und sah unverwandt dorthin, wo Luise war.
Es war sehr viel zwischen uns; doch jedesmal, wenn sie sich
umdrehte und das Licht ihrer Augen in mein Herz eindrang, 30
brach der Raum zusammen.

Wir standen dann am Zaun des Feldgartens und sahen über
die Ebene zu den Kohlengruben hin. Von Jahr zu Jahr
schoben sie sich näher an das Dorf heran, und mein Onkel
sagte, daß man davon spreche, sie müßten eines Tages fort, 35
weil unter dem Dorf Kohle° liege. Heute schwiegen die
Bagger, und die Werke ruhten.

Ich ging von ihnen fort, an das Ende des Gartens, dorthin,
wo ein Wall° von Feldsteinen° und Blöcken ihn vor der

1. die Dünung *undulation, swell*
2. die Lerche *lark* · der Acker *field* · der Gesang *song*

4. ernten (die Ernte)

6. niedrig *low*

12. durchsichtig *transparent* · der Kern = die Mitte

16. erbeben *tremble*
17. begehren *wish for*

19. errichten *erect*

21. unsäglich *inexpressible* · die Anstrengung *exertion, effort*

25. die Tiefe *depths*

35. bedecken *cover*
36. auseinan'der *apart*

38. die Flut *(flood) tide*

Ebene schützte, die mit sanfter Dünung heranfloß. Ich hörte die Lerchen über den Äckern. Sie trugen ihre Gesänge mühelos empor, um sie auf den Rändern der großen Wolken niederzulassen und in der Luft neue Lieder zu ernten. Lachen und Stimmen kamen aus dem Garten zu mir her, von sehr weit, und ich stand hinter dem niedrigen Wall wie an einer Grenze zwischen einem Land, das ich verlassen hatte, und einem andern, das ich nicht kannte und das zu kennen ich verlangte. Die Ebene, der Himmel, die Wolken, die Dinge, alle bewegten sich um mich, aber sie waren nicht mehr das, was sie gestern und alle Zeit gewesen waren. Sie waren ein Teil des Feuers, in dessen durchsichtigem Kern ich stand, von der Flamme verzehrt.

Ich wartete, ich hörte die Schritte, ehe sie sich, zwischen den Bäumen hindurch, langsam zu mir bewegten; sie traten in mich ein, und ich erbebte. Ich fühlte die Nähe dessen, den ich bei mir haben wollte, um seine Nähe zu begehren und zu fürchten, ehe sie neben mir stand, an der Grenze des Walles, den mein Vater und der Onkel einst aus Feldsteinen errichtet hatten.

Ich wandte mit unsäglicher Anstrengung meinen Kopf zu ihr, und wir sahen uns an. Dann blickten wir beide in den Garten zurück, als läge dort etwas, was wir verlassen hatten. Sie stand dicht neben mir, und ihr Kopf erhob sich auf dem schmalen, hellen Hals, der aus der Tiefe emporwuchs.

Ich legte meinen Arm um sie. Aber ich glaube, daß nicht ich es war, denn ich hatte die Kraft nicht dazu. Jemand, der die Stunde für gekommen hielt, ergriff° meinen Arm, erhob ihn und legte ihn um ihre Schulter. Er war es, der meiner Hand die Kraft gab, Luise zu mir zu ziehen, und ich trat ihr entgegen, ohne mich zu rühren, ganz nahe, so nahe, daß zwischen uns nichts mehr war.

Wir haben dann den dritten Teil des Ostertages begonnen und saßen wieder am Tisch, den die Herrlichkeiten des Abendbrotes bedeckten. Ich aß wie alle, und die Welt war auseinandergefallen, damit eine neue Welt hervorbräche, und ich aß von dem Bauernbrot° und dem Fleisch.

Die Flut des Abends floß in die Dämmerung, und als wir

2. ein-nehmen† *assume*
3. lebt wohl *farewell, good-bye*
4. das Paket′ *package*

6. Abschied nehmen *take leave*

18. vorig *last, previous* · -lein = -chen
19. stehen† = sein

21. brummen *drone*

25. der Fremdling *stranger*

vor das Haus traten, hatten die Sterne ihre alten Orte ein-
genommen. Der Himmel war wie von Flammen erfüllt°. Lebt
wohl, sagten wir, es war schön wie immer, und mein Vater
trug ein Paket mit Kuchen für den kommenden Sonntag. Die
guten Dinge hatten ihre Ordnung. Heute, an diesem Abend, 5
war es nicht nur mein Vater, der Abschied nahm von dem,
was ihm gehört hatte. Alle gaben einander die Hand, und
auch ich streckte meine Hand aus. Die Hand von Luise —
das war sie ganz, ihre Augen, ihr Gesicht, ihr Mund, alles.
Leb wohl. Und ehe wir in die Dorfstraße° einbogen, wandte 10
ich mich um und sah ihr Kleid wie ein wenig Licht in der
Dunkelheit. Leb wohl.

Wir gingen dorthin, wohin wir gehörten. Die Stadt wartete
auf uns, und wir wanderten ihr auf der Straße entgegen. Was
immer gewesen war, an jedem zweiten Ostertag seit vielen 15
Jahren, das war auch heute: meine Mutter fing an zu singen,
und die Stimmen der anderen folgten ihr. Wir hatten es auch
im vorigen Jahr gesungen. „Weißt du, wieviel Sternlein
stehen?" Niemand wußte es. Ich hörte die Stimme meines
Vaters. Er konnte nicht singen, aber die Nacht nahm auch 20
dieses zufriedene Brummen an. „Sing doch mit, Kleiner", sagte
meine Mutter. Ich sang nun auch, und die alten Lieder
singend, mit denen wir dem Ostertage unseren Dank sagten,
gingen wir der Stadt entgegen. Ich sang, aber ich war ein
Fremdling unter ihnen. 25

SUGGESTIONS By metaphor and analogy the poem compares human life ("us"; more specifically the cleric and critic Alfred Focke to whom the poem is dedicated) with another living thing, biologically far removed. The first element contrasts: the trees rooted firmly; we, compelled to struggle ahead. The second equates: both are vulnerable, to hurt and death. How do lines 8–11 apply to each member of the comparison? "So wachsen" is as much imperative as indicative or infinitive. What is the message? What are the metaphorical values of the directions and manner of growing?

3. fußen *rest, stand, be based*   4. verwundbar *vulnerable*
13. in die Höhe *upward*   16. aus-breiten *spread out*

Bäume

Ihr ja ihr.

Ruhig auf der dunklen
Erde fußend.

Doch verwundbar
wie wir,   5

die wir uns vorwärts-
kämpfen° müssen.

Nützlich oder
einfach schön

und immer etwas   10
Neues bedeutend.

So wachsen:

In die Höhe,
in die Tiefe°

und mit   15
ausgebreiteten Armen.

für Alfred Focke

HEINZ PIONTEK

MARIE LUISE KASCHNITZ is one of the most respected women writers in contemporary German literature. Born in 1901, she established herself as a book-dealer, moved to Rome, there married a well known archeologist—their visits to the great sites of Mediterranean antiquity are an abiding influence in her work—and returned to Germany in 1941. Only with the collapse of her country in 1945 did she begin to write extensively; and her *Rückkehr nach Frankfurt* (1947), her essays *Menschen und Dinge 1945*, and her lyrics of the period chronicle that collapse, record its agony, and establish a slender new base of reconciliation. The death of her husband constituted, in a private way, a similar experience of devastation, again recorded in poems of pain and transitoriness, followed by words of hope. Some of her most sensitive work and perhaps her most penetrating search for the exemplary, the mysterious, and the transcendent in ordinary lives is to be found in collections of stories written in the '60's: *Ferngespräche* ("Long Distance Calls"), and the volume from which the present story is taken: *Lange Schatten*.

In an everyday environment among everyday people, *Schneeschmelze* raises symbolic questions of responsibility, guilt, and expiation. Typically, it leaves all these questions at least in part open. To what extent are the parents responsible for the criminal aberration of their foster-son, apparently an autistic child? Could the parents have saved the boy at the time he escaped from the institution? What is the meaning of the mother's self-imposed trial by exposure to danger? Is this symbolic self-sacrifice? Is guilt or fear expunged; is freedom attained? What is the bearing on these questions of the natural surroundings at the very end of the story?

---

die Schneeschmelze *thaw*
1. das Stockwerk = der Stock   2. das Mietshaus *rented house*
3. der Belag *(floor) covering* · der Spritzer *spatter* · der Nußbaumschrank *walnut wardrobe*   4. die Vitri'ne *glass case* · der Sessel *armchair* · das Schaumgummipolster *foam rubber cushion*   5. der Bezug *covering* · die Einrichtung *furnishings* · altmodisch *old-fashioned*   6. gemütlich *comfortable, pleasant*
7. tauen *thaw* · schmelzen† *melt*   8. die Dachrinne *eaves trough, gutter* · rutschen *slide* · das Paket' *pack*   9. die Schräge *slope (of roof)* · vorbei'-stäuben *fly past in powdery clouds*   15. die Seifenbrühe *soap suds*   16. der Strumpf *stocking* · der Aal *eel* · winden† *twist* · spritzen *flick*
22. der Laden *(outside, roll-down) shutter*

Schneeschmelze

by Marie Luise Kaschnitz

Die Wohnung lag im zweiten Stockwerk eines großen, hellen
Mietshauses, auch die Zimmer waren hell und freundlich,
blauer Linoleumbelag mit weißen Spritzern, Nußbaumschrank
mit Vitrine, Sessel mit Schaumgummipolster, tomatenroter°
Bezug. Die Kücheneinrichtung noch altmodisch, aber frisch 5
gestrichen, schneeweiß und gemütlich, mit Sitzbank° und
großem Tisch. Draußen war Tauwetter, der Schnee schmolz,
tropfte von der Dachrinne, rutschte in dicken Paketen von der
Schräge und stäubte am Fenster vorbei. In der Küche stand
die Frau, als der Mann von der Arbeit heimkehrte. Es däm- 10
merte schon, es war beinahe sechs Uhr. Sie hörte, wie er die
Wohnungstür von außen mit seinem Schlüssel öffnete und sie
dann von innen wieder abschloß, auf die Toilette° ging,
zurückkam, die Tür hinter ihrem Rücken öffnete und guten
Abend sagte. Da erst nahm sie die Hände aus der Seifenbrühe, 15
in der lange Strümpfe sich wie Aale wanden, spritzte die
Tropfen von den Fingern, drehte sich um und nickte ihm zu.

Hast du die Tür abgeschlossen? fragte sie.

Ja, sagte der Mann.

Zweimal? fragte die Frau. 20

Ja, sagte der Mann.

Die Frau ging zum Fenster und ließ den Laden herunter.

1. der Spalt   *crack*
2. die Pappe   *cardboard* · nageln   *nail*

4. das Handwerkszeug   *tools*
5. grob   *coarse, rough*
6. kleben   *stick* · der Neger   *Negro*
7. blitzen   *flash* · der Zahn   *tooth*
8. verrichten   *do*

11. die Röhre   *tube, bulb*
12. der Herd   *range, stove* · flimmern   *flicker*
13. der Ausguß   *sink*
14. der Wasserhahn   *faucet*

18. der Kühlschrank   *refrigerator* · die Platte   *platter* · die
    Wurst   *sausage*
19. der Schinken   *ham* · die Salzgurke   *cucumber pickle* · die
    Schüssel   *dish*
20. der Kartof′felsalat′   *potato salad* · flechten†   *weave*
21. der Korb   *basket* · die Wachstuchdecke   *oil cloth*
22. das Leinen   *linen* · das Muster   *pattern, design*
23. bewimpelt   *with pennants*
25. der Flur = der Korridor

35. die Polizei′   *police*
36. an·legen   *set up*
37. höhnisch   *sarcastic* · der Polizist′   (*cf.* Polizei)

Mach noch kein Licht, sagte sie, es ist ein Spalt im Laden, wenn du ein Stück Pappe davor nageln könntest, wäre es gut.

Du bist zu ängstlich, sagte der Mann.

Er ging hinaus und kam mit Handwerkszeug und einem Stück grober Pappe zurück. Auf die eine Seite der Pappe war 5 ein Bild geklebt, ein Neger mit einem roten Halstuch und blitzenden Zähnen, und der Mann nagelte die Pappe so an, daß man den Neger von innen sah. Er verrichtete seine Arbeit in dem bißchen Licht, das vom Korridor° in die Küche fiel, und kaum daß er fertig war, ging die Frau hinaus, drehte 10 draußen das Licht aus und schloß die Tür. In der Neonröhre über dem Herd zuckte und flimmerte es, plötzlich war der Raum strahlend hell, und der Mann ging an den Ausguß, wusch sich die Hände unter dem Wasserhahn und setzte sich an den Tisch. 15

Jetzt will ich essen, sagte er.

Ja, sagte die Frau.

Sie nahm aus dem Kühlschrank eine Platte mit Wurst, Schinken und Salzgurken und stellte eine Schüssel voll Kartoffelsalat dazu. Das Brot stand in einem hübschen geflochtenen 20 Körbchen schon auf dem Tisch, auf einer Wachstuchdecke, die wie Leinen aussah und die ein Muster von kleinen, lustig bewimpelten Schiffen zeigte.

Hast du eine Zeitung? fragte die Frau.

Ja, sagte der Mann. Er ging wieder in den Flur hinaus, kam 25 zurück und legte die Zeitung auf den Tisch.

Du mußt die Tür zumachen, sagte die Frau. Das Licht fällt durch die Glastür auf die Treppe, jeder kann sehen, daß wir zu Hause sind. Was steht in der Zeitung? fragte sie.

Es steht etwas darin von der Rückseite° des Mondes, sagte 30 der Mann, der die Tür zugemacht und sich wieder hingesetzt hatte und der nun anfing, Kartoffelsalat und Wurst zu essen. Auch über China etwas und über Algier°.

Das will ich nicht wissen, sagte die Frau. Ich will wissen, ob die Polizei etwas tut. 35

Ja, sagte der Mann. Sie haben eine Liste angelegt.

Eine Liste, sagte die Frau höhnisch. Hast du Polizisten auf der Straße gesehen?

Nein, sagte der Mann.

1. der Bock   *ram (part of name of inn or tavern)*

4. angestrengt   *intently*

12. das Geschirr   *dishes* · zusam'men-räumen   *clear*
13. sich bemühen   *make an effort, try*
14. der Lärm   *noise*
15. an-stecken   *light*
16. an-merken   *tell (by looking at)*

19. aus-spülen   *rinse*
20. die Klammer   *here: hanger*
21. die Heizung   *heater, radiator*

24. der Rotzkerl   *bum*

28. ein-drücken   *break in*

31. der Haken   *hook*

35. ab-holen   *fetch*

38. die Totenkammer   *morgue*

Auch nicht vor dem Roten Bock an der Ecke?

Nein, sagte der Mann.

Die Frau hatte sich an den Tisch gesetzt, sie aß jetzt auch, aber wenig, und die ganze Zeit über horchte sie angestrengt auf jedes Geräusch, das von der Straße her drang. 5

Ich begreife dich nicht, sagte der Mann, ich wüßte nicht, wer uns etwas tun sollte, und warum.

Ich weiß schon wer, sagte die Frau.

Außer *ihm* wüßte ich niemanden, sagte der Mann, und *er* ist tot. 10

Ich bin ganz sicher, sagte die Frau.

Sie stand auf und räumte das Geschirr zusammen und fing auch gleich an, es abzuwaschen, wobei sie sich bemühte, so wenig Lärm wie möglich zu machen. Der Mann steckte sich eine Zigarette° an und starrte° auf die erste Seite der Zeitung, 15 aber man konnte ihm anmerken, daß er nicht richtig las.

Wir haben ihm nur Gutes getan, sagte er.

Das will nichts heißen, sagte die Frau.

Sie nahm die Strümpfe aus der Schüssel, spülte sie aus und hing sie an hübschen blauen Plastikklammern über der 20 Heizung auf.

Weißt du, wie sie es machen? fragte sie.

Der Mann sagte, nein, ich will's auch nicht wissen, ich fürchte mich nicht vor diesen Rotzkerlen. Ich will die Nachrichten hören. 25

Sie klingeln, sagte die Frau, aber nur wenn sie wissen, daß jemand zu Hause ist. Wenn niemand aufmacht, drücken sie die Glastüre ein, sie kommen ins Zimmer, mit dem Revolver in der Hand.

Hör auf, sagte der Mann, Hellmuth ist tot. 30

Die Frau nahm das Handtuch° von einem Plastikhaken an der Wand und trocknete sich die Hände ab.

Ich muß dir etwas erzählen, sagte sie, ich habe es bisher nicht tun wollen, aber jetzt muß ich es tun. Damals, als ich von der Polizei abgeholt wurde. . . . 35

Der Mann legte die Zeitung auf den Tisch und sah seine Frau erschrocken an. Ja? fragte er.

Sie haben mich in die Totenkammer geführt, sagte die

11. in Ohnmacht fallen   *faint*

25. das Kräuselhaar   *curly hair* · urplötzlich   *with great suddenness*

Frau, und der Polizist hat angefangen, einen abzudecken°, aber langsam, von den Füßen an.

Sind das die Schuhe Ihres Sohnes? hat er gefragt, und ich habe gesagt, ja, es sind seine Schuhe.

Ist es auch sein Anzug? hat der Polizist weiter gefragt, und ich habe gesagt, ja, es ist sein Anzug. 5

Ich weiß, sagte der Mann.

Ist es auch sein Gesicht? hat der Polizist am Ende gefragt und hat das Leinentuch ganz zurückgeschlagen°, aber nur einen Augenblick, weil das Gesicht ganz zerstört war und weil er 10 dachte, ich würde in Ohnmacht fallen oder schreien.

Ja, habe ich gesagt, es ist auch sein Gesicht.

Ich weiß, sagte der Mann.

Die Frau kam zum Tisch, setzte sich ihrem Mann gegenüber und stutzte den Kopf auf die Hand. 15

Ich habe ihn nicht erkannt, sagte sie.

Er kann es aber gewesen sein, sagte der Mann.

Er muß es nicht gewesen sein, sagte die Frau. Ich bin nach Hause gegangen und habe dir gesagt, er war es, und du warst froh. 20

Wir waren beide froh, sagte der Mann.

Weil er nicht unser Sohn war, sagte die Frau.

Weil er war, wie er war, sagte der Mann.

Er starrte seiner Frau ins Gesicht, ein ewig junges, rundes, von Kräuselhaaren umgebenes, das sich urplötzlich verwandeln konnte in das einer ganz alten Frau. 25

Du siehst müde aus, sagte er, du bist nervös°, wir sollten schlafen gehen.

Es hat keinen Zweck, sagte die Frau, wir können schon lange nicht mehr schlafen, wir tun nur so und machen ganz 30 leise die Augen auf, und dann kommt der Morgen, und unsere leisen Augen sehen sich an.

Wahrscheinlich, sagte der Mann, sollte niemand ein Kind annehmen. Wir haben einen Fehler gemacht, aber jetzt ist es gut. 35

Ich habe den Toten nicht erkannt, sagte die Frau.

Er kann trotzdem tot sein, sagte der Mann, oder außer Landes, in Amerika, in Australien, weit weg.

In diesem Augenblick rutschte wieder ein großes Stück

1. das Pflaster   *pavement*
2. dumpf   *dull*
3. das Weihnachten   *Christmas*

6. der Rodelschlitten   *toboggan*

9. durcheinan'der-werfen†   *throw around*
10. sich beruhigen   *calm down* · der Baukasten   *box of building blocks*

13. das Kanin'chen   *rabbit* · erwürgen   *choke (to death)*

16. der Besen   *broom* · der Stiel   *stick, handle*

21. der Richter   *judge*
22. erstarren   *stiffen*

25. verrückt machen   *drive crazy*

29. der Vorwurf   *reproach*
30. die Erziehungsanstalt   *training school*

33. der Teich   *pond*
34. der Feu'ersalaman'der   *red salamander*

37. der Bürgermeister   *mayor*

Schnee vom Dach und fiel auf das Straßenpflaster mit einem weichen, dumpfen Laut.

Erinnerst du dich an das Weihnachten mit dem vielen Schnee, sagte die Frau.

Ja, antwortete der Mann. Hellmuth war damals sieben Jahre 5 alt. Wir haben ihm einen Rodelschlitten gekauft. Er hat noch viele andere Geschenke bekommen.

Aber nicht, was er wollte, sagte die Frau. Er hat alle Geschenke durcheinandergeworfen und gesucht und gesucht.

Schließlich hat er sich beruhigt und mit dem Baukasten 10 gespielt. Er hat ein Haus gebaut, das weder Fenster noch Türen hatte, und eine hohe Mauer darum.

Im Frühjahr darauf hat er das Kaninchen erwürgt, sagte die Frau.

Sprechen wir von etwas anderem, sagte der Mann. Gib mir 15 den Besen, damit ich den Stiel festmache.

Das macht zuviel Lärm, sagte die Frau. Weißt du, wie sie sich nennen?

Nein, sagte der Mann. Ich will es auch nicht wissen, ich will ins Bett gehen oder etwas tun. 20

Sie nennen sich die Richter, sagte die Frau.

Sie erstarrte und horchte, jemand kam die Treppe herauf, blieb einen Augenblick stehen und ging weiter, langsam, alle Stufen, bis zum obersten Stock.

Du machst mich verrückt, sagte der Mann. 25

Als er neun Jahre alt war, sagte die Frau, hat er mich zum erstenmal geschlagen. Erinnerst du dich?

Ich erinnere mich, sagte der Mann. Sie hatten ihn von der Schule gejagt, und du hast ihm Vorwürfe gemacht. Damals kam er in die Erziehungsanstalt. 30

In den Ferien war er bei uns, sagte die Frau.

In den Ferien war er bei uns, wiederholte der Mann. Ich ging einmal am Sonntag mit ihm zu den Teichen im Wald. Wir sahen einen Feuersalamander. Auf dem Heimweg schob er seine Hand in meine Hand. 35

Am Tag darauf, sagte die Frau, schlug er dem Sohn des Bürgermeisters ein Auge aus.

Er wußte nicht, daß es der Sohn des Bürgermeisters war sagte der Mann.

10. aus-rücken *escape*

12. an-rufen† *call up*

16. der Käfig *cage*

23. der Klumpen *mass, chunk*

35. ein-schenken *pour*

37. der Föhn *south wind (with effect like sirocco)* · der Stoß
gust · das Gebirge *mountains*

Es war sehr unangenehm, sagte die Frau. Du hättest um ein Haar deine Stellung verloren.

Wir waren froh, als die Ferien vorbei waren, sagte der Mann. Er stand auf, holte eine Flasche Bier aus dem Kühlschrank und stellte ein Glas auf den Tisch. Willst du auch? 5 fragte er.

Nein, danke, sagte die Frau. Er hat uns nicht liebgehabt.

Er hat niemanden liebgehabt, sagte der Mann, aber er hat einmal Schutz bei uns gesucht.

Er war aus der Anstalt ausgerückt, sagte die Frau. Er wußte 10 nicht, wohin.

Der Direktor° hat uns angerufen, sagte der Mann. Der Direktor war ein freundlicher, lustiger Herr. Wenn der Hellmuth zu Ihnen kommt, hat er gesagt, dann machen Sie ihm nicht auf. Er hat kein Geld und kann sich nichts zu essen 15 kaufen. Wenn der Vogel Hunger hat, kommt er in den Käfig zurück.

Hat er das gesagt? fragte die Frau.

Ja, sagte der Mann. Er hat auch wissen wollen, ob der Hellmuth Freunde hat in der Stadt. 20

Er hatte aber keine, sagte die Frau.

Das war zur Zeit der Schneeschmelze, sagte der Mann. Der Schnee rutschte vom Dach und fiel in Klumpen auf den Balkon°.

Wie heute, sagte die Frau. 25

Alles wie heute, sagte der Mann.

Alles wie heute, wiederholte die Frau, das Fenster verdunkelt°, leise gesprochen, nicht zu Hause gespielt. Das Kind ist die Treppe heraufgekommen und hat geklingelt und geklopft. 30

Ein Kind war der Hellmuth nicht mehr, sagte der Mann. Er war fünfzehn Jahre alt, und wir mußten tun, was der Direktor sagte.

Wir hatten Angst, sagte die Frau.

Der Mann schenkte sich das zweite Glas Bier ein. Die 35 Straßengeräusche waren beinahe verstummt°, man hörte den Föhn, der in mächtigen Stößen aus dem Gebirge kam. Er hat es gemerkt, sagte die Frau. Er war schon fünfzehn Jahre alt, aber er hat auf der Treppe geweint.

4. die Zigeunerin   *gypsy woman*
5. überfahren†   *run over* · brüllen   *roar*

7. spöttisch   *mocking*

11. der Pfahl   *post*

17. die Beerdigung   *burial*
18. streuen   *scatter, strew*

26. reiben†   *rub*
27. das Lid   *lid*

35. wie erlöst   *as if relieved of a great burden*

Das ist jetzt alles vorbei, sagte der Mann und fuhr mit der Spitze seines Mittelfingers auf dem Wachstuch herum, immer zwischen den kleinen Schiffen, ohne eines zu berühren.

Auf der Polizei, sagte die Frau, war eine Zigeunerin, deren Kind da lag, überfahren, tot. Die Zigeunerin hat gebrüllt wie 5 ein Tier.

Die Stimme des Blutes, sagte der Mann spöttisch und machte ein unglückliches Gesicht.

Er hat doch einmal einen Freund gehabt, sagte die Frau. Es war ein kleiner, schwacher Junge. Es war der, den sie auf 10 dem Schulhof an einen Pfahl gebunden haben. Sie haben das Gras um seine Füße angezündet, und weil es sehr heiß war, hat das Gras gebrannt.

Da siehst du es wieder, sagte der Mann.

Nein, sagte die Frau, Hellmuth war es nicht, und er war 15 auch nicht dabei. Das Kind hat sich losreißen können, aber es ist später gestorben. Alle Jungen sind zu seiner Beerdigung gegangen und haben Blumen gestreut.

Der Hellmuth auch? fragte der Mann.

Der Hellmuth nicht, antwortete die Frau. 20

Er hatte kein Herz, sagte der Mann, und fing an, sein leeres Bierglas zwischen den Händen zu rollen°.

Vielleicht doch, sagte die Frau.

Es ist so hell hier, sagte der Mann plötzlich. Er starrte auf die Neonröhre über dem Herd, und dann legte er seine Hand 25 über die Augen und rieb mit den Fingern auf den geschlossenen Lidern herum.

Wo ist das Bild? fragte er.

Ich habe es in den Schrank gelegt, sagte die Frau.

Wann? fragte der Mann. 30

Schon lange, antwortete die Frau.

Wann genau? fragte der Mann wieder.

Gestern, antwortete die Frau.

Also hast du ihn gestern gesehen? sagte der Mann.

Ja, sagte die Frau rasch, wie erlöst. Er stand an der Ecke, 35 beim Roten Bock.

Allein? fragte der Mann.

Nein, sagte die Frau, mit ein paar Burschen, die ich nicht

2. die Hosentasche *pants pocket*

5. der Erdboden *earth* · verschlucken *swallow*

7. die Elek'trische *streetcar*

11. sich recken *stretch* · gähnen *yawn*
12. das Bein *leg*

17. die Schublade *drawer*
18. der Faden *thread*
19. die Nähnadel *sewing needle*
20. die Jacke *jacket, coat* · aus-ziehen† (*cf.* anziehen) · der Knopf *button*
21. beobachten *notice*
23. das Öhr *eye (of needle)*

27. vor-lesen† *read (aloud)*

33. die Brille *glasses*

35. herum'-treiben† *wander around*
36. der Rolladen *cf. p. 208* Laden

kannte. Sie standen zusammen, die Hände in den Hosentaschen, und sprachen nichts.

Dann hörten sie etwas, was ich auch hörte, einen langen,
scharfen Pfiff°, und plötzlich waren sie alle verschwunden,
wie vom Erdboden verschluckt.   5

Hat er dich gesehen? fragte der Mann.

Nein, antwortete die Frau. Ich stieg aus der Elektrischen,
und er drehte mir den Rücken zu.

Vielleicht war er es nicht, sagte der Mann.

Ich bin nicht ganz sicher, sagte die Frau.   10

Der Mann stand auf, reckte sich, gähnte und stieß ein
paarmal mit dem Fuß gegen das Stuhlbein.

Das ist es, warum man keine Kinder annehmen soll. Man
weiß nicht, was in ihnen steckt.

Man weiß von keinem Menschen, was in ihm steckt, sagte   15
die Frau.

Sie zog die Tischschublade ein Stück heraus, fuhr mit der
Hand darin herum und legte eine Rolle° schwarzen Faden
und eine Nähnadel auf den Tisch.

Zieh deine Jacke aus, sagte sie. Der obere° Knopf ist lose.   20

Während der Mann seine Jacke auszog, beobachtete er, wie
sie versuchte, die Nadel einzufädeln°. Es war sehr hell in der
Küche, und die Nadel hatte ein großes Öhr. Aber ihre Hände
zitterten, und es gelang ihr nicht. Er legte die Jacke auf den
Tisch, und die Frau saß da und versuchte immer weiter, die   25
Nadel einzufädeln, und es gelang ihr nicht.

Lies mir etwas vor, bat die Frau, als sie bemerkte, daß er sie
nicht aus den Augen ließ.

Aus der Zeitung? fragte der Mann.

Nein, sagte die Frau. Aus einem Buch.   30

Der Mann ging in das Wohnzimmer° hinüber und kam
gleich mit einem Buch zurück. Während er es auf den Tisch
legte und in seinen Taschen nach der Brille suchte, hörten
sie beide vor dem Fenster die Katze schreien.

Da kommt sie endlich heim, die Herumtreiberin, sagte der   35
Mann, stand auf und versuchte den Rolladen ein Stück herauf-
zuziehen, aber weil er die Pappe dagegen genagelt hatte,
bewegte sich der Laden nicht.

Du mußt die Pappe wieder abmachen, sagte die Frau.

1. die Zange *pliers*

3. der Satz *leap* · das Fensterbrett *window-sill* · huschen
   scurry

8. grinsen *grin*

10. das Futteral *case*
11. Miez *(common name for cat)* · der Schoß *lap*
12. schnurren *purr*

17. auf-schlagen† *open*

22. um-schlagen† *turn*

24. schwerfällig *heavy, awkward*
25. regelmäßig *regular*

39. der Vorplatz *courtyard, entry*

Der Mann holte eine Zange und zog die Nägel° aus der Pappe. Er zog den Laden herauf, und die Katze sprang mit einem Satz vom Fensterbrett und huschte wie ein kohlschwarzer° Schatten in der Küche umher.

Soll ich die Pappe wieder annageln? fragte der Mann, und 5 die Frau schüttelte den Kopf. Lies jetzt bitte, sagte sie.

Der Mann nahm die Pappe mit dem Neger und stellte sie gegen den Kühlschrank, und der Neger grinste ihn von unten an. Dann setzte er sich hin und zog seine Brille aus dem Futteral. 10

Miez, sagte er, und die Katze sprang ihm auf den Schoß und schnurrte, und er fuhr ihr mit der Hand über den Rücken und sah plötzlich ganz zufrieden aus.

Lies bitte, sagte die Frau.

Von Anfang an? fragte der Mann. 15

Nein, sagte die Frau, irgendwo. Schlag das Buch in der Mitte auf und lies irgendwo.

Das hat doch keinen Sinn, sagte der Mann.

Das hat doch einen Sinn, sagte die Frau. Ich will wissen, ob wir schuldig sind. 20

Der Mann setzte die Brille auf und schlug viele Seiten des Buches um. Es war irgendeines, das er im Dunkeln gegriffen hatte, viele Bücher besaßen sie nicht. Ich aber, las er langsam und schwerfällig, erblickte ihn jetzt fast mit Entsetzen, denn seine regelmäßigen, aber starken Züge, die schwarzen, in die 25 Stirne fallenden Locken°, die großen Augen, die mit kalten Flammen° leuchteten, alles sah ich später lange noch einem gemalten Bilde gleich vor mir. Er las noch ein paar Worte weiter und dann ließ er das Buch auf den Tisch sinken und sagte, daraus erfahren wir nichts. 30

Nein, sagte die Frau und hielt wieder die Nadel mit der linken Hand gegen das Licht und fuhr mit dem schwarzen Fadenende in ihrer Rechten an dem Nadelöhr vorbei.

Warum willst du es durchaus wissen? fragte der Mann, jeder Mensch ist schuldig und nicht schuldig, darüber nach- 35 zudenken, hat keinen Zweck.

Wenn wir schuldig sind, sagte die Frau, müssen wir jetzt den Laden aufziehen, damit jeder von weitem sieht, daß wir zu Hause sind. Wir müssen auch das Licht im Vorplatz

3. der Unmut   *vexation*
4. gleiten†   *glide, slip*
5. der Mülleimer   *trash can*

9. lecken   *lick, lap*

15. ein-wenden†   *object*

22. die Mes'serstecherei'   *knife fight* · um-kommen†   *die*
23. zertreten†   *kick in, crush*

26. das tut nichts zur Sache   *that doesn't have anything to do with it*
28. auf-schließen†   =   aufmachen
29. kratzig   *scratchy*
30. die Fischgräte   *fishbone, herringbone* · die Backe   *cheek*

brennen lassen und die Wohnungstür aufmachen, damit jeder ungehindert° eintreten kann.

Der Mann machte eine Bewegung des Unmuts, und die Katze sprang von seinem Schoß und glitt in die Ecke neben den Mülleimer, wo ein Schüsselchen mit Milch für sie stand. Die Frau versuchte nicht mehr zu fädeln, sie hatte den Kopf auf den Tisch, auf die Jacke ihres Mannes gelegt, und es war jetzt so still, daß sie beide hören konnten, wie die Katze in ihrer Ecke leckte und trank.

Möchtest du das? fragte der Mann.

Ja, sagte die Frau.

Auch die Wohnungstür? fragte der Mann.

Ja, bitte, sagte die Frau.

Du bist doch gar nicht sicher, daß er es war, an der Ecke beim Roten Bock, wandte der Mann noch ein. Aber er stand dabei schon auf und zog den Rolladen hoch, ganz bis obenhin°, und dabei bemerkte er, daß alle anderen Läden heruntergelassen waren und daß nun der Schein des Neonlichtes wie das weiße Feuer eines Leuchtturms° hinausstrahlte in die Nacht.

Es ist doch möglich, sagte er, daß es der Hellmuth war, der damals bei der Messerstecherei umgekommen ist, und dem man das Gesicht zertreten hat.

Ja, das ist möglich, sagte die Frau.

Ja, und? fragte der Mann.

Das tut nichts zur Sache, sagte die Frau.

Der Mann ging auf den Vorplatz und drehte dort das Licht an und dann schloß er die Wohnungstür auf. Als er zurückkam, hob die Frau ihr Gesicht aus dem kratzigen Jackenstoff, sie hatte das Fischgrätenmuster auf der Backe und lächelte ihn an.

Jetzt kann jeder herein, sagte er unzufrieden.

Ja, sagte die Frau und lächelte noch liebevoller°.

Jetzt, sagte der Mann, braucht sich niemand mehr die Mühe zu machen, die Glastür einzuschlagen. Jetzt können sie plötzlich in der Küche stehen, mit dem Revolver in der Hand.

Ja, sagte die Frau.

Und was tun *wir* jetzt? fragte der Mann.

Wir warten, sagte die Frau.

5. das Büfett′   *sideboard, dresser* · die Taste   *key, lever*

8. fremdartig   *strange, foreign*

11. gleichgültig   *indifferent*

16. der Totschläger   *killer*

18. sich vor-nehmen†   *resolve*

20. verschließen†   *lock*

23. zerknittert   *wrinkled*
24. der weiße Haaransatz   *greying*

29. die Schwester   *here: nurse*

33. herein′spaziert   *come right in*

37. unwillkürlich   *involuntary*

39. angelehnt   *half open*

Sie streckte die Hand aus und zog den Mann neben sich auf die Bank. Der Mann setzte sich und zog seinen Rock an, und die Katze sprang ihm auf den Schoß.

Jetzt kannst du auch das Radio andrehen, sagte die Frau. Der Mann hob die Hand zum Büfett und drückte eine Taste 5 herunter, und an dem Apparat° leuchtete das grüne Auge und die Ortsnamen wurden hell. Es kam eine Musik, die sehr fremdartig und eigentlich gar nicht wie Musik klang, und an jedem andern Abend hätte der Mann jetzt sofort den Knopf nach rechts oder nach links gedreht, aber heute war es ihm 10 gleichgültig, er rührte sich nicht. Auch die Frau rührte sich nicht, sie hatte ihren Kopf an des Mannes Schulter gelegt und machte die Augen zu. Auch der Mann machte die Augen zu, weil ihn das Licht blendete° und weil er sehr müde war. Verrückt, dachte er, da sitzen wir im Leuchtturm und warten auf 15 die Totschläger, und dabei war es vielleicht gar nicht der Junge, vielleicht ist der Junge tot. Er merkte schon, daß seine Frau am Einschlafen war und nahm sich vor, sobald sie schlief, aufzustehen und den Laden herunterzulassen und die Tür zu verschließen. Sie hatte aber schon lange, viele Jahre nicht, so 20 an seiner Schulter geschlafen, sie tat es auf dieselbe Art und Weise wie früher und war überhaupt dieselbe wie früher, nur das Gesicht ein bißchen zerknittert, aber das Gesicht und den weißen Haaransatz sah er jetzt nicht, und weil alles so war wie früher, tat es ihm leid, seine Schulter wegzuziehen, es war auch 25 möglich, daß sie dabei aufwachte und alles von neuem begann. Von neuem, dachte er, von vorne, wir wollten doch ein Kind haben, immer habe ich mir ein Kind gewünscht, und wir bekommen keines, da, Schwester, das Lockenköpfchen° in der dritten Reihe, und kommt nicht jemand die Treppe herauf, 30 ein Junge? Nicht aufmachen, sagt der Direktor, also still, ganz still. Still, ganz still, wir haben ihn nicht liebgehabt, aus dem Lockenköpfchen ist ein wildes Tier geworden, hereinspaziert, meine Herren, alle Türen sind offen, schießen Sie, meine Frau will es nicht anders, und es tut nicht weh. 35

Es tut nicht weh, sagte er, halb im Schlaf schon, unwillkürlich laut, und die Frau schlug die Augen auf und lächelte und dann schliefen sie beide und merkten nicht, wie später die Katze von seinem Schoße sprang und durch das angelehnte

1. schlüpfen *slip*

Fenster hinausschlüpfte, wie der Schnee vom Dach rutschte und der warme Wind das Fenster bewegte und wie endlich die Morgendämmerung° kam. Sie schliefen, gegeneinandergelehnt, tief und ruhig, und niemand kam, sie zu töten, es kam überhaupt niemand, die ganze Nacht.⁵

ALFRED POLGAR died in Zürich in 1955 at the age of 79, shortly after his return from the United States. Viennese by birth, he had lived in Berlin since 1924. In 1933 he went first to Austria, then to France, and finally in 1940 came to America by way of Spain. Germany of the Hitler period was no place for a subtle and effective satirist, especially one who was also a Jew. In social and cultural criticism, in stories, sketches, and caricatures he had proven not only his ability as a skeptical observer of life but also his essential sympathy even for those he satirized.

In 1951 Polgar published *Begegnung im Zwielicht*, in which this story appeared. *Geschichte ohne Moral* is an admirable parody of the self-righteousness or self-reproach with which people react to the stress of a sudden crisis—one which upsets their conventional morality. The climax offers a hilariously logical contradiction in terms, as fine moral principles collide with enormous relief and unexpected good luck: "Lieber Gott, ich danke Dir, daß er wieder gelogen hat."

1. der Gymnasiast´ *Gymnasium student*
2. der Fußball *soccer*
3. Punkt *on the dot* · der Standplatz *point of departure, bus stop*

8. so ein *such a*

10. fahrplanmäßig *according to schedule*
11. ab-gehen† *start, depart*
12. der Graben *ditch* · sämtlich = all · der Insasse *occupant*

14. die Ohnmacht *faint*
15. an-klagen *accuse* · nie und nimmer *never never*
16. büßen *atone*

18. verfluchen *curse* · der Götze *idol*

22. bedeutsam *meaningful*

Geschichte ohne Moral

by *Alfred Polgar*

Sonntag, drei Uhr nachmittags°, sagte der Gymnasiast
Leopold, jetzt müsse er fort, denn der Autobus° zum Fußballmatch fahre Punkt drei Uhr fünfzehn von seinem Standplatz
ab.

„Und deine Schularbeiten° für morgen?" fragte die Mutter.   5
„Die mache ich am Abend."

Tante Alwine meinte, es sei schade ums Geld für die Auto-
fahrt°, so ein junger Mensch könne auch zu Fuß gehen.

Es wurde Abend, und Leopold war noch nicht zu Hause.
Und dann kam die Nachricht, daß der fahrplanmäßig um drei   10
Uhr fünfzehn von seinem Standplatz abgegangene Autobus in
einen Graben gestürzt und sämtliche Insassen schwer verletzt
seien.

Die Mutter, aus der Ohnmacht erwacht, klagte sich immerzu
an, sie hätte Leopold nie und nimmer erlauben dürfen, seine   15
Schularbeiten erst am Abend zu machen. Jetzt büße sie für ihre
elterliche° Schwäche.

Der Vater verfluchte das Fußballspiel° und den Götzen
Sport° überhaupt.

Tante Alwine schrie: „Hätte er nicht zu Fuß gehen können   20
wie tausend andere Jungen?"

Ihr Mann schüttelte bedeutsam den Kopf: „Heute ist der

1. selig   *late, deceased*

4. kürzlich   *recently* · die Lüge   *lie* · kommen auf   *catch in* ·
   ermahnen   *admonish*
5. sündigen   *sin*
7. das Mädchen für alles   *maid-of-all-work*

9. die Nonne   *nun (black garb superstitiously taken as bad omen)*
10. sich lustig machen über   *laugh at, make fun of*
11. hernach' = nachher
12. die Portiers'leute   *doorkeeper's family* · bereden   *discuss*

14. der Schneider   *tailor* · die Gnädige   *mistress*

16. die Fetze   *rag(s)*

20. der Kondi'tor   *confectioner*
21. der Vorwurf   *reproach*

26. der Tritt (treten) · die Wut   *rage* · das Bein   *leg*

29. vergnügt   *pleased, cheerful*
30. vor-schwindeln   *make up*

32. nebenan'   *next door* · die Land'partie'   *outing*
33. zufrie'denstellend   *satisfactory* · der Verlauf   *course*
34. umarmen   *embrace* · hemmungslos   *unrestrained* ·
    die Rührung   *emotion*
35. die Ohrfeige   *slap*
36. falten   *fold*
37. beten   *pray*
38. lügen (die Lüge)

dritte August, der Sterbetag° unseres seligen Großvaters.
Daran hätte man denken müssen."

Die Großmutter mütterlicherseits° sprach zu sich selbst:
„Kürzlich bin ich ihm auf eine Lüge gekommen. Ich ermahnte
ihn: ,Wer lügt, sündigt°, und wer sündigt, wird bestraft°.'   5
Da hat er mir ins Gesicht gelacht!"

Das Mädchen für alles sagte dem Kohlenmann°: „Na, sehen
Sie? Wie ich Ihnen erzählt habe, daß mir heute früh zwei
Nonnen begegnet sind, da haben Sie sich über mich lustig
gemacht!"   10

Hernach ging das Mädchen für alles hinunter zu den
Portiersleuten, um mit ihnen den traurigen Fall zu bereden.
„Ja," sagte sie, „am Ersten wollten sie aufs Land fahren. Aber
weil die Schneiderin mit den Kleidern der Gnädigen nicht
fertig war, sind sie noch dageblieben. Wegen der dummen   15
Fetzen."

Die Portiersfrau° meinte: „Am Sonntag sollten Kinder und
Eltern zusammenbleiben . . . Aber bei den besseren Leuten
gibt's ja kein Familienleben° mehr."

Emma, das eine der beiden Fräulein vom Konditor im   20
Nebenhaus°, machte sich bittere Vorwürfe wegen ihrer
Prüderie°. Hätte sie dem armen jungen Mann nicht nein
gesagt, dann wäre er heute nachmittag mit ihr gewesen und
nicht beim Fußball.

Bobby, der Dobermann°, dachte: „Gestern hat er mir einen   25
Tritt gegeben. In der ersten Wut wollte ich ihn ins Bein
beißen. Leider, leider hab ich es nicht getan. Sonst wäre es ihm
heute kaum möglich gewesen, zum Fußballmatch zu gehen."

Spätabends° kam, vergnügt, Leopold nach Hause. Das mit
dem Fußballmatch hatte er nur vorgeschwindelt. In Wirklich-   30
keit° war er mit Rosa, dem anderen Fräulein vom Konditor
nebenan, auf einer Landpartie gewesen, die, schien es, einen
zufriedenstellenden Verlauf genommen hatte.

Die Mutter umarmte ihren Sohn in hemmungsloser Rührung.

Der Vater gab ihm ein paar Ohrfeigen.   35

Die Großmutter mütterlicherseits faltete die Hände und
betete stumm: „Lieber Gott, ich danke Dir, daß er wieder
gelogen hat."

Geschichte ohne Moral   235

ILSE AICHINGER With the publication of her novel *Die größere Hoffnung* in 1948, Ilse Aichinger, wife of the poet and playwright Günther Eich, established herself as one of the foremost writers of postwar Austria and Germany. Born in Vienna in 1921, she studied medicine at the university there but left after five semesters, first to work and teach in Ulm, later to devote herself entirely to writing. In addition to her novel, Aichinger has written a number of radio plays and short stories. The latter often betray the influence of Franz Kafka and, in the later stories especially (*Eliza, Eliza*, 1965), Samuel Beckett. Aichinger now makes her home in Gmain in Upper Bavaria.

Aichinger's fictional world lies beyond the laws of logic and reality as we perceive it. On the simplest level *Französische Botschaft* records a harmless, often disjointed exchange between a man and a woman who are simply (and not too successfully) trying to make small talk. Despite the fact that their conversation leads nowhere and that nothing really "happens," it soon becomes apparent that many seemingly irrelevant details—the allusion to the prophets, the flight of a chariot across the sky—are not nonfunctional material at all, but indispensable parts of the theme. We observe first how a growing sense of isolation is created in the speakers; their dialogue is disjointed not because their statements are necessarily meaningless but because they are talking on two separate levels, right past one another. Note the plastic, pictorial quality and the yearning for a static condition in the policeman's words. Allusions to the prophets caught in the act of speaking and held fast in stone strengthen the notion that the ideal of immobility is intimately connected with immortality or some eternal quality. Opposed to this is the transient, dynamic nature of the girl, who is, however, unconscious of any deeper implications in her point of view. Her rejection of the policeman's offer brings out one aspect of the inevitable polarity of existence. Viewed in this way, our "pointless" dialogue becomes a symbolic rendering of a central conflict in human life.

---

franzö'sisch   *French* · die Botschaft   *embassy*
1. der Polizist'   *policeman*
2. das Dienstmädchen   *maid*   7. der Windhund   *greyhound* ·
die Gnädige   *mistress*   8. sich aus-nehmen†   *look, show up*
10. das Fell   *coat*   11. Josi'as   *Josiah*   13. der Phantasie'name
fanciful, fictitious name   18. wert (der Wert)   21. die
Kommission'(en)   *shopping*

Französische Botschaft

by *Ilse Aichinger*

Polizist (an der Botschaft): Wieder mit den Hunden spazieren?
Das Dienstmädchen (von gegenüber): Ja.
Polizist: Schöner Tag heute!
Mädchen: O ja.
Polizist: Oder vielleicht nicht? 5
Mädchen: Ein sehr schöner Tag.
Polizist: Die Windhunde von der Gnädigen nehmen sich dann
gleich besser aus: gegen den blauen Himmel.
Mädchen: Freilich.
Polizist: Das schöne weiße Fell! 10
Mädchen: Komm, Josias!
Polizist: Josias?
Mädchen: Ein Phantasiename.
Polizist: Und der andere?
Mädchen: Rosendorn. 15
Polizist: Josias und Rosendorn.
Mädchen: Alles Phantasie!
Polizist: Das ist auch viel wert.
Mädchen: Ja.
Polizist: Aber ein so schöner Tag heute! 20
Mädchen: Die Gnädige ist ausgefahren. Kommissionen.
Polizist: Und der Herr?

1. das Amt *office*

5. tät(e) = wäre

8. die Jahreszeit *season*

10. bald (Zeit) zum Eislaufen *soon time for ice skating*

14. hätten . . . träumen lassen *would never have dreamed, would never have dared dream* · die Säule *column* · hauen† *cut, chisel*
15. mitten (die Mitte)

18. die Herrschaften *the master's family*
19. der Brunnen *fountain*

22. sparen *save*

34. das Eck = die Ecke
35. O je! = Ach Gott!
36. die Taube *pigeon*

Mädchen: Ist im Amt. Mir tun die Kinder leid, die in der
  Schul sitzen müssen.
Polizist: Mir nicht.
Mädchen: Die Stadt ist heut so still, als wär gar niemand drin.
Polizist: Das tät auch gut.   5
Mädchen: Als wär man ganz allein.
Polizist: Stört Sie's?
Mädchen: Die Jahreszeit —
Polizist: Keine Wolke am Himmel.
Mädchen: Es wird bald zum Eislaufen für die Kinder.   10
Polizist: Als blieb der Vormittag stehen!
Mädchen: Der bleibt nicht.
Polizist: Die alten Propheten° hätten sich's auch nicht träumen
  lassen, daß sie aus Stein in die Kirchsäulen gehauen werden,
  mitten im Reden.   15
Mädchen: Komm, Josias!
Polizist: Wohin?
Mädchen: Der Jüngste von den Herrschaften hat ein Dreirad°,
  mit dem fährt er im Park° um den Brunnen.
Polizist: So.   20
Mädchen: Den hol ich jetzt.
Polizist: Ich möcht mir die Eile für was Besseres sparen.
Mädchen: Wüßt nicht, wofür.
Polizist: Ich wüßt's.
Mädchen: Freilich.   25
Polizist: Die alten Propheten —
Mädchen: Die sollen mich in Ruh lassen!
Polizist: Ich wollt auch was anderes sagen.
Mädchen: Was?
Polizist: Sie und ich —   30
Mädchen: Sonst nichts?
Polizist: Der blaue Himmel —
Mädchen: Komm, Rosendorn!
Polizist: Der Tag, die Hunde, das Eck hier an der Botschaft —
Mädchen: O je!   35
Polizist: Die Tauben!
Mädchen: Ich weiß nicht, was die bedeuten.
Polizist: Marie!
Mädchen: Und was Sie reden.

1. der Baumeister *architect*

7. heut früh *(earlier) this morning*

11. kämen *would fit*

18. elf vorbei *past eleven*

21. lind *gentle, mild*

32. beharrlich *persistent*

35. erstarren *grow rigid, numb*

Polizist: Mir ist der Kirchbaumeister heut nacht im Traum erschienen.

Mädchen: Die Träum von andern Leuten —

Polizist: Unten an der linken Säule wär noch ein Platz frei!

Mädchen (unsicher): Ich muß den Kleinen holen, die Gnä- 5
dige —

Polizist: Und wie ich Sie heut früh über die Straßen hab gehen sehen, Marie — da ist mir der Gedanke gekommen, Sie und ich und die Hunde —

Mädchen: Wir gehen jetzt! 10

Polizist: Und die Botschaft dahinter. Wir kämen gut ins Bild. Marie!

Mädchen: So heiß ich nicht!

Polizist: Dem Kirchbaumeister wär geholfen. Und uns auch! Der letzte Platz, der Himmel ohne Wolken! 15

Mädchen: Ich möcht nicht.

Polizist: Kein Mittag mehr, Marie, kein Abend, keine Nacht; nein, nur der Vormittag und immer elf vorbei und Sie und ich. Die Hunde —

Mädchen (erschrocken): Josias, Rosendorn! 20

Polizist: Es wär ein linder Vormittag, um drin zu bleiben!

Mädchen: Da wär mir keiner lind genug.

Polizist: Die Sonne!

Mädchen (schaut auf den Himmel): Jetzt kommt bald Wind auf. 25

Polizist: Der bringt den Schnee. Sie gehen dann mit dem Kleinen, der nicht der Ihre ist, im Kalten spazieren.

Mädchen: Das kann schon sein.

Polizist: Ein Wort, Marie, und nichts —

Mädchen (schüttelt den Kopf) 30

Polizist: Wir bleiben dann für immer zusammen! Das Wort!

Mädchen (beharrlich auf den Himmel schauend): Ich seh schon Wolken.

Polizist: Bevor sie über uns sind!

Mädchen (zu den erstarrenden Hunden): Wir gehen jetzt. 35

Polizist: Marie!

Mädchen: Ich will auf keine Säulen.

Der Kleine im Park: Du hast kalte Hände, Marie!

2. Eli'as *Elijah*

SUGGESTIONS   Two familiar proverbs are transformed into a parable-charade of love (a woman's love? a person loving? love itself?). How are the proverbial nine lives modified here? What do they stand for? Note the verbs used to characterize them. Is there any common denominator between the ninth life as it functions in the proverb and the ninth ("predatory") aspect of love? The German proverb "eine Katze im Sack kaufen" corresponds to our "buy a pig in a poke." In what sense is it applicable and how does it modify the meaning? How would you characterize the overall mood of the poem; its attitude toward love? What do elements of form contribute?

6. schnurren *purr*   8. buckeln *arch the back*   13. das Raubtier   *beast of prey, predatory animal*   17. die Beute   *prey, booty*

Mädchen: Es wird bald zum Eislaufen Zeit.
(Der Prophet Elias fährt in einem roten Wagen am Himmel über ihnen vorbei.)

Liebe

Ich habe
neun Leben
wie
eine Katze

Acht   5
schnurren
Acht
buckeln

Aber das
neunte das   10
letzte im
Sack gekaufte
Raubtierleben
lebt vom
lebendigen   15
Fleisch

Seine Beute
bist
du

EVA ZELLER

WOLFDIETRICH SCHNURRE was born in 1920 in Frankfurt but grew up in Berlin, where he now lives and which he regards as the only proper place to live. In 1958 he was awarded the Fontane Prize of the *Jüngere Generation der Stadt Berlin*. Schnurre served in the army in World War II and is the author of several anti-war plays. He has also written a number of novels—his latest, *Richard kehrt zurück*, a "Kurzroman," was published in 1970—as well as short stories, radio plays, two collections of poetry, and a great deal of film criticism. From 1946 to 1949 he was movie and play critic for the *Deutsche Rundschau* and in 1947 was one of the founders of "Gruppe 47."

A collection of Schnurre's stories appeared in 1951 under the title *Die Rohrdommel ruft jeden Tag*. This was followed two years later by another collection, *Sternstaub und Sänfte*, which was reissued in 1962 under the equally striking title *Aufzeichnungen des Pudels Ali*. Appropriately, in the German *Who's Who* Schnurre lists as his hobby: poodles. Animals of a remarkable order are the characters in the amusing and grotesque parables which follow. The humor is bizarre and the satire concentrated. In the few lines of *Bekehrung*, he makes wicked fun of the ineffectual converter, progressively entranced by his own eloquence, and of the process of conversion itself: the cat, assailed by moral precepts, cannot conquer its instincts; it merely sobs in remorse as it obeys them. One may, of course, find in this parable certain parallels to recent history.

---

1. der Käfig *cage* · zerfranst *tattered*
2. gestreift *striped*
3. Triefaugen *runny eyes*
4. derartig *such* · grindig *scabby* · der Blick = das Auge
6. das Gitter *bars* · der Pestatem *pestiferous, foul breath* · wehen *waft*
8. aufs Wort *implicitly*
9. die Pfote *paw*
11. hauchen *breathe* · bekümmert *troubled*
19. überschlagen† *estimate, review* · der Vorrat *supply*

21. tatsächlich = wirklich
22. auf Ehre *on my honor*

Die Prinzessin

by *Wolfdietrich Schnurre*

Ich stehe vorm Käfig. Auf ab trottet° es drin, auf ab: zerfranst, gestreift, die Hyäne°.

Mein Gott, wie die stinkt°! Und Triefaugen hat sie, die Ärmste; wie kann man nur mit derartig grindigen Blicken überhaupt noch was sehn? 5

Jetzt kommt sie ans Gitter; ihr Pestatem weht mir ans Ohr: „Glauben Sie mir?"

„Aufs Wort", sagte ich fest.

Sie legte die Pfote ans Maul: „Ich bin nämlich verzaubert°."

„Was Sie nicht sagen! Richtig verzaubert?" 10

Sie nickt. „So ist es", haucht sie bekümmert; „in Wirklichkeit nämlich —"

„In Wirklichkeit nämlich —?"

„ — bin ich eine Prinzessin."

„Ja, aber um Gottes Willen", rufe ich aus, „kann Ihnen da 15 denn gar keiner helfen?"

„Doch", flüstert sie; „die Sache ist so: jemand müßte mich einladen."

Ich überschlage im Geist meine Vorräte; es ließe sich machen. 20

„Und Sie würden sich tatsächlich verwandeln?"

„Auf Ehre."

„Gut", sage ich, „seien Sie heute zum Kaffee mein Gast!"

1. mahlen *grind, mill*
2. die Bohne *bean (coffee)* · stiften *contribute* · die Büchse *can*
3. putzen *polish*
4. pünktlich *punctually*

6. scheu *shy*

8. zottig *matted* · die Wange *cheek*

10. greifen Sie zu! *help yourself!*
11. geziert *prim* · geifern *slobber* · das Brötchen *roll*
12. wohl bekomms *hope you like it*
13. kauen *chew* · hervor'-stoßen† *emit*
14. man...bekommen *it's enough to scare a person* · verschlingen†
    gorge down
16. schlürfen *slurp* · schmatzen *smack one's lips*
17. zu-lassen† = erlauben
18. lecken *lick*

20. keuchen *pant* · rülpsen *belch*
21. abermals *again* · auf-stoßen† = rülpsen · der Teller *plate* ·
    der Aasgeruch *carrion smell*
22. das Fell *hide* · die Zecke *tick* · kahl *bald*
24. ermutigen *encourage*
25. schluchzen *sob* · belügen† *lie to* · röcheln *gurgle, rattle* ·
    heiser *hoarse*
26. der Rosenstiel *rose stem* · die Kralle *claw*
28. schon gut *never mind*

die Bekehrung *conversion*

1. die Hecke *hedge*

Ich gehe nachhause° und decke den Tisch. Ich mahle die letzten Bohnen, ich stifte die Cornedbeefbüchse, breche Rosen im Garten, parfümiere° das Zimmer und putze mir die Schuhe. Pünktlich um vier geht die Klingel. Ich öffne, es ist die Hyäne. 5

„Guten Tag," sagt sie scheu; „Sie sehen, da bin ich."

Ich biete ihr den Arm, und wir gehen zum Tisch. Tränen laufen ihr über die zottige Wange. „Blumen —!" schluchzt sie, „oh Gott!"

„Bitte", sage ich, „Nehmen Sie Platz, greifen Sie zu!" 10

Sie setzt sich geziert und streicht sich geifernd ein Brötchen.

„Wohl bekomms", nicke ich.

„Danke", stößt sie kauend hervor.

Man kann Angst bekommen, was sie verschlingt. Brötchen auf Brötchen verschwindet; auch die Cornedbeefbüchse ist 15 leer. Dazwischen schlürft sie schmatzend den Kaffee und läßt erst zu, daß ich ihr neuen eingieße, wenn sie den Rest herausgeleckt hat.

„Na", frage ich, „schmeckts?"

„Sehr", keucht sie rülpsend. Doch dann wird sie unruhig. 20

Sie stößt abermals auf und sieht auf den Teller; Aasgeruch hängt ihr im Fell, rötliche Zecken kriechen ihr über die kahlen Stellen hinter den Ohren.

„Nun — ?" ermutige ich sie.

Sie schluchzt. „Ich hab Sie belogen", röchelt sie heiser und 25 dreht hilflos° einen Rosenstiel zwischen den Krallen, „ich — ich bin gar keine Prinzessin."

„Schon gut", sage ich; „ich wußte es längst."

Bekehrung

by *Wolfdietrich Schnurre*

„Wirklich", sage ich und trete hinter der Hecke hervor, „das sollten Sie nicht tun."

1. die Drossel *thrush* · beisei'te *aside*
2. verlegen *embarrassed*
3. die Reue *remorse*

5. sündhaft (die Sünde)

7. schluchzen *sob*

9. fahren lassen *abandon*
10. Erden *wk. for* Erde

12. ab-schwören† *abjure* · das Handwerk *business, trade*
13. bekennen† *confess*
14. es schüttelt sie *she shudders*

18. sich um-sehen† *look around*
19. platt *flat* · der Kiesweg *gravel path* · verzehren *devour*

Die Katze erschrickt; sie legt die getötete Drossel beiseite und leckt sich verlegen das Maul.

„Es ist wahr", sage ich, „Sie sollten jetzt Reue empfinden."

Die Katze seufzt.

„Töten ist sündhaft", fahre ich fort. „Wir wollen uns doch 5 lieben."

Die Katze schluchzt.

„Bitte lassen Sie", erhebe ich laut meine Stimme, „Ihre schwarzen Gedanken jetzt fahren! Es muß wieder Licht werden auf Erden." 10

Die Katze weint.

„Schwören Sie ihm ab, Ihrem satanischen° Handwerk!" rufe ich aus; „wir wollen uns schuldig bekennen!"

Die Katze schüttelts.

Ich beuge mich zu ihr hinab. „Gott mit Ihnen", sage ich 15 sanft.

Und ich nicke ihr zu und gehe meiner Wege. Einmal jedoch, nur einmal muß ich mich umsehen; und ich blicke zurück — :

Die Katze liegt platt auf dem Kiesweg und verzehrt weinend die Drossel. 20

CHRISTOPH MECKEL In his mid thirties, Christoph Meckel has already established an enviable reputation in two art forms, writing and printmaking. In some of his major prose works the two are combined, and part of the meaning is carried by Meckel's own drawings. Rooted in the Expressionist tradition, Meckel is preoccupied with the essence of living things and objects, and with their transmutations. Literal metamorphosis saves one of the many animal figures in his fiction (*Die Krähe*, "The Crow") as it escapes from pursuers by turning into progressively smaller, more inconspicuous forms—until it reaches pure helplessness and is destroyed. Surreal and fantastic elements are never remote from his fictional world.

The same elements characterize *Der Löwe*. Meckel's story embodies, gently stated, the sense of an obligation unfulfilled, a commitment not quite made, a value somehow lost. The opposition between daily routine—"meine gewohnte Tätigkeit"—and some vague and mysterious but higher realm informs the story even in its seemingly naive beginning. It becomes more acute in the reappearance of the lion, in its curious, pathetic, even sinister bondage. The river that separates the narrator and the creature he somehow might have befriended (and "saved"?) images the melancholy gulf of unawareness and lack of communication that too often vitiates our lives.

What affinity does the story bear to fable (Aesop), parable and fanciful vision (the Bible; the Book of Revelation), symbolic art (Dürer, Breughel, Bosch)?

---

der Löwe   *lion*
3. Tappen und Tasten   *groping and fumbling*
5. schnuppern   *sniff*
6. schnaufen   *snort, puff*
7. gleichmäßig   *evenly*
8. der Geruch   *odor* · der Moder   *decay* · das Laub   *foliage*
9. der Duft   *smell*
10. betäuben   *dull one's senses*
11. das Fell   *skin, coat* · verbreiten   *spread* · die Kühle   *coolness*
14. die Ebene   *plain*

23. winkte ihn heran   *called him to me*

Der Löwe

by Christoph Meckel

Nachts kam ein Löwe in mein Haus und legte sich neben mich. Ich wußte nicht gleich, daß es ein Löwe war. Ich hörte ein Tappen und Tasten durch mein Haus, dessen Türen offenstanden, ich sah eine Gestalt, die breit und dunkel in mein Zimmer kam, an mir schnupperte und sich neben mich legte. 5 Im Halblicht° erkannte ich später einen Löwen. Er schnaufte laut und gleichmäßig und schien bald eingeschlafen zu sein. Aus seiner Mähne° strömte° Geruch von Moder und Laub, nasser frischer Erde und ein wilder Tierduft, der mich betäubte. Ich spürte, daß der Löwe naß war, es tropfte aus 10 seinem Fell. Er verbreitete Kühle um sich. Er mochte, um zu mir zu kommen, über den nahen großen Fluß geschwommen sein.

Es war Herbst, kühle° Winde liefen über die Ebene und liefen frisch durch mein vom Sommer noch warmes Haus. Sie 15 kamen von den Hochebenen° oder vom Meer und man hörte sie laut in den Nächten. In dieser Nacht schlief ich gut. Auch der Löwe schien ruhig und gut zu schlafen, gegen Morgen strömte sein Körper Wärme° aus. In der Morgendämmerung° wurde ich wach; der Löwe hatte sich schon erhoben und stand 20 vor meinem Haus, wo er, als ich Stunden später mein Zimmer verließ, immer noch stand und auf den großen Fluß blickte.

Ich winkte ihn heran und fütterte ihn mit Fleisch, das ich

2. beharrlich *steadfastly*
3. gelegentlich *occasionally*

5. an-sprechen† *address*
6. ein-sprechen† auf *talk (insistently) to* · beobachten *observe*

10. im Gegenlicht *with the light against me* · der Hügel *hill*

14. die Türschwelle *threshold*

16. nach-gehen† *pursue, follow* · die Tätigkeit *business, activity* · öfter *here:* = oft

19. die Abwesenheit *absence* · innerhalb *inside*

27. sich bedanken bei *thank*

32. schlagen† *here: cut* · nirgends *nowhere*

34. hängen† (hangen†) *hang, hover* · das Zwielicht *half light, twilight*
35. streifen *brush* · wecken *wake*
37. der Abschied *departure*

im Haus hatte. Ich hoffte, der Löwe würde jetzt ein paar Worte an mich richten, aber er schwieg beharrlich, er blickte mich zwar gelegentlich aus schwarzen Augen an, schien mir aber nichts mitzuteilen zu haben. Schließlich wartete ich nicht mehr darauf, daß er mich ansprechen würde. Ich sprach oft in meiner 5 Sprache auf ihn ein und glaubte zu beobachten, daß er mich verstand.

In den folgenden Nächten schlief der Löwe wieder neben mir. Die Tage verbrachte er in der Nähe des Hauses. Ich sah ihn im Gegenlicht schwarz auf einem Hügel stehn und in 10 Richtung des Meeres äugen°, ich sah ihn am Fluß stehn und mit gesenktem Kopf in das strömende Wasser schaun. Gelegentlich trottete° er durch mein Haus oder lag in der Sonne an den Wänden meines Hauses oder auf der Türschwelle, er bewegte sich langsam und leise. Ich ging meiner gewohnten 15 Tätigkeit nach und begegnete ihm öfter am Tag.

Einmal, als ich das Haus für längere Zeit verließ, sagte ich dem Löwen: Du mußt dich entscheiden, ob du während meiner Abwesenheit, die viele Tage dauern kann, innerhalb oder außerhalb° des Hauses bleiben willst, denn ich will es ab- 20 schließen. Anstatt einer Antwort legte sich der Löwe auf die Türschwelle und ich wußte, daß ich mein Haus nicht abschließen mußte. Ich ging fort und wußte es sicher. Als ich während der Regenfälle° des späten September wiederkam, lag der Löwe mit offenen Augen hinter der Tür. Als er mich 25 bemerkte, trat er vor das Haus. Im Haus war alles, wie ich es verlassen hatte. Ich bedankte mich bei dem Löwen und legte ihm das Fleisch vor, das ich ihm mitgebracht hatte.

Oft saß der Löwe bei mir, wenn ich am Fluß stand und angelte°. Er beschnupperte° die geangelten Fische und sah mir 30 aufmerksam zu. Er begleitete mich in den Wald, wenn ich Holz schlagen ging (es gab hier nirgends Löwen), und schlief in allen Nächten neben mir. Dann verließ mich der Löwe. Der erste Schnee hing in der Luft. Eines Morgens im Zwielicht streifte er mich, während er sich erhob, um mich zu wecken, 35 und blickte mich an. Ich nahm das als Zeichen seines Abschieds, begleitete ihn zur Tür meines Hauses, sah ihn im Regen zum Fluß gehn, sah ihn über den Fluß schwimmen und

1. der Vorhang *curtain* · jenseitig *on the opposite side*

3. die Begebenheit *incident, event, matter*
4. sich entsinnen† *remember, recall*
5. es sei denn *unless it be, except* · betreffen† *concern*
6. nebensächlich *inconsequential*
7. grünlich rauchend *in a green haze*
8. die Strömung *current* · gläsern *glassy*
9. voller = voll von

12. ersetzen *replace*
13. die Hälfte (*cf.* halb) · das Dachgebälk *roof framing* · der Balken *beam*
14. der Bretterboden *floorboard* · Steinfliese *flagstone*
15. das Floß *raft*

18. vermummt *masked*
19. der Esel *donkey* · jenseits (*cf.* jenseitig *above*)
20. die Schnur *line, string* · die Eule *owl*
21. voraus'-schweben *hover ahead* · Kreise ziehen *describe circles*
23. gegenseitig *mutually, (n)either one of us*
24. beträchtlich *considerable*
25. in einem Zusammenhang stehen *have some connection* (stünde = stände)
27. verrichten *do*
28. das Ufer *bank*

30. schnappen *snap up, catch in one's mouth*
31. kehrt-machen *turn about*

33. aus den Augen *from sight*
34. sich ereignen = geschehen

36. das Behagen *pleasure, comfort*

38. der Luftzug *draft* · die Hitze (heiß)

im Regenvorhang der jenseitigen Ebene kleiner werden und verschwinden.

Dies war die einzige Begebenheit in jenem Jahr in meinem Haus am Fluß. Anderer Begebenheiten entsinne ich mich nicht, es sei denn solcher, die meine Tätigkeit betrafen, ne- 5 bensächliche Dinge. Der Winter kam und ging. Die Kälte° hing grünlich rauchend über dem Fluß, der seiner großen Strömung wegen eisfrei° war. Der Himmel stand gläsern klar und hing voller Schnee. Ich besuchte einige Leute in der nahen und fernen Nachbarschaft°, andere Leute besuchten mich in 10 meinem Hause. Den Löwen sah ich nicht während dieser Zeit.

Im Frühjahr reparierte ich das Dach meines Hauses, ersetzte die Hälfte des Dachgebälks durch neue Balken, erneuerte° die Bretterböden und Steinfliesen und ging meiner Tätigkeit nach, wie ich es gewohnt war. Die Flöße zogen den großen Fluß 15 hinunter zum Meer. Ich hoffte noch immer, daß der Löwe noch einmal mein Haus besuchen käme, aber ich wartete nicht darauf. Zu Beginn° des Sommers sah ich einen vermummten Eselreiter jenseits des Flusses die Ebene entlangkommen. An einer langen Schnur schwebte ihm eine gewaltige rote Eule 20 voraus, die hoch im Wind ihre Kreise zog. Der Reiter ritt flußaufwärts°. Wir riefen uns über den Fluß Grüße und Fragen und Antworten zu, die wir gegenseitig nicht verstanden der beträchtlichen Entfernung wegen. Mir kam der Gedanke, der Reiter stünde in einem Zusammenhang mit dem Löwen. 25 Als er weg war, vergaß ich ihn schnell. Mehrere Wochen geschah nichts, ich verrichtete meine Arbeit. Eines Abends im Sommer stand ein Esel am anderen Flußufer und hielt einen schwarzen Fisch im Maul. Er mochte den Fisch beim Trinken geschnappt haben, ohne Zweifel. Als der Esel mich sah, machte 30 er mit schnellen Sprüngen° kehrt und lief in die Ebene. Den Fisch trug er mit sich im Maul davon. Die Dämmerung kam und ich verlor den Esel aus den Augen.

Wieder ereignete sich lange nichts. Der Sommer leuchtete über der Ebene. Ich ging meiner Tätigkeit nach, wie ich es 35 gewohnt war, und hatte mein Behagen an Wärme und Licht. Nachts standen die Fenster und Türen meines Hauses weit offen, damit sich ein Luftzug bilden und die Hitze, die sich

1. sammeln   *collect*
2. vertreiben†   *dispel*

9. der Schnabel   *beak*
10. schwer   *with difficulty* · die Tatze   *paw*

13. das Maultier   *mule*

15. die Augenschlitze *(pl.)* *slits of one's eyes*

19. versäumen   *neglect*

während des Tages in den Zimmern gesammelt hatte, vertreiben konnte. Ich dachte gelegentlich an den Löwen und dachte mit Freude an ihn. Aber ich sah ihn nicht wieder.

Im Spätsommer sah ich, als der Mittag heiß über der Ebene zitterte, den vermummten Reiter flußabwärts° kommen nahe 5
meinem Haus. An eine Schnur gebunden folgte ihm der Löwe, der einmal in meinem Haus war. Auf dem Rücken des Löwen saß die ungeheure rote Eule, die sehr viel größer als der Löwe war. Sie hielt den schwarzen Fisch im Schnabel. Der Löwe schien schwer an der Eule zu tragen. Er setzte die Tatzen 10
langsam und ging mit hängendem Kopf. Die kleine Karawane° kam ganz nahe an meinem Haus vorbei. Löwe, Eule und Maultier sahen mich an, ich stand in der Tür meines Hauses. Der Vermummte drehte den Kopf und sah mich aus weißen Augenschlitzen lange an. Am längsten blickte der Löwe nach 15
mir. Ich hoffte, die Gruppe° würde an meinem Haus haltmachen°, etwa um nach frischem Wasser zu fragen, aber sie ging vorbei und verschwand langsam flußabwärts in der Ebene. Ich sah dem Zug lange nach. An jenem Tag versäumte ich meine Tätigkeit. 20

Ich habe keinen der Gruppe wiedergesehen. Nachbarn, die Kilometer° entfernt in den Hügeln am Fluß ihre Häuser haben, erinnerten sich auch, den Zug an jenem Tag gesehen zu haben. In dieser Begebenheit geschah nichts weiter. Gelegentlich erinnere ich mich an sie, und an den Tagen, da ich an 25
den Löwen denke, versäume ich meine gewohnte Tätigkeit oft.

MAX BOLLIGER This unusual and sensitive study of crisis in a child's life has its base in the professional training of the author Max Bolliger, who lives in Glarus (Switzerland) and works in the field of remedial education for handicapped children. Under such circumstances it is remarkable that the story is neither unambivalent nor didactic, as a clinical report or an "editorial" would be, but subtle and imbued with paradox. The sole overriding concern is compassion—with the concomitant risk of sentimentalizing. Is this risk avoided? What is the significance of the ironic miracle: the destruction of the Christ figure coincident with the child's "salvation"? Was the religious image an unrelieved source of terror to the child? Or is the truer meaning of miraculous consolation apparent in the timing of the concluding episode? Where do you think Bolliger's convictions lie?

---

1. auf-nehmen†   *record, absorb; receive, take up*
3. der Eindruck   *impression* · stets = immer
4. rinnen†   *run, flow, trickle*
5. die Fensterscheibe   *window pane* · die Gasse   *small street, alley*
6. verwildert   *run wild*
7. die Schwelle   *threshold*
8. sich verkriechen†   *crawl away and disappear*

11. das Gebet   *prayer*
12. verhalten†   *hold back, stifle* · schluchzen   *sob*

15. enthüllen   *reveal*

21. das Dasein   *existence*
22. die Zuflucht   *refuge*

Verwundbare Kindheit

by Max Bolliger

In Bildern nimmt das Kind die Welt auf. Aus diesen Bildern
baut es sein Leben.

Seine ersten Eindrücke: eine enge Stube, in der man stets auf
den Vater wartet, der oft betrunken ist. Rinnender Regen an
den Fensterscheiben. Wind in der engen Gasse, in der es 5
niemals Tag wird. Verwilderte Hunde und graue Menschen.

Wenn der Vater auf der Schwelle steht, möchte Martin sich
verkriechen. Manchmal schlägt der Mann in das kleine Gesicht
der Frau. In der Dunkelheit spürt Martin den warmen Körper
seines kleinen Bruders, der neben ihm schläft und leise atmet. 10
Er hört vor dem Einschlafen die leidenschaftlichen Gebete
und das verhaltene Schluchzen seiner Mutter.

Das Kind empfindet diese Dinge und leidet. Ein Leid°, das
eine Form° von Furcht ist, die sich vor allem in den Träumen
enthüllt. Er hat Angst vor der Betrunkenheit, vor den Gebeten 15
und vor den Tränen. Und dennoch wächst in seiner Seele das
Glück: buntes Silberpapier°, Holzstücke, die geringsten Dinge,
denen das Kind ein reiches Leben gibt.

Als Martin zu den drei alten Frauen kommt, die seine
Großtanten sind, fühlt er sich herausgerissen aus seinem 20
Dasein, einsam und verloren in einer fremden Welt. Seine
Angst ist ohne Zuflucht. Die wirklichen Dinge, vor denen er
Angst hat — die Betrunkenheit, die Gebete, die Tränen —

1. sichtbar   (*cf.* sehen; + –bar)
2. preis-geben†   *expose* · die Welle   *wave*

5. der Erwachsene   *adult* · scheu   *shy*
6. um . . . leben   *to act out his own role as a child*

9. das Rauschen   *gentle sound*
10. an-wachsen†   *grow, spread*
11. der Rahmen   *frame* · schräg   *slantwise*
12. die Tape′te   *wallpaper* · der Gips   *plaster*

16. unaussprechlich   *unspeakable*

18. der Todesfall   *death* · die Dornenkrönung   *crown (lit. coronation) of thorns*

21. perlen   *trickle in beads*
22. ungeformt   *here: unlined*

26. das Antlitz   *countenance*

28. sich sammeln   *gather*

31. verirrt   *lost* · sich klammern   *cling*
32. sich steigern   *mount, expand* · unfaßlich   *incomprehensible*

34. das Muster   *pattern*
35. an-halten†   *stop*

38. die Fensterbrüstung   *window ledge*
39. bewegt   *here: moving* · schattig   *shadowy*

sind nicht mehr sichtbar, aber die Angst bleibt und fühlt sich
preisgegeben wie eine Welle dem Wind. Das Kind weiß, daß
alles trotzdem geschieht.

Die Frauen sind gut zu dem Kind. Aber das Haus ist ein
Haus von Erwachsenen, und Martin ist zu scheu, um sein   5
Kind-Sein aus sich selbst zu leben.

Am zweiten Tag entdeckt Martin das Bild. Er liegt allein in
dem großen Zimmer. Durch das offene Fenster dringt das
Rauschen des Flusses und der Lichtschein° der Autos°, die
über die Brücke fahren. Das Licht wächst an über dem   10
Fensterrahmen und schleicht schräg über die ältliche Tape-
tenwand, über die weiße Gipsdecke. Dann ist es wieder dunkel,
und der wache Knabe hört, wie sich das Geräusch eines Wagens
verliert.

Im Scheine dieses Lichtes sieht Martin das Bild; das Gesicht,   15
die dunklen Augen, die in unaussprechlichem Schmerz ihn
anschauen. Es ist eines jener Glasbilder°, wie man es früher
oft bei Todesfällen geschenkt erhielt: die Dornenkrönung.
Das geneigte Haupt Christi, von einem ovalen° Rand umgeben. Dort, wie die Dornen in die Haut eindringen, stürzt   20
das Blut in großen Tropfen aus und perlt über die weiße,
ungeformte Stirn.

Martin liegt mit weit offenen Augen in der Dunkelheit,
schaut auf das erkennbare dunkle Oval° und wartet mit wach-
sendem Schrecken° auf den nächsten Lichtschein, der ihm das   25
Antlitz wieder enthüllt.

Der Knabe rührt sich nicht. All seine frühe Angst und Not
steigt in ihm auf und sammelt sich und strömt° in diese
Dornenkrönung ein. Nicht, daß Martin um den Sinn des
Bildes weiß; für ihn ist es das Gesicht der Angst. Aber seine   30
eigene verirrte Furcht klammert sich an diese Darstellung und
steigert sich darin ins Unfaßliche.

Der Knabe wird stiller. Am Morgen, wenn er aufwacht,
gleitet° sein Blick über das olivgrüne° Blumenmuster der
Tapete, hält am Rande des Bildes an, wartet und öffnet sich   35
dann plötzlich dem andern Gesicht, dem Gesicht der Angst.
Schnell steht er auf. Vor dem Fenster erwacht der Tag. Martin
lehnt sich über die Fensterbrüstung und blickt lange ins bewegte Wasser, durch das die Steine schattig schimmern°. Wenn

2. gebannt *transfixed, held in the spell of*
3. sein Kind-Sein *his very being (existence) as a child; being a child* · an-greifen† *attack, assail*
4. der Vorhang *curtain*
5. die Erregung *excitement* · das Wesen *being* · sachte = sanft · sich legen *abate*
7. scheinbar *seemingly* · geordnet *orderly*
9. unbeschattet *free of shadow*

11. die Kammer = Zimmer
12. sich aus-ziehen† (*cf.* sich anziehen)
13. die Viertelstunde *quarter of an hour* · aus-löschen *put out*
14. mager *thin*

18. verschließen *lock away*

22. das Fahrzeug *vehicle*

25. lasten *weigh*

27. verfolgen *pursue*
28. plagen *torment* · wirr *confused* · stöhnen *moan*

32. mit angezündeten Scheinwerfern *with headlights on* · der Lichtstreifen *beam of light*
33. das Marterantlitz *martyred face*
35. überfällt . . . Dastehn *assaults his very being*

37. die Kante *edge*
38. an-schlagen† *strike* · bewußtlos *unconscious*
39. erfolgen *take place*

er sich dreht und dem Gesicht wieder in die Augen schaut, beginnt es sich zu bewegen wie das Wasser. Er ist gebannt von dem Gesicht, das sein Kind-Sein angreift. Manchmal möchte er schreien vor Angst. Er verbirgt sich hinter dem Vorhang, bis sich die Erregung seines Wesens wieder sachte legt. — Und 5 nun nimmt ihn der Tag auf, der Tag der drei Frauen, in deren Leben scheinbar alles ruhig und geordnet geht. Martin holt die Milch° an der Haustüre. Er spürt die Sonne auf seinem Gesicht. Es gibt unbeschattete Tage.

Am Abend wächst die Angst wieder. Eine der Tanten be- 10 gleitet ihn in seine Kammer und zündet das Licht an. Martin zieht sich aus mit geschlossenen Augen. Nach einer Viertelstunde kommt die Tante wieder, um das Licht auszulöschen. Sie schaut auch in das magere Gesichtchen, hört den leisen Atem, bemerkt die gesenkten, bläulichen Lider° und glaubt 15 das Kind im Schlaf. Sie weiß nicht um die große Angst. Niemand weiß darum. Die großen Schmerzen sind stumm. Die Seele verschließt das Unfaßbare, und dort, wo sie krank ist, ist sie wie ein verwundetes° Tier, das sich verbirgt.

Martin schläft nicht. Er muß auf den Augenblick warten, 20 wo er durch die geschlossenen Lider den Lichtschein eines Fahrzeuges spürt. Dann schauen sich zwei Wesen wieder an. Ein Lebendiges und ein Totes. Christus und ein Kind. Hat nicht Christus jede Angst der Welt auf sich genommen? Der Abend lastet schwerer als der Morgen. Das Gesicht ist furcht- 25 bar im steigenden und sinkenden Licht. Der Knabe bleibt stundenlang wach. Die Angst verfolgt ihn. Wenn Martin endlich einschläft, plagen ihn wirre Träume. Er stöhnt im Schlaf. Das Kind zerstört sich. Es ist bleich, und die Züge seines Gesichtes halten nicht zusammen. Es verbirgt sich oft. 30

Eines Abends bleibt ein Auto mit angezündeten Scheinwerfern auf der Straße stehen. Der Lichtstreifen liegt genau über dem Bilde und löst das Marterantlitz aus der Dunkelheit los. Da beginnt das Kind zu schreien, laut wie ein Tier. Seine Erregung bricht aus ihm und überfällt sein ganzes Dastehn. 35 Man findet ihn, den Knaben, mit blutüberströmtem° Gesicht. Er hat seine Stirn an der scharfen Kante des Bettes angeschlagen. Nun liegt er still und bewußtlos am Boden . . .

Dieser große Ausbruch° der Angst erfolgte — soll man sagen

1. der Karfreitag   *Good Friday*

3. der Nagel   *nail*
4. zur Unkenntlichkeit zerbrochen   *shattered beyond recognition*

7. sich ab-heben†   *contrast, stand in relief* · quälen = plagen

10. heilen   *heal, cure* (geheilt ist)

12. die Bestimmung   *destiny*

zufälliger- oder wunderbarerweise° — am Karfreitag. Zwei Tage später, an Ostern° also, fiel das Bild von der Wand. Der Nagel hatte sich aus der Mauer gelöst, und die Dornenkrönung lag, zur Unkenntlichkeit zerbrochen, am Boden.

Als das Kind nach einigen Tagen sein volles Bewußtsein° 5 wieder erreicht, fällt sein Blick auf die leere Stelle an der Wand, die sich dunkel abhebt. Die gequälten Züge lösen sich zu einer sanften Kindlichkeit° und finden einen tiefen, befreienden° Schlaf.

Jedes Wesen, das von einer großen Angst geheilt, bekommt 10 das Leben noch einmal neu. Und der Knabe wächst seiner ersten Bestimmung zu: dem Kind-Sein.

SUGGESTIONS   A mode of consistent reality characterizes the genre which this poem, in highly compact form, represents: allegory. All but two of the events and facts recounted are within the domain of plausibility and literalness. The first exception is the metaphor "Steinwand der Nacht." Even here we may ask whether the primary reference is to night (which, metaphorically, is like a stone wall) or to the literal stone wall (in the night). The last line constitutes the second exception and is, in its startling paradox and mystery, a sort of clue to an extended reading of the poem otherwise indicated only in the title. What kind of death could this be? Is the persistent reference to "taking one's name" related to arrest or to the existential import of "name"? Is the "man" the same throughout? Is he Death? What effect is gained by the use of *dir*?

3. erlöschen†   *be(come) extinguished, fade and disappear*
5. die Mütze *cap*   10. kauen *chew* · das Streichholz *match*
11. hocken *crouch*   13. die Schenke *pub*

der tod in london

da geht ein mann
durch die halfmoon-street
im nebel erlischt er
der nimmt dir den namen

er trug eine mütze   5

da lehnt ein mann
vor hugh humphreys pub
an der steinwand° der nacht
der nimmt dir den namen

er kaute ein streichholz   10

da hockt ein mann
am tisch vor dem ale
in der bitteren schenke
der nimmt dir den namen

er zahlte ging hinaus   15

der nimmt dir den namen
er kaute ein streichholz
er las den observer
sein auge war weiß

ALFRED ANDERSCH

GABRIELE WOHMANN in a mood quite different from that of *Grün ist schöner*. The mode of "narration" is almost expository, the form is almost impressionistic, bordering on an essay. Yet people are involved, the narrator is roughly identifiable as to age and attitude. The moment is essential and symbolic: the end of a period in time, the passage into a new block of time. While the young people seal ＊ the close of a year, it is also Christmas, with all its promises of new birth. The year ends; yet in curious and inconspicuous ways, transitoriness is countered: the fish taken into the house—"aber die Fische bleiben"—and the birds who do *not* fly south. The garden symbolizes the past, the life left behind. But it cannot be "annihilated by the garden pulverizer," nor does the narrator figure really want to demolish the old year and her own past, despite the note of reluctance or annoyance (feigned?) in the last line.

1. Schluß machen   *make an end*

3. grell   *dazzling, crude* · die Unverschämtheit   *impudence*

5. zu-bereiten   *get ready*
6. außer Kraft setzen   *annul, abrogate*
7. der Ast   *branch*
8. das Laub   *foliage, leaves* · schichten   *pile up* · faulend   *rotting*
9. spitzzulaufend   *tapering*
10. ungültig   *invalid*
11. die Weihnacht(en)   *Christmas*
12. dreieinhalb   *three and one-half*
13. der Schlauch   *hose*
14. der Fischteich   *fish pond*
15. an-saugen†   *suck*
17. um sein   *be over, finished*

19. speckschimmernd   *with glistening fat*
20. die Hautkruste   *crust of the skin* · sich versammeln   *gather* · erzürnen   *anger*
22. hoffentlich   *it is to be hoped that ("hopefully")* · die Puppe   *doll*

Mein Freund, das neue Jahr

by Gabriele Wohmann

Heute machen wir endlich Schluß mit dem Jahr. Mit dem
alten schmutzigen Herbst und mit dem Sommer, an dessen
grelle Unverschämtheit wir uns noch erinnern. Und auch mit
dem Frühling, den haben wir nun wirklich vergessen. Wir
gehen durch den Garten. Wir wollen ihn zubereiten für das   5
nächste Jahr und abschließen. Wir setzen alles außer Kraft.
Wir haben nicht gewußt, daß die Äste und Zweige der
Magnolie° so viel Laub trugen, jetzt schichtet es sich faulend
im Gras°. Lange, spitzzulaufende, schwärzlichbraune Blätter,
es ist endlich Zeit, sie ungültig zu machen, höchste Zeit.   10
Schließlich ist bald Weihnachten.
  Dora sagt: Noch drei Tage. Dreieinhalb genau.
  Wir nehmen den Schlauch in die Hände. Wir senken das
Schlauchmaul in den Fischteich und saugen das Wasser durch
seinen dünnen Leib an. Höchste Zeit, daß wir mit dem Teich   15
Schluß machen, für dieses Jahr habe ich nichts mehr übrig, es
ist auf dem Kalender° fast schon um, und man muß vorher
alles fertig haben. Bald ist Weihnachten, die Familie wird sich
um das tote appetitliche° Tier in der speckschimmernden
Hautkruste versammeln, erzürnt, streitend, liebend.   20
  Dora sagt: Bald ist Weihnachten. Wir werden neue Kleider
bekommen. Und hoffentlich Ski° für die Puppen.
  Dora ist meine jüngere Schwester. Ich habe schon einen

1. reichlich *fully* · ab-nutzen *use up, wear out*

3. das Versteck *hiding place*
4. fett *fat*
5. der Eimer *pail* · entwenden† *pilfer*
6. der Wasserhahn *faucet*
7. der Keller *cellar* · der Griff *handle*
8. der Hahn = der Wasserhahn · zu-winden† *close* · Schluß mit
an end to
10. der Maiskolben *corn-cob* · die Futterkrippe *feeder, manger*
11. der Zugvogel *migratory bird*
12. die Fensterbank *sill*
13. die Weidenrute *willow-switch*
14. peitschen *whip* · vertreiben† *banish* · bergen† *contain,
shelter*

17. die Fichtennadel *spruce needle* · verbrennen† = brennen
18. uns ist . . . Magen *we have upset stomachs*
19. pelzig *furry* · die Zunge *tongue* · die Süßigkeit *sweet*

22. das Gewinde *thread* · aus-leiern *strip, wear out with turning*

26. das Vogeltupfenmuster *pattern of birds (i.e., birds forming a
pattern of dots)* · die Birkenkrone *birch top*
27. beruhigen *calm*
28. rings um *all around* · der Stamm *trunk*
29. der Kranz *ring, garland* · blank *smooth, clear*
30. die Kiefer *Scots pine*
31. der Silves'ter (abend) *New Year's Eve*
32. der Speck *bacon* · die Rosi'ne *raisin*
33. der Beerenwein *berry wine* · der Ingwer *ginger*

36. die Teras'senstufe *terrace step*
37. der Beutel *bag* · streuen *strew, scatter* · der Hanfsamen
hemp-seed · die Hirseähre *head of millet*
38. die Ameisenpuppe *ant pupa* · umrauschten *surrounded by
a rushing noise*

Freund. Das Jahr ist um. Es ist reichlich abgenutzt. Aber Carlus, unser Bruder, hat Blätter in den Teich geworfen und für die Fische Verstecke gemacht. Dann hat er die Fische in sein Zimmer gerettet, es fehlt nicht ein einziger, fett schlafen sie im Eimer, den er aus der Küche entwendet hat. Ich renne 5 durch den Garten von einem Wasserhahn zum andern und drehe sie ganz auf, während Dora im Keller den schweren Griff des Hahns „Garten" zuwindet. Schluß mit dem Garten, Schluß mit dem alten Jahr. Aber die Fische bleiben, und Carlus ist stolz darauf, mit seinen Maiskolben und Futterkrippen sogar 10 die Zugvögel daran gehindert° zu haben, nach Süden zu flie- gen. Alles, was sie brauchen, finden sie auf seiner Fensterbank und im Garten, aus dem ich das alte Jahr mit einer Weidenrute peitschend vertreiben will. Der Garten birgt die ganzen Jahre, die ich gelebt habe. 15

Dora sagt: Ich freu mich. Wir kriegen neue Sachen. Wir werden die Fichtennadeln verbrennen. Es ist heiß, uns ist schlecht am Magen, wir haben vom Morgen bis zum Abend pelzige Zungen von den Süßigkeiten. Die Puppen sehen aus wie fremde Puppen. 20

Ich drehe alle Wasserhähne auf. Aber bei dem letzten ist das Gewinde ausgeleiert, ich habe vergessen, nach welcher Richtung ich drehen muß, rechts, links, ich halte den Griff in der Hand. Ich werfe ihn ins Gras. Dort wird er also bleiben. Einer der Wasserhähne wird nicht mitspielen°. Das schwarze 25 Vogeltupfenmuster der Birkenkronen springt hin und her. Ich kann den Garten nicht beruhigen. Wir schneiden die toten Äste von den Bäumen, rings um die Stämme liegen jetzt Kränze von schwarzen blanken Herbsthölzern°. Doch die Kiefern können wir nicht zum Schweigen bringen. 30

Dora sagt: Und an Silvester machen wir Feuerwerk°. Wir essen heißen Speck mit Rosinen und trinken glühenden Beerenwein mit Ingwer und Vanille°. Wir sind ganz be- trunken.

Ich habe schon einen Freund. Aber er gehört nicht mehr in 35 dieses Jahr. Carlus springt die Terrassenstufen hinunter mit seinem Futterbeutel, er streut Hanfsamen und Hirseähren und Ameisenpuppen, umrauscht von seinen Vögeln. Ich möchte den Garten töten.

5. unverbesserlich   *incorrigible*
6. die Geschwister   *(pl.) brother(s) and sisters(s)* · der
   Zerstäuber   *pulverizer* · vernichten = zerstören
7. giftig   *poisonous* · gelb   *yellow*
8. das Salat'kraut   *lettuce leaves* · fahl   *faded*
9. der Schnittlauchschopf   *chive top*
10. huschen   *flit* · vorbestimmt   *predetermined* · das Flecken-
    muster   *pattern of spots*
11. vermeiden†   *avoid*

Dora sagt: Diesmal wird Carlus aufbleiben dürfen. Diesmal werde ich keinen Mittagsschlaf° halten müssen.

Mein Freund, das neue Jahr. Mein Freund, meine Erwartung. Alle neuen Jahre. Schluß mit allen alten Jahren. Ich schreite jetzt, an der Spitze meiner unverbesserlichen Geschwister, durch den Garten mit dem Zerstäuber, jetzt vernichte ich mit giftigen gelben Wolken den Garten. Wir werden keine Salatkräuter mehr holen können, ich vergifte° die fahlen Schnittlauchschöpfe. Aber die Fische sind gerettet, die Vögel huschen hin und her in ihrem vorbestimmten Fleckenmuster. Es wird sich nicht vermeiden lassen, sie mit hinüberzunehmen in das neue Jahr.

ELIAS CANETTI, who is of Sephardic Jewish extraction, was born in Bulgaria in 1905 but grew up in England, Switzerland, Germany, and Austria. He attended the University of Vienna and received a doctorate in chemistry in 1929. Shortly before World War II Canetti fled Austria (which had been occupied by Hitler's troops) and returned to England, where he still lives. In addition to an influential novel, *Die Blendung* (1936), equally famous in its English translation *Auto da Fé*, he has written three plays, a "travel study" of Morocco, and a number of essays and sketches dealing with social and general cultural themes. In 1972 he was awarded the Büchner Prize of the German Academy of Language and Literature in Darmstadt.

Umkehrungen belongs to a type for which Canetti has become well known and in which he is especially adept. The *Aufzeichnung* or literary sketch often suggests a preliminary study or something unfinished. But its incomplete form—often its "formlessness"—may also be only a matter of externals, for which another kind of unity should be substituted. The reversals depicted here are apparently unconnected—but is there not another way (the reader's task) of establishing coherence to these six examples of revenge taken in and upon a world whose pride of congruity barely masks the very opposite?

die Umkehrung   *reversal*
1. das Begräbnis   *burial* · der Sarg   *coffin*
2. der Leidtragende   *mourner*
3. auf-tauchen   *show up, appear* · der Hinterhalt   *ambush*
5. hüllen   *envelop*
6. der Verbrecher   *criminal* · der Polizist'   *policeman*
8. der Maulkorb   *muzzle*
9. die Leine   *leash*
10. die Licht'rekla'me   *neon sign, illuminated sign* · tauschen
    (ex)change · der Buchstabe   *letter*
11. an-preisen†   *recommend, extol*
12. behängen   *adorn, outfit* · die Kralle   *claw* ·
    entlassen†   *release*

14. die Rippe   *rib* · blasen†   *blow*
15. der Lehm   *clay*

Umkehrungen

by Elias Canetti

Beim Begräbnis ging der Sarg verloren. Man schaufelte° die Leidtragenden eilig ins Grab°. Der Tote tauchte plötzlich aus dem Hinterhalt auf und warf jedem eine Handvoll Erde in sein Grab nach.

Die Lichter gingen aus, die Stadt war in Dunkelheit gehüllt. 5
Die Verbrecher bekamen Angst und ließen die Polizisten laufen.

Der Hund nahm seinem Herrn den Maulkorb ab, behielt ihn aber an der Leine.

In einer Lichtreklame tauschten die Buchstaben ihre Stelle 10
und warnten° vor der angepriesenen Ware°.

Die Katze behängte die Maus mit ihren Krallen und entließ sie ins Leben.

Gott tat die Rippe in Adams Seite zurück, blies ihm den Atem aus und verformte° ihn wieder zu Lehm. 15

GÜNTER SEUREN One of the more recent writers represented in *Lebendige Literatur,* Günter Seuren was born in 1932 in Wickrath am Niederrhein. After graduation from the Gymnasium in Rheydt (1953), he worked for a time as journalist but by 1955 was able to live as "freier Schriftsteller," i.e., entirely from his literary work. Seuren has published four novels, a collection of poetry with the arresting title *Winterklavier für Hunde* (1961), a number of stories, and radio and television plays.

Andere Schritte might be subtitled "The Man who would be Different" were it not that 'differentness' is not seen here merely as deviation from the "normal" behavior of others but as a personal discovery and a clear-headed resolution. To break so drastically with tradition (convention) and go against the grain has its firm logic, to be sure, but also its skeptics—and its tragedy. Certain *Novellen* and other short fictional forms exhibit what German critics call a *Pointe,* a final startling revelation or "capping of the climax" which throws the story into substantially new focus. Seuren's use of the *Pointe* is unmistakable: "heute schon der vierte," raises seemingly drunken behavior to a sudden and serious insight—to be made, of course, by the reader. But might not the reader for that reason object to the very last line of the story? On what grounds?

---

3. die Anstrengung *exertion*
4. blasen† *blow*
5. die Bö *gust*
6. die Brise *breeze*
8. stetig *steady, constant* · der Krebs *crab*
11. die Amsel *blackbird*
12. das Gebüsch *bushes, shrubbery* · stochern *peck, poke around* · die Taube *dove, pigeon*
13. überkommen† *come over*
15. sich verengen *get narrow*
16. übergehen† *pass by* · übersehen† *overlook*

22. die Umkehr *complete change, turning back*

Andere Schritte

by Günter Seuren

„Ich gehe rückwärts, weil ich nicht länger vorwärtsgehen°
will", sagte der Mann. Er war über mittelgroß°, bleich vor
Anstrengung, sich auf das Rückwärtsgehen zu konzentrieren,
und hatte eine vom Wind gerötete° Nase. Es blies ein heftiger
Westwind, und die Böen, die die übrigen Fußgänger°, mit   5
denen der Mann in die gleiche Richtung ging, nur als Brise im
Rücken empfanden, trafen ihn mitten° ins Gesicht. Er bewegte
sich langsamer als die anderen, aber stetig wie ein Krebs im
Rückwärtsgang°.

„Eines Tages", sagte der Mann, „war ich ganz allein in   10
einem windstillen° Park°. Ich hörte die Amseln neben mir
im Gebüsch nach Futter stochern, ich hörte Tauben rufen
— und eine große Ruhe überkam mich. Ich ging ein paar
Schritte rückwärts, und ich weiß jetzt: wenn man immer nur
vorwärtsgeht, verengt sich der Weg. Als ich anfing, rück-   15
wärtszugehen, sah ich die übergangenen und übersehenen
Dinge, ich hörte sogar das Überhörte°. Sie werden entschuldigen, wenn ich mich Ihnen nicht ganz verständlich°
machen kann. Verlangen Sie keine Logik° von mir, die
Entdeckung, die ich gemacht habe, läßt sich nicht in Worte   20
fassen. Und denken Sie auch nicht, daß ich ein Mann der
Umkehr bin, nein, ich kehre nicht um, ich . . .", der Mann

1. geradeaus' *straight ahead*

4. überliefert *traditional*

7. der Abstand *sense of distance*

12. sich durch-setzen *prevail*

16. ein-fallen† *occur*
17. zu Staub verfallen† *turn to dust*
18. das Stadium *stage*
19. scheinbar *seeming*
20. fortan' *henceforth*
21. kriegerisch *military* · die Auseinan'dersetzung *dispute*
22. der Stamm *tribe* · derart *in such a fashion* · der Gegner *opponent*
23. der Streich *stroke* · der Hieb *blow*
24. pur *empty* · erschöpfen *exhaust*
25. das Heer *army*
26. anschließend *ensuing*
27. die Schlacht *battle*
28. der Muskelkater *case of sore muscles*
29. zu-geben† *admit* · das Ventil' *vent, escape valve*

33. lenken *direct*

35. der Dau'erklavier'spieler *marathon (endurance) pianist*

38. die Anspielung *allusion* · aus der Fassung bringen *disconcert*

schwieg ein paar Sekunden° und sah entschlossen geradeaus, „es wird Sie verwundern . . . aber ich bin kein Träumer."

„Was sind Sie dann?" sagte der Begleiter, ein Mann, der sich im überlieferten Vorwärtsgang bewegte. „So kommen Sie doch nicht weiter. Eines Tages sind Sie stehengeblieben, 5 vielleicht wollten Sie das Gras wachsen hören, Sie traten ein paar Schritte zurück, um Abstand zu haben. War es so?"

Der rückwärtsgehende Mann sah seinen Begleiter an, sein Blick war sanft. „Mein Experiment° ist noch nicht abgeschlossen." 10

„Glauben Sie, daß Ihre Art der Fortbewegung sich durchsetzen wird?" sagte der Begleiter.

„Eine schwer zu beantwortende° Frage", sagte der Mann und hielt den Blick auf einen Punkt gerichtet, den der andere nicht erkennen konnte. „Übrigens ist meine Idee° nicht neu. 15 Wie mir später eingefallen ist, hatte ein längst zu Staub zerfallenes Volk ähnliche Probleme° zu lösen wie wir. Es war ebenfalls in ein Stadium getreten, da sein Weiterleben in Frage stand. Es half sich auch auf eine scheinbar seltsame Weise, Sie können auch Trick° sagen, wenn Sie so wollen: Fortan wurden 20 kriegerische Auseinandersetzungen unter den einzelnen Stämmen derart ausgetragen, daß sich die Gegner mit dem Rücken gegeneinanderstellten und so lange ihre Streiche und Hiebe in purer Luft ausführten, bis einer nach dem anderen erschöpft zu Boden sank. Schweratmend fielen ganze Heere ins Gras, und 25 der anschließende Schlaf war verdient. Es waren tagelange, aber unblutige Schlachten, und die einzige Folge war ein gewaltiger Muskelkater. Wie finden Sie das?"

„Zugegeben — ein brauchbares Ventil für Naturvölker°", sagte der Begleiter, „aber nichts für uns. Was also versprechen 30 Sie sich von Ihrem Rückwärtsgang?"

„Ich hoffe", sagte der Mann, „daß ich die Aufmerksamkeit auf mich lenke."

„Das tun Sie auf jeden Fall", sagte der Begleiter. „Das tut auch ein Dauerklavierspieler oder einer, der fünfzig Kilo- 35 meter° auf Händen geht."

Aber der rückwärtsgehende Mann ließ sich durch solche Anspielungen nicht aus der Fassung bringen.

2. auf-leben *feel revived*

4. die Ansicht *view* · vertreten† *represent, advance* ·
immerhin' *in any event*

8. die Verzeihung = Entschuldigung
9. ein Protokoll' wegen groben Unfugs bekommen *be booked
for disorderly conduct*

15. zusam'men-stoßen† mit *bump into*

21. die Verabredung *engagement*
22. das Gedränge *crowd*

24. Luft schöpfen *catch one's breath*
25. der Riß *tear, gap*
26. die Asphalt'decke *pavement*

29. an-wachsen† *grow*
30. auf . . . zu *toward*

34. der Aufprall *impact* · verrenken *become disjointed*

37. bezeugen *testify to*

„Ich hoffe, ich werde verstanden", sagte er. „Als ich das erstemal rückwärtsging, lebte ich auf."

„Schon gut", sagte der Begleiter, „Sie sind nicht der erste, der solche Ansichten vertritt. Immerhin schlagen Sie etwas Praktisches° vor, doch zweifle ich sehr, daß Sie Erfolg haben." 5

„Erfolg oder nicht", sagte der Mann, „wir sollten es versuchen, wir alle."

„Verzeihung", sagte der Begleiter, „ich denke in Tatsachen: Haben Sie nie ein Protokoll wegen groben Unfugs bekommen?" 10

Der rückwärtsgehende Mann sah seinem Begleiter zum erstenmal voll ins Gesicht.

„Ein einziges Mal", sagte er lächelnd, „das war am Anfang, als ich noch unsicher war."

„Und heute stoßen Sie mit keinem mehr zusammen?" 15

„Niemals!" sagte der Mann noch immer lächelnd.

Sie schwiegen. Mit elastischen° Schritten ging der Mann rückwärts. Der Begleiter hatte Mühe, ihm zu folgen. Der Mann, der rückwärtsging, wurde schneller.

„Entschuldigen Sie", sagte er, „ich muß mich leider etwas 20 beeilen°. Ich habe noch eine Verabredung. Auf Wiedersehen." Dann verschwand er im Gedränge. Der Begleiter verlangsamte° seinen Schritt wie jemand, der zurückbleibt, um Luft zu schöpfen.

Wenige Augenblicke später geschah es. Wie aus einem Riß 25 in der Asphaltdecke aufgestiegen, explodierte ein mehrstimmiger° Schrei. Die Leute blieben stehen und sahen in eine bestimmte Richtung. Erst waren es einzelne, dann ganze Gruppen°, die sich auf einen schnell anwachsenden Kreis zubewegten. 30

Als der Begleiter schließlich so weit vorgedrungen war, daß er in den Kreis sehen konnte, sah er, daß der Mann, der rückwärtsgegangen war, wie eine vom Himmel gefallene große Marionette°, der sich beim Aufprall die Glieder verrenkten, auf dem Asphalt lag. 35

Aus dem Kreis sagte jemand: „Der Wagen hat keine Schuld, das kann ich bezeugen."

Und ein anderer sagte: „Er muß betrunken sein, er ging rückwärts."

2. sich bücken *bend*

5. die Wange *cheek*
6. stumpf *dull, indifferent*

8. frei *open* · das Gefallen *pleasure*

11. Angaben machen *testify, make a statement*

Der Begleiter schob sich in die Mitte des Kreises und bückte sich über den Mann.

„Können Sie mich verstehen?"

„Ja", sagte der Mann und bewegte sich nicht. Er lag mit der linken Wange auf dem Asphalt und sprach in die graue 5 stumpfe Decke hinein. „Versuchen Sie es einmal, wenn Sie ganz allein sind. Irgendwo. In einem Park oder nachts an einer freien Stelle. Ich hoffe, Sie werden Gefallen daran finden. Und machen Sie es besser als ich."

Polizisten° betraten den Kreis. 10

„Können Sie Angaben machen?" sagte einer zu dem Begleiter.

„Er wollte rückwärtsgehen", sagte der Begleiter.

„Das ist heute schon der vierte, der das versucht", sagte der Polizist. „Was ist nur mit den Leuten los?"

KURT MARTI Pastor and poet Kurt Marti (born in Berne in 1921) writes both in German and in his native Swiss dialect. In poetry and fiction alike Marti is concerned with breaking down the cliché, with pricking the surface of the simple to see what turns up. *Neapel sehen* offers a simple lesson in psychology: the hateful, robot-like life is really a major part—forty years' worth—of the man himself. Remove the hateful part, and part of the man himself is taken away. We need what we hate; indeed, it might seem that we need hate itself. But like a trunk with a false bottom, this little parable has an additional hidden layer, for haven't the factory and the life of piecework really more claim to reality than the garden? Background is far more important than foreground, and so the screen must come down: the factory must be restored—piecemeal!—to the man who, in dying, can "survey" his life. Familiarity may breed contempt, but the dying man's smile suggests much more. What, for example, does the factory have to do with the story's title?

Nea′pel   *Naples (cf. the Italian proverb, "vedi Napoli e poi mori")*
1. die Bretterwand   *wooden partition, board fence*
2. die Fabrik′   *factory* · häuslicher Blickkreis   *view from the house*
5. beschleunigen   *speed up* · die Hetze   *mad rush, scramble*
6. die Akkord′prämie   *bonus for extra piece-work* · der Wohlstand   *prosperity*

12. sich schonen   *take care of oneself* · der Meister   *here: foreman*
14. verlogen   *false* · die Rücksicht   *consideration*
15. der Greis   *old man*

20. der Abschluß   *enclosure, bounds*

22. beizen   *stain* · das Brett   *board, plank*
23. die (das) Blust = die Blüte   *bloom*

Neapel sehen

by Kurt Marti

Er hatte eine Bretterwand gebaut. Die Bretterwand entfernte
die Fabrik aus seinem häuslichen Blickkreis. Er haßte die
Fabrik. Er haßte seine Arbeit in der Fabrik. Er haßte die
Maschine°, an der er arbeitete. Er haßte das Tempo° der
Maschine, das er selber beschleunigte. Er haßte die Hetze nach 5
Akkordprämien, durch welche er es zu einigem Wohlstand,
zu Haus und Gärtchen gebracht hatte. Er haßte seine Frau,
so oft sie ihm sagte, heut nacht hast du wieder gezuckt. Er
haßte sie, bis sie es nicht mehr erwähnte. Aber die Hände
zuckten weiter im Schlaf, zuckten im schnellen Stakkato° der 10
Arbeit. Er haßte den Arzt, der ihm sagte, Sie müssen sich schonen, Akkord ist nichts mehr für Sie. Er haßte den Meister,
der ihm sagte, ich gebe dir eine andere Arbeit, Akkord ist
nichts mehr für dich. Er haßte so viele verlogene Rücksicht, er
wollte kein Greis sein, er wollte keinen kleineren Zahltag°, 15
denn immer war das die Hinterseite von so viel Rücksicht,
ein kleinerer Zahltag. Dann wurde er krank, nach vierzig
Jahren Arbeit und Haß zum ersten Mal krank. Er lag im Bett
und blickte zum Fenster hinaus. Er sah sein Gärtchen. Er sah
den Abschluß des Gärtchens, die Bretterwand. Weiter sah er 20
nicht. Die Fabrik sah er nicht, nur den Frühling im Gärtchen
und eine Wand aus gebeizten Brettern. Bald kannst du wieder
hinaus, sagte die Frau, es steht alles in Blust. Er glaubte ihr

2. ein Elend   *wretched, miserable*

4. langweilig   *boring, tiresome*

8. die Lücke   *hole*

10. sich beklagen = klagen
11. ab-lenken   *divert*
12. die Hälfte   (*cf.* halb)
13. verfolgen   *follow*
14. der Schlot   *smokestack*

17. das Büro'   *office*

20. gesamt   *whole* · das Fabrik' areal'   *factory area* ·
    entspannen   *relax*

nicht. Geduld, nur Geduld, sagte der Arzt, das kommt schon wieder. Er glaubte ihm nicht. Es ist ein Elend, sagte er nach drei Wochen zu seiner Frau, ich sehe immer das Gärtchen, sonst nichts, nur das Gärtchen, das ist mir zu langweilig, immer dasselbe Gärtchen, nehmt doch einmal zwei Bretter aus der 5 verdammten° Wand, damit ich was anderes sehe. Die Frau erschrak. Sie lief zum Nachbarn. Der Nachbar kam und löste zwei Bretter aus der Wand. Der Kranke sah durch die Lücke hindurch, sah einen Teil der Fabrik. Nach einer Woche beklagte er sich, ich sehe immer das gleiche Stück der Fabrik, das 10 lenkt mich zu wenig ab. Der Nachbar kam und legte die Bretterwand zur Hälfte nieder. Zärtlich ruhte der Blick des Kranken auf seiner Fabrik, verfolgte das Spiel des Rauches über dem Schlot, das Ein und Aus der Autos° im Hof, das Ein des Menschenstromes am Morgen, das Aus am Abend. Nach 15 vierzehn Tagen befahl er, die stehengebliebene Hälfte der Wand zu entfernen. Ich sehe unsere Büros nie und auch die Kantine° nicht, beklagte er sich. Der Nachbar kam und tat, wie er wünschte. Als er die Büros sah, die Kantine und so das gesamte Fabrikareal, entspannte ein Lächeln die Züge des 20 Kranken. Er starb nach einigen Tagen.

SUGGESTIONS "Ahnung" is another statement of transitoriness, of the imminence, omnipresence, and suddenness of death. The statement is couched in four syntactically and semantically parallel images of daily life. What is the effect of—and probable reason for— the apparent overstatement: in every action of living every human being knows or senses that he will soon die? The last strophe maintains one structural common denominator (hinging on *aber*), but is otherwise syntactically and semantically different. How? In what way does it recapitulate and generalize? Is there any consolation? Why swallows? (Weisenborn could have chosen bats!)

7. die Klinke   *latch, doorknob*   8. der Nächste   *also means next of kin*   10. ahnen   *sense, have a presentiment* · Ostern *Easter*   14. der Rausch   *intoxication*   15. das Hirn   *brain* 16. das Ei   *egg*   18. eilig (*cf.* eilen) · die Schwalbe   *swallow*

Ahnung

Wer am Tisch sitzt und ißt,
hört schon vor der Tür
die Schritte derer,
die ihn hinaustragen werden.

Der die Lampe° andreht, weiß,   5
seine Hand wird kalt
wie die Klinke sein,
eh der Nächste die Lampe ausdreht.

Wer sich früh anzieht,
ahnt, daß er Ostern   10
mit diesem Anzug
unter der Wiese liegt.

Wer den Wein trinkt, weiß,
dieser Rausch wird
sein Hirn nicht mehr erreichen,   15
sondern auslaufen wie ein Ei.

Leicht ist der Schrei
der eiligen Schwalben.
Sie sind rasch, aber rascher
als sie ist das Ende.   20

GÜNTHER WEISENBORN

HERBERT MARCUSE   One writer in this book unlikely to need an introduction to American students is Herbert Marcuse. Emigré from Nazi Germany, Professor of Philosophy at the University of California, San Diego (earlier at Brandeis), teacher of Angela Davis, advocate of radicalization of culture and subversive resistance in the interest of "true freedom," he is the intellectual fountainhead of the New Left. He coined definitions which, whatever one's stance on society, must be weighed thoughtfully. "Obscene" is not the bare human frame but the general covered with his military uniform and his decorations. Liberty of thought and action bestowed as a largesse from those in power to those beneath is a snare and a conspiracy; it is "repressive tolerance." That he is personally "homey," conventional in appearance, a genial, cigar-puffing, popular teacher, that he once worked for the Office of Strategic Services and the U.S. Department of State, that he defends the American university (often beleaguered in his name) as an "oasis of free speech"—all this does not alter the basic fact that he is one of the great revolutionary thinkers of our time.

Among his most influential books are *Eros and Civilization, Essay on Liberation,* and the one from which our selection is taken: *One-Dimensional Man (Der eindimensionale Mensch,* 1967). These compact parables reflect Marcuse's conviction that technological affluence is enervating and corrupting, that the necessity of "radical" change extends even to the point of uprooting what is seemingly most tolerable in our way of life.

---

from Der eindimensionale Mensch

by Herbert Marcuse

1)

Ich fahre in einem neuen Auto°. Ich erlebe seine Schönheit,
seinen Glanz, seine Stärke° und Bequemlichkeit — aber dann
wird mir bewußt, daß es sich in relativ° kurzer Zeit abnutzen
und reparaturbedürftig sein wird; daß seine Schönheit und
Oberfläche billig sind, seine Kraft unnötig, seine Größe idio-   5
tisch° und daß ich keinen Parkplatz finden werde. Es kommt
mir in den Sinn, daß *mein* Wagen das Produkt° einer der drei
großen Automobilkonzerne° ist. Diese bestimmen über das
Aussehen meines Wagens und bringen seine Schönheit wie
seine Billigkeit hervor, seine Kraft wie seine Unzuverlässigkeit,   10
sein Funktionieren wie sein Veralten. Ich fühle mich gewis-
sermaßen betrogen. Ich glaube, daß der Wagen nicht ist, was
er sein könnte, daß sich bessere Wagen für weniger Geld her-
stellen ließen. Aber der andere muß halt auch leben. Die
Löhne und Steuern sind zu hoch; Umsatz ist notwendig; es   15
geht uns viel besser als früher. Die Spannung zwischen Erscheinung und Wirklichkeit zergeht, und beide verschmelzen
zu einem recht angenehmen Gefühl.

2)

Ich gehe auf dem Lande spazieren. Alles ist, wie es sein sollte:
die Natur zeigt sich von ihrer besten Seite. Vögel, Sonne,   20

2. der Benzin′geruch   *gasoline smell*

4. das Rekla′meschild   *billboard* · die Tankstelle   *gas station*
5. die Gaststätte   *inn*
6. das Schutzgebiet   *protected area, preserve*
7. hegen   *protect, preserve*

9. die Wurst   *sausage ("hotdog")*
10. Einzug halten†   *move in*
11. dankbar   *grateful*

weiches Gras, ein Blick durch die Bäume auf die Berge, niemand zu sehen, kein Radio°, kein Benzingeruch. Dann biegt der Pfad° ab und endet auf der Autobahn. Ich bin wieder unter Reklameschildern, Tankstellen, Motels° und Gaststätten. Ich war im Nationalpark° und weiß jetzt, daß das Erlebte 5 nicht die Wirklichkeit war. Es war ein „Schutzgebiet", etwas, das gehegt wird wie eine aussterbende Art. Wenn die Regierung nicht wäre, hätten die Reklameschilder, die Verkaufsstände° für heiße Würstchen und die Motels längst in dieses Stück Natur ihren Einzug gehalten. Ich bin der Regierung 10 dankbar; wir haben es viel besser als früher . . .

SIEGFRIED LENZ *Die Nacht im Hotel* is typical of Siegfried Lenz's fiction during the late 50's and the 60's. Moving from the highly symbolic style of his earlier novels, Lenz (born in 1926) became a realist—some might say a sentimental realist—in the manner of Ernest Hemingway: his figures and situations are of the everyday world, depicted in the unadorned style of post-Naturalist realism, with clarity and directness of language and little overt imagery. They remain, if not "symbolic," openly transcendent in meaning and ethical concern. The plots are paradigmatic. His novel *Deutschstunde* (1968), one of the major accomplishments of recent German fiction, concerns the inner conflict and sacrificial resolve of a youth caught between (and doubly abandoned by) his inflexible, bureaucratic father and an artist branded as "decadent" by the Nazis for whom his father works. It tells of the boy's incarceration in a "training school," the attempt of his doctors to free him from guilt feelings and to prepare him for "return to society." Lenz's lesson: without awareness of guilt there is no freedom. The present story is too slender to bear such an extensive message, but it moves, in the most ordinary environment, from despair at lack of human contact to an unexpected assertion of altruism, kindness, and affection.

Lenz studied philosophy and English at the University of Hamburg, beginning his studies after the fall of Germany, supporting himself by (among other things) giving blood and trading on the grey market. He did not finish his degree but went into journalism and publishing. He is now a free lance writer in Hamburg.

---

2. die Kuppe *finger-end* · die Kladde *register, jotter* · bedauernd *regretful, apologetic*
4. spannen *stretch, tighten*
6. nirgendwo *nowhere*
7. es steht Ihnen . . . frei *you are at liberty* · nach-fragen *inquire*
9. ergebnislos *without result, unsuccessful*
16. teilen *share*

22. das An'meldeformular' *registration form*

Die Nacht im Hotel

by Siegfried Lenz

Der Nachtportier° strich mit seinen abgebissenen Fingerkuppen über eine Kladde, hob bedauernd die Schultern und drehte seinen Körper zur linken Seite, wobei sich der Stoff seiner Uniform gefährlich unter dem Arm spannte.

„Das ist die einzige Möglichkeit", sagte er. „Zu so später 5
Stunde werden Sie nirgendwo ein Einzelzimmer bekommen. Es steht Ihnen natürlich frei, in anderen Hotels nachzufragen. Aber ich kann Ihnen schon jetzt sagen, daß wir, wenn Sie ergebnislos zurückkommen, nicht mehr in der Lage sein werden, Ihnen zu dienen. Denn das freie Bett in dem Doppel- 10
zimmer°, das Sie — ich weiß nicht aus welchen Gründen — nicht nehmen wollen, wird dann auch einen Müden gefunden haben."

„Gut", sagte Schwamm, „ich werde das Bett nehmen. Nur, wie Sie vielleicht verstehen werden, möchte ich wissen, mit 15
wem ich das Zimmer zu teilen habe; nicht aus Vorsicht, gewiß nicht, denn ich habe nichts zu fürchten. Ist mein Partner° — Leute, mit denen man eine Nacht verbringt, könnte man doch fast Partner nennen — schon da?"

„Ja, er ist da und schläft." 20

„Er schläft", wiederholte Schwamm, ließ sich die Anmelde-formulare geben, füllte sie aus und reichte sie dem Nacht-portier zurück; dann ging er hinauf.

1. unwillkürlich   *involuntary, mechanical*

3. an-halten† = halten
4. verursachen   *cause*

8. selbstverständlich   *obvious*

10. rechtmäßig   *legitimate* · ein-weisen†   *direct, send*
11. bereits = schon
12. die Klinke   *latch*
13. tasten   *grope, feel* · die flache Hand   *flat of the hand* · der Lichtschalter   *light switch*
14. inne-halten†   *stop, pause*

18. der Gefallen   *favor*

22. stolpern   *stumble* · die Krücke   *crutch*
23. der Koffer   *suitcase*

25. dirigieren   *direct*
26. wiederum   *again, anew*

28. berühren   *touch*
29. gehorchen   *obey* · sich entkleiden = sich ausziehen
30. schlüpfen   *slip* · die Atemzüge *(pl.)* *breathing*
31. vorerst'   *for the time being*

33. zögern   *hesitate*

37. der Kongreß   *meeting, congress*

Unwillkürlich verlangsamte° Schwamm, als er die Zimmertür mit der ihm genannten Zahl erblickte°, seine Schritte, hielt den Atem an, in der Hoffnung, Geräusche, die der Fremde verursachen könnte, zu hören, und beugte sich dann zum Schlüsselloch hinab. Das Zimmer war dunkel. In diesem 5 Augenblick hörte er jemanden die Treppe heraufkommen, und jetzt mußte er handeln. Er konnte fortgehen, selbstverständlich, und so tun, als ob er sich im Korridor° geirrt habe. Eine andere Möglichkeit bestand darin, in das Zimmer zu treten, in welches er rechtmäßig eingewiesen worden war und in dessen einem Bett bereits ein Mann schlief. 10

Schwamm drückte die Klinke herab. Er schloß die Tür wieder und tastete mit flacher Hand nach dem Lichtschalter. Da hielt er plötzlich inne: neben ihm — und er schloß sofort, daß da die Betten stehen müßten — sagte jemand mit einer 15 dunklen, aber auch energischen° Stimme:

„Halt! Bitte machen Sie kein Licht. Sie würden mir einen Gefallen tun, wenn Sie das Zimmer dunkel ließen.“

„Haben Sie auf mich gewartet?“ fragte Schwamm erschrocken; doch er erhielt keine Antwort. Statt dessen sagte der 20 Fremde:

„Stolpern Sie nicht über meine Krücken, und seien Sie vorsichtig, daß Sie nicht über meinen Koffer fallen, der ungefähr in der Mitte des Zimmers steht. Ich werde Sie sicher zu Ihrem Bett dirigieren: Gehen Sie drei Schritte an der Wand entlang, 25 und dann wenden Sie sich nach links, und wenn Sie wiederum drei Schritte getan haben, werden Sie den Bettpfosten° berühren können.“

Schwamm gehorchte: er erreichte sein Bett, entkleidete sich und schlüpfte unter die Decke. Er hörte die Atemzüge des 30 anderen und spürte, daß er vorerst nicht würde einschlafen können.

„Übrigens“, sagte er zögernd nach einer Weile, „mein Name ist Schwamm.“

„So“, sagte der andere. 35

„Ja.“

„Sind Sie zu einem Kongreß hierhergekommen?“

„Nein. Und Sie?“

„Nein.“

1. geschäftlich *commercial, business; on business*

3. merkwürdig *strange, remarkable*

5. rangieren *shunt*

8. Selbstmord begehen *commit suicide*

13. bang *timid, anxious* · die Fröhlichkeit *gaiety*
14. Gott bewahre *God forbid!*

16. der Lausejunge *rascal, young devil* · seinetwegen *because
    of him*
17. das Krankenhaus *hospital*

21. zusam′men-hängen† *be connected* · äußerst *extremely*
22. sensi′bel *sensitive* · mimo′senhaft *touchy, highly sensitive
    (lit., mimosa-like)* · reagieren *react*

26. die Hinsicht *respect* · gefährden *endanger* · der Bengel
    urchin, boy
27. bedrohen *threaten*
29. ungereift *not yet mature*

33. die Schranke *barrier, crossing gate*

35. winken *wave* · verzweifelt *desperate*

38. verstört *disturbed* · benommen *confused*
39. heulen *howl, cry* · imstan′de *capable (of), able*

„Geschäftlich?"

„Nein, das kann man nicht sagen."

„Wahrscheinlich habe ich den merkwürdigsten Grund, den je ein Mensch hatte, um in die Stadt zu fahren", sagte Schwamm. Auf dem nahen Bahnhof rangierte ein Zug. Die Erde zitterte, und die Betten, in denen die Männer lagen, vibrierten.

„Wollen Sie in der Stadt Selbstmord begehen?" fragte der andere.

„Nein", sagte Schwamm, „sehe ich so aus?"

„Ich weiß nicht, wie Sie aussehen", sagte der andere, „es ist dunkel."

Schwamm erklärte mit banger Fröhlichkeit in der Stimme:

„Gott bewahre, nein. Ich habe einen Sohn, Herr . . . (der andere nannte nicht seinen Namen), einen kleinen Lause-jungen, und seinetwegen bin ich hierhergefahren."

„Ist er im Krankenhaus?"

„Wieso denn? Er ist gesund, ein wenig bleich zwar, das mag sein, aber sonst sehr gesund. Ich wollte Ihnen sagen, warum ich hier bin, hier bei Ihnen, in diesem Zimmer. Wie ich schon sagte, hängt das mit meinem Jungen zusammen. Er ist äußerst sensibel, mimosenhaft, er reagiert bereits, wenn ein Schatten auf ihn fällt."

„Also ist er doch im Krankenhaus."

„Nein", rief Schwamm, „ich sagte schon, daß er gesund ist, in jeder Hinsicht. Aber er ist gefährdet, dieser kleine Bengel hat eine Glasseele°, und darum ist er bedroht."

„Warum begeht er nicht Selbstmord?" fragte der andere.

„Aber hören Sie, ein Kind wie er, ungereift, in solch einem Alter! Warum sagen Sie das? Nein, mein Junge ist aus fol-gendem Grunde gefährdet: Jeden Morgen, wenn er zur Schule geht — er geht übrigens immer allein dorthin — jeden Morgen muß er vor einer Schranke stehen bleiben und warten, bis der Frühzug vorbei ist. Er steht dann da, der kleine Kerl, und winkt, winkt heftig und freundlich und verzweifelt."

„Ja und?"

„Dann", sagte Schwamm, „dann geht er in die Schule, und wenn er nach Hause kommt, ist er verstört und benommen, und manchmal heult er auch. Er ist nicht imstande, seine

3. jeden lieben Tag   *every single day* · kaputt′ gehen   *go to pieces, go to ruin, die*
4. veranlassen   *cause, incite* · das Verhalten   *behavior*

8. die Befürchtung(en)   *fear, apprehension*

11. lächerlich   *ridiculous* · eine diesbezügliche Vorschrift zu erlassen   *to issue a regulation to that effect*
13. das Elend   *misery*
14. auf-saugen†   *absorb*

17. an-gehen†   *concern, have to do with*
18. aus-weichen†   *avoid*

20. die Geburt   *birth*

22. fließen†   *flow*

26. das Bedenken   *doubt, scruple, hesitation* · das Vorhaben   *plan, intention*
27. sich schämen   *be ashamed*
28. betrügen†   *deceive* · zu-geben†   *admit, concede*
29. glatt   *plain, bare* · die Hintergehung   *deception*
30. auf-bringen†   *provoke, anger*
32. (sich) überlegen   *reflect on, ponder*

37. ausgeschlossen = unmöglich

Schularbeiten zu machen, er mag nicht spielen und nicht sprechen: das geht nun schon seit Monaten so, jeden lieben Tag. Der Junge geht mir kaputt dabei!"

„Was veranlaßt ihn denn zu solchem Verhalten?"

„Sehen Sie", sagte Schwamm, „das ist merkwürdig: Der Junge winkt, und — wie er traurig sieht — es winkt ihm keiner der Reisenden zurück. Und das nimmt er sich so zu Herzen, daß wir — meine Frau und ich — die größten Befürchtungen haben. Er winkt, und keiner winkt zurück; man kann die Reisenden natürlich nicht dazu zwingen, und es wäre absurd und lächerlich, eine diesbezügliche Vorschrift zu erlassen, aber . . ."

„Und Sie, Herr Schwamm, wollen nun das Elend Ihres Jungen aufsaugen, indem Sie morgen den Frühzug nehmen, um dem Kleinen zu winken?"

„Ja", sagte Schwamm, „ja."

„Mich", sagte der Fremde, „gehen Kinder nichts an. Ich hasse sie und weiche ihnen aus, denn ihretwegen habe ich — wenn man's genau nimmt — meine Frau verloren. Sie starb bei der ersten Geburt."

„Das tut mir leid", sagte Schwamm und stützte sich im Bett auf. Eine angenehme Wärme floß durch seinen Körper; er spürte, daß er jetzt würde einschlafen können.

Der andere fragte: „Sie fahren nach Kurzbach, nicht wahr?"

„Ja."

„Und Ihnen kommen keine Bedenken bei Ihrem Vorhaben? Offener gesagt: Sie schämen sich nicht, Ihren Jungen zu betrügen? Denn, was Sie vorhaben, Sie müssen es zugeben, ist doch ein glatter Betrug°, eine Hintergehung."

Schwamm sagte aufgebracht: „Was erlauben Sie sich, ich bitte Sie, wie kommen Sie dazu!" Er ließ sich fallen, zog die Decke über den Kopf, lag eine Weile überlegend da und schlief dann ein.

Als er am nächsten Morgen erwachte, stellte er fest, daß er allein im Zimmer war. Er blickte auf die Uhr und erschrak: bis zum Morgenzug blieben ihm noch fünf Minuten, es war ausgeschlossen, daß er ihn noch erreichte.

Am Nachmittag — er konnte es sich nicht leisten, noch eine

1. niedergeschlagen *depressed, dejected*
2. enttäuschen *disappoint*

5. die Faust *fist* · der Schenkel *thigh*

Nacht in der Stadt zu bleiben — kam er niedergeschlagen und enttäuscht zu Hause an.

Sein Junge öffnete ihm die Tür, glücklich, außer sich vor Freude. Er warf sich ihm entgegen und hämmerte° mit den Fäusten gegen seinen Schenkel und rief:

„Einer hat gewinkt, einer hat ganz lange gewinkt."

„Mit einer Krücke?" fragte Schwamm.

„Ja, mit einem Stock. Und zuletzt hat er sein Taschentuch° an den Stock gebunden und es so lange aus dem Fenster gehalten, bis ich es nicht mehr sehen konnte."

5

10

GEORG VON DER VRING In 1968, at the age of almost 80, Georg von der Vring drowned in the Isar River in Munich. It was the end of a long career as teacher, painter, and writer, marked in all these facets by quiet humanity, gentle humor, and faith in conscience and eternal values. Von der Vring's optimism is not shallow, nor was it cheaply purchased. He writes often of suffering and deprivation, of human shortcomings and the senselessness of war. He himself was drafted in World War I and repeatedly wounded; he escaped from an American military prison in 1919, was called up again in World War II (at age 50) and finally discharged in 1943. After his first great success as a novelist (with *Soldat Suhren* in 1927) he had become a free lance writer. He was also a poet and an important translator, adaptor, and anthologist of French and English lyric poetry. The present story bears witness to his quiet but not simplistic faith in the capacity of man to attain understanding and compassion.

1. begraben† *bury*
2. betrauern *mourn*
3. dirigieren *direct*
4. meines Wissens *as far as I know*
5. an-kündigen *announce*
7. vornehm *aristocratic*
9. ehemalig *former*

11. schwer fallen *be hard*
12. gewissenhaft *conscientious*
13. der Beruf *occupation* · aus-lernen *finish training*

15. vor-lesen† *read aloud*
16. der Ruhm *fame* · verkündigen *proclaim*

18. die Verleihung einer Auszeichnung *conferring of some distinction* · bekannt-geben† = ankündigen
19. die Begeisterung *enthusiasm*
20. garstig *mean* · nach-eifern *try to be like*

Der verleugnete Sohn

by Georg von der Vring

Heute ist mein Vater begraben worden. Wie sehr würde meine
Mutter seinen Tod betrauert haben! Ihr Leben lang hat sie
diesen Mann geliebt und verehrt°. In ein von ihm dirigiertes
Konzert° ist sie meines Wissens nur einmal gegangen. Später,
wenn eins in der Zeitung angekündigt wurde, pflegte sie zu   5
sagen: „Es ist nichts für uns, denn wir sind einfache Leute."

Bevor mein Vater die reiche und vornehme Frau heiratete,
hat er sich von meiner Mutter das Versprechen geben lassen,
ihr ehemaliges Verhältnis und daß es mich gibt geheimzu-
halten. Meine Mutter ist ihrem Versprechen treu gewesen, es   10
fiel ihr nicht schwer. Er schickte ihr in aller Heimlichkeit
Geld, viele Jahre hindurch, jeden Monat und gewissenhaft,
so lange, bis ich in meinem Beruf ausgelernt hatte und selber
verdiente.

Wie oft hat meine Mutter vorgelesen, wenn die Zeitung   15
nach einem Konzert seinen Ruhm verkündete, oder später,
wenn ein Jahrestag° seines Lebens gefeiert und etwa die Verleihung einer Auszeichnung bekanntgegeben wurde! Als ich
mit vierzehn Jahren anfing, gegen ihre Begeisterung zu rebel-
lieren, sagte sie: „Sei nicht garstig; eifere ihm nach, er ist lieb   20
und freundlich zu mir gewesen; heiraten hat er mich nicht
können, dazu stand er zu hoch."

Damals haßte ich ihn, und wenn meine Mutter so sprach,

1. schroff *brusque*

3. erleben *experience*
4. bekennen† *acknowledge, admit*

6. nagen *gnaw* · der Groll *anger*

9. her *ago*

14. der Kunde *customer*

16. der Rohrsessel *cane chair*
17. offenbar *obvious*
18. wahrhaftig *in fact* · schüchtern *reticent*
19. überlassen† *leave to*
20. sich erkundigen *inquire*
21. was mich anlangt *as for me*

23. öfters *frequently*
24. unbesorgt *without worry*
25. das Vorstadtviertel *(working class) suburb*

27. biswei'len = zuweilen · sich auf-halten† *stay*

29. neugierig *curious* · äußern *express, say*

31. es ging mit mir durch *I let it slip out*

33. jeweils *each time*
34. rätselhaft *puzzling*
35. die Schlichtheit *simple straightforward manner* · die Beschcidenheit *modesty*
36. hatten es mir angetan *had moved me, won me over*
37. Grüß Gott *hello*

antwortete ich ihr schroff; später habe ich um des Friedens willen geschwiegen. Meinen Haß° wird nur einer begreifen, der selber erlebt hat, daß der eigene Vater sich nicht zu ihm bekennt. Mein Vater war berühmt, gut; aber wo steht geschrieben, daß Berühmtheit° das natürliche Gefühl zerstören 5 muß? Bei Gott, dieser nagende Groll auf ihn, der erst in meinen dreißiger Jahren geringer wurde, hat mir sehr geschadet.

Eines Tages ist etwas geschehen. Sechs Jahre sind es her; bald nach der Zeit, als meine Mutter gestorben war, hat er 10 mich in meinem Laden aufgesucht°. Es war das erstemal, daß ich ihm Auge in Auge gegenüberstand; er war fünfundsechzig, ich vierzig. Er sagte: „Ich bin dein Vater, Martin." Und er reichte mir die Hand, die ich ergriff. Ein Kunde trat ein. Er stand und wartete, bis ich frei war. Ich lud ihn ein, auf meinem 15 Rohrsessel Platz zu nehmen, und dachte bei mir: Jetzt ist er offenbar alt und sentimental° geworden.

Zuerst schien er wahrhaftig etwas schüchtern zu sein. Ich überließ ihm den Anfang. Er sprach dann sehr freundlich, erkundigte sich nach meinem Leben, nach meiner Familie, 20 nach meinem Geschäft. Was mich anlangt, ich habe, auch später, ihn nie etwas gefragt; immer war er es, der etwas wissen wollte. Er ist von da an öfters gekommen, fast jeden Monat einmal. Er konnte es wohl unbesorgt tun, denn Leuten aus seinem Kreis würde er in unserem Vorstadtviertel kaum be- 25 gegnen. War das Geschäft nicht allzu lebhaft°, so hat er sich bisweilen wohl eine Stunde bei mir aufgehalten.

Es ist kein Zweifel, daß ich ihm ähnlich sehe; ich war immer etwas neugierig darauf, daß er selber es äußern würde — nun, vielleicht hat er es nicht empfunden. Einmal habe ich übrigens 30 doch eine Frage an ihn gerichtet — es ging mit mir durch, denn ich begann mich mit der Zeit in seiner Gegenwart freier zu fühlen; ja, ich entdeckte bei mir, daß ich jeweils auf seinen Besuch wartete und mich darauf freute; mir war es rätselhaft, aber seine Schlichtheit und Bescheidenheit hatten es mir 35 angetan — ich habe ihn also einmal gefragt, ob meine Kinder ihm Grüß Gott sagen dürften. Er schien erschrocken, schüttelte wortlos° den Kopf und sprach von anderen Dingen. —

Der verleugnete Sohn 307

2. die Kiste *box*
3. riesig *giant* · die Schachtel *box* · Prali'nen *(chocolate cream) candy*

7. gegen seine Gewohnheit *contrary to his custom*

9. unbehaglich *uncomfortable*
10. anderweitig *elsewhere, with other things*

13. der Skandal' *"talk," scandal*

17. Noblesse *as in "noblesse oblige"* · hinaus' wollen *mean, drive at*
19. kostbar *precious*
20. die Kellnerin *waitress* · diese Eigenschaft war ihr angeboren *she was born with this quality*
21. die Vornehmheit *(aristocratic) dignity* (= Noblesse)
22. sich ab-mühen *try and try* · erlangen *attain* · ungeeignet *unsuited*
24. sich zu-rechnen *account oneself* · beklagenswert *pitiable*

28. verantwortungslos *irresponsible*

31. die Feinfühligkeit *sensitivity* · zusam'men-hängen† *be connected*
33. drinnen *(cf.* draußen) · sich aus-söhnen *become reconciled*
34. unwiderstehlich *irresistible*
35. noch mehrmals *on many more occasions*
36. derweil *meanwhile*

38. keineswegs *by no means*
39. unverständig *ignorant*

„Du hast so gute Brasilzigarren°, Martin", konnte er sagen, „ich möchte mir wieder eine Kiste mitnehmen."

Eines Tages brachte er eine riesige Schachtel Pralinen und sagte: „Dies ist für deine Kinder, Martin." — „Danke", sagte ich. (Mit ‚Vater' habe ich ihn nie angeredet°, das brachte ich 5 nicht heraus.) Er setzte sich in den Rohrsessel, rauchte seine Brasil und sprach gegen seine Gewohnheit kein Wort. Meine Art war es nicht, ein Gespräch mit ihm zu beginnen; doch wurde mir sein Schweigen unbehaglich, und weil kein Kunde zu bedienen° war, machte ich mir anderweitig zu schaffen. 10 Plötzlich sagte er: „Martin, hör zu — ich werde von nun an nicht mehr zu dir kommen können. Du wirst dir denken, warum. Es hat Skandal gegeben." — Ich antwortete: „Dann ist es gewiß nicht mehr möglich." — „Du hast recht", sagte er, „aber sei sicher, daß es mir leid tut." 15

Nach einer Pause° fragte er: „Weißt du, was das ist: Noblesse?" — Ich wußte nicht, worauf er hinaus wollte, und schwieg. — „Das ist etwas, Martin, was deine Mutter besessen hat, etwas sehr Kostbares und sehr Seltenes. Sie war eine Kellnerin, aber diese Eigenschaft war ihr angeboren. Wem sie 20 nicht angeboren ist, die Vornehmheit, der kann sich noch so sehr abmühen, er erlangt sie nicht und bleibt ungeeignet für ein rechtes Leben unter Menschen. Ich rechne mich diesen beklagenswert Unvollkommenen durchaus zu, mein Lieber, durchaus. Sei stolz auf deine Mutter — ich weiß, du bist es." 25

Das ist vor zwei Jahren gewesen. Er hat meinen Laden nicht mehr betreten. Früher habe ich geglaubt, daß mein Vater ein verantwortungsloser Mensch sei. Seit jenem letzten Gespräch weiß ich, daß er nur schwach gewesen ist, schwach und weich; und ich frage mich manchmal, ob diese Schwäche° nicht mit 30 seiner großen künstlerischen Feinfühligkeit zusammenhängen kann. Ich bekenne, daß ich mich, seit ich anfing, über vieles nachzudenken, drinnen in mir mit ihm ausgesöhnt habe. Dieser Mann ist unwiderstehlich gewesen. Ich sah ihn übrigens noch mehrmals, denn ich bin in jedes Konzert, das er bei uns 35 noch gegeben hat, gegangen. Derweil geschah etwas Seltsames: Ich entdeckte in mir eine starke Neigung für die Musik° und erkannte, daß wir keineswegs, wie meine Mutter geglaubt hat, unverständige Leute sind.

1. das Begräbnis (begraben)
2. die Gruft   *grave*
3. der Vertreter   *representative*
4. der Staat   *state* · die Behörden   *government offices*
5. verschleiern   *veil*
6. der Kranz   *wreath*
7. die Schleife   *bow, ribbon* · der Golddruck   *gold letters* ·
   die Widmung   *tribute*
9. die Trauergemeinde   *group of mourners* · sich entfernen
   leave
10. der Strauß   *bouquet*

Und heute bin ich bei seinem Begräbnis gewesen. Ich hielt mich natürlich zurück. Vor der Gruft sah ich die Priester° und hörte sie singen und sprechen; und ich sah die Vertreter des Staates, der Behörden und der Akademien° und hörte sie sprechen; und sah seine Frau und die Töchter, tief verschleiert 5 und in Schwarz. Und ich sah die riesigen Kränze mit den Schleifen und dem Golddruck der Widmungen rund um seine Gruft sich häufen. Und als die Feier vorüber war und sich die letzten der Trauergemeinde entfernt hatten, habe ich zu mir gesagt: Jetzt du, Martin — und bin mit meinem Strauß an sein 10 Grab° getreten, wie er es wohl von mir erwartet hat.

SUGGESTIONS Wolf Biermann is an East Berliner, a loyal Marxist, one of the best known young poets of East Germany, yet often so active in his opposition to the bureaucracy that he can publish only in the West. His first poem is typical of the Brechtian tradition of the street song: colloquial, mordant, rough, satiric to the point of being sardonic. With Biermann there is no question of hiding behind ambiguities. If they are there, they are real. How then are we to judge the Party which behaves like the man of the ballad and yet doesn't suffer such permanent loss?

4. der Scheißhaufen *manure pile*   5. sich ekeln   *be disgusted*
13. das Beil *hatchet*   18. sauber   *clean, good*   21. die Wut kriegen   *become furious*   22. der Entschluß (entschließen)

Ballade vom Mann*

Es war einmal ein Mann
der trat mit seinem Fuß
mit seinem nackten Fuß
in einen Scheißhaufen.

Er ekelte sich sehr   5
vor seinem einen Fuß
er wollt mit diesem Fuß
kein Stück mehr weiter gehn.

Und Wasser war nicht da
zu waschen seinen Fuß   10
für seinen einen Fuß
war auch kein Wasser da.

Da nahm der Mann sein Beil
und hackte° ab den Fuß
den Fuß hackte er ab   15
in Eil mit seinem Beil.

Die Eile war zu groß
er hat den saubern Fuß
er hat den falschen Fuß
in Eile abgehackt.   20

Da kriegte er die Wut
und faßte den Entschluß
auch noch den andern Fuß
zu hacken mit dem Beil.

* der sich eigenhändig° beide Füße abhackte

313

3. die Kreide *chalk*   4. der Steiß *rump, rear*   5. Partei' =
kommunistische Partei   10. obig *above, aforementioned*

Die Füße lagen da
die Füße wurden kalt
davor saß kreideweiß
der Mann auf seinem Steiß.

Es hackte die Partei   5
sich ab so manchen Fuß
so manchen guten Fuß
abhackte die Partei.

Jedoch im Unterschied
zu jenem obigen Mann   10
wächst der Partei manchmal
der Fuß auch wieder an.

WOLF BIERMANN

SUGGESTIONS "Brigitte" represents the more lyrical tendency of Wolf Biermann's recent work. What elements carry over from such political poems as the "Ballade"? What elements are new? How does the form of the last four lines support the change in mood? The poem is highly structured; try to characterize it from this point of view and establish the relation of structure to meaning. Take into account the repetitional patterns in word and sound.

5. das Kino *movie*   7. die Kneipe *bar*   10. Spezi (*short for* Spezial', *here:* Spezialbräu) *"special"*   14. der Ausgang *exit*   16. öfters = oft   18. stieren *stare*   20. waren so frei *did as they pleased, did their business, didn't mind if they did*   25. besoffen = betrunken

Brigitte

Ich ging zu dir
dein Bett war leer.
Ich wollte lesen
und dachte an nichts.
Ich wollte ins Kino   5
und kannte den Film°.
Ich ging in die Kneipe
und war allein.
Ich hatte Hunger
und trank zwei Spezi.   10
Ich wollte allein sein
und war zwischen Menschen.
Ich wollte atmen
und sah nicht den Ausgang.
Ich sah eine Frau   15
die ist öfters hier.
Ich sah einen Mann
der stierte ins Bier.
Ich sah zwei Hunde
die waren so frei.   20
Ich sah auch die Menschen
die lachten dabei.
Ich sah einen Mann
der fiel in den Schnee
er war besoffen   25
es tat ihm nicht weh.
Ich rannte vor Kälte°
über das Eis°
der Straßen zu dir
die all das nicht weiß.   30

WOLF BIERMANN

HERMANN KESTEN was born in Nürnberg in 1900. He achieved literary success as early as 1927 with his novel *Joseph sucht die Freiheit,* which won the Kleist Prize, one of Germany's more prestigious awards. The almost half-century since then has seen a steady stream of novels, plays, *Novellen* and short stories, essays, and literary anthologies. Despite other successes, among them the historical novel *Ferdinand und Isabella* (1936), and the playfully erotic story of a latter-day Casanova, *Ein Sohn des Glücks* (1955), Kesten's reputation is likely to rest most securely on his achievements as a shrewd commentator on his times and on the large number of literary notables whom he knew personally. His series of "portraits," *Meine Freunde die Poeten* (1953), and his history of the literary café, *Dichter im Café* (1959), are valuable both as *Zeitdokumente* and as lively personal glimpses into Europe's literary and cultural life, especially of the twenties and thirties. In 1940 Kesten left Europe and settled in New York, where (with excursions to Rome) he lives today.

In *Olaf* Kesten returns to a problem already treated in his very first novel: a young boy tries to overcome "die Fremdheit der Leute" and the moral laxity of his father. Olaf's attempt to punish his paternal "pillar of society" is at the same time his need to master him; but, sadly, the act that is to mark his departure from childhood and make him (symbolically) a *Vatermörder* cruelly exposes not only his father's hypocrisy but in equal—and tragic—measure the boy's own vulnerability. Although the symbolism of the story tends to be rather obvious—and the psychology and social criticism almost equally so— *Olaf* is nonetheless an effective and sensitive portrayal of adolescence victimized by what is rotten and insincere in middle class "respectability."

---

1. die Gasse   *lane, street* · dumpf   *muggy, heavy*   2. matt *languid, dull* · die Schwüle   *closeness, sultriness*   3. verschollen *forgotten, lost*   6. die Schlacht   *battle*   10. die Innenfläche *inner surface* · schrundig   *cracked, chapped*   11. die Härte (hart) · die Sprödigkeit   *brittleness* · das Gestein   *rocks* 12. der Winkel   *corner*   13. die Krawat'te   *necktie*   14. die Fessel   *shackle, chain*   15. erwachsen   *grown up*   17. der Kragen   *collar*   18. beengen   *hamper, constrain* · ein-kreisen *encircle, isolate* · das Wirrsal   *entanglement, confusion*   19. der Kummer   *trouble, worry, grief* · die Verzweiflung   *desperation* 21. verwachsen   *deformed*   23. die Falte   *wrinkle*

Olaf

by Hermann Kesten

Olaf ging durch die engen Gassen der alten Stadt. Die dumpfe
Luft, die matte Schwüle, die grauen Häuser, die Fremdheit der
Leute, die durch diese verschollenen Gassen gingen, vor ihm,
neben ihm, hinter ihm — da gingen sie und wurden nicht
weniger —, all dies fühlte der Knabe Olaf, wie man den Feind ⁵
fühlt, in einer großen Schlacht, oder wo man gerade Feinde
hat, er weiß es nicht.

Der Knabe ist groß und nicht mehr jung. Er ist dreizehn
Jahre alt. Er geht dicht an den Häusern hin, mit der Innenfläche der schrundigen braunen Hand prüft er die verschiedene ¹⁰
Härte und Sprödigkeit des Gesteins. Sein Haar ist von einem
matten Braun, die Winkel seiner Augen sind gerötet°, sein
Mund ist herabgezogen. Er trägt eine enggebundene Krawatte
um den Hals, die Fessel der Zivilisation° um den Hals, er ist
schon erwachsen, er möchte weinen oder schreien, gerade jetzt, ¹⁵
aber er tut es nicht, nur mit zwei Fingern fährt er alle paar
Minuten zwischen Kragen und Hals.

Er fühlt sich beengt, eingekreist, in einem Wirrsal, wo jeder
Weg in Kummer und Verzweiflung führt; er möchte schon ein
eigenes Leben haben, ein Mensch für sich sein, aber nicht wie ²⁰
die Leute, die er kennt. Diese Erwachsenen sind — verwachsen,
sagt Olaf, und ein böses Lächeln zieht seinen Mund breit; man
konnte schon die Stellen sehen, wo sich später Falten bilden

1. die Wange *cheek*

4. der Schnurrbart *moustache*
5. die Brille *(eye)glasses* · der Strohhut *straw hat*

7. nebenan' *close by*
8. schmettern *resound, ring* · das Gelächter (*cf.* lachen) · sinnlich *sensuous*
9. die Voka'bel = das Wort
10. das Gebiß *set of teeth* · die Kritik' *criticism*
11. unbestechlich *incorruptible* · verachten *despise, look down on*
12. der Grundsatz *principle* · die Anwendung *application*
13. unverständlich (*cf.* verstehen) · berechtigen *empower, justify*
14. betrügen† *deceive*
15. der Roman' *novel*
16. verkennen† *misconstrue, have a false understanding of* · dünkt ihn *seems, appears to him*
18. wehren *hinder, prevent* · angängig *permissible*
19. obwohl' = obgleich · mehrmals *more than once, several times* · der Zeuge *witness*
21. namens *by the name of* · bekunden *manifest, demonstrate* · außerhalb *outside*
22. gewöhnlich *here: commonplace, ordinary*
23. die Weinkneipe *wine tavern*
24. die Kellnerin *waitress* · tätscheln *fondle* · der Ekel *disgust*
27. die Briefmarke *postage stamp* · das Gewerbe *profession* (Mrs. Warren's Profession, *Shaw's play; social criticism on prostitution as business)*
28. überlassen† *relinquish, hand over*
30. berauschen *intoxicate*
31. sich belustigen *make sport of*
34. gang und gäbe *customary, usual*
37. erbittert *embittered* · ertappen *catch, detect*
38. geraum *considerable, long* · die Viertelstunde *quarter-hour*
39. dürftig *paltry, shabby* · der Bäckerladen *bakery*

werden, aber jetzt ist das Fleisch seiner Wangen noch elastisch°.

Olaf haßt seinen Vater. Der alte Mann, schon siebenunddreißig Jahre alt, trägt einen gedankenlosen Schnurrbart, eine Brille, einen Strohhut, viel zu helle Anzüge. Das gefällt Olaf 5 nicht. Ihm gefällt dieser ganze Mann nicht. Wenn der Knabe im Zimmer sitzt, über ein Buch gebeugt, hört er nebenan das schmetternde Gelächter jenes brutalen° und — sinnlichen Menschen, der die Vokabel Vater wie das Lächeln eines falschen Gebisses trägt. Die moralische° Kritik der eigenen 10 Kinder ist unbestechlich. Der Vater fühlt, daß er verachtet wird und zahlt mit Grundsätzen, zu deren Anwendung ihn ein unverständliches Gesetz berechtigt.

Olaf weiß, daß der Vater die Mutter betrügt. Er versteht das nicht. Er hat genug Romane gelesen, um das Wesen der 15 Liebe vollkommen zu verkennen. Seine Mutter dünkt ihn schön. Sie ist gut. Sie liebt den Vater. Das ist ihre Aufgabe, man kann es ihr nicht wehren. Es ist sogar nicht angängig, mit ihr darüber zu reden — obwohl man schon mehrmals Zeuge ihrer Tränen war. 20

Der Mann namens Vater bekundete außerhalb des Hauses einen gewöhnlichen Geschmack. Olaf sah im Hinterzimmer° einer Weinkneipe den Mann seiner Mutter eine blonde Kellnerin ebenso tätscheln, wie zum Ekel des Knaben danach die Mutter. Olaf hatte dem Sohn des Kneipenbesitzers°, einem 25 Schulkameraden°, dafür einen Lederball°, zehn asiatische° Briefmarken und das Buch *Frau Warrens Gewerbe* überlassen.

Der Knabe Olaf hat die Geschichte von Noah gelesen, wie einer seiner Söhne sich an der Nacktheit seines berauschten 30 Vaters belustigt hat. Olaf kam von Tränen zum Haß, vom Haß zur Verachtung°, von der Verachtung zur Weltmüdigkeit°. Er verstand das Leben nicht mehr. Er wußte noch nicht, daß es gang und gäbe unter Menschen ist, einander Unrecht° zu tun und es in Ordnung zu finden. 35

Olaf ging von Haus zu Haus, von Straße zu Straße und dachte erbittert nach. Er ertappte sich dabei, daß er schon geraume Zeit, vielleicht eine Viertelstunde lang, vor dem dürftigen Fenster eines kleinen Bäckerladens stand und die

1. häßlich   *ugly*

4. das darauf hinauslief   *that came (amounted) to, consisted of* ·
   der Buchstabe   *letter*
5. das Schild   *sign*
6. unversehens   *suddenly, unexpectedly*
7. nieder-drücken   *depress*
8. verfolgen   *pursue, follow*
10. es gehe um alles   *everything was at stake*
11. geringschätzig   *disdainful, scornful*

13. erobern   *conquer*
14. der Erdteil   *continent*

16. gleichen†   *resemble*
17. verworfen   *depraved* · lasterhaft   *wicked*
18. die Größe   (groß) · entbehren   *do without*

21. entschlossen   *resolute*

23. betriebsam   *busy, active*
24. eisern   *iron*
25. entgegen-stehen†   *oppose, confront*
26. an-spielen (auf)   *allude (to)*
27. stehlen†   *steal*
28. winzig   *tiny*

32. die Diebesbeute   *thieves' booty, stolen goods* · verstecken
   conceal
33. die Schmetterlingssammlung   *butterfly collection* · ständig
   constant

37. schaudern   *shudder*

39. überwinden†   *prevail over, overcome*

schlecht gebackenen Brote und häßlichen Kuchen anstarrte°,
ohne sie wirklich zu sehen.

Er wollte aufhören nachzudenken und begann im Weiter-
gehen ein Spiel, das darauf hinauslief, den Buchstaben A in
allen Ladenschildern der rechten Seite der Straße bis hundert 5
zu zählen, dann B und so fort°. Aber unversehens kamen
wieder die niederdrückenden Gedanken, die ihn in der letzten
Zeit verfolgten.

Er hatte beschlossen, von Grund auf sein Leben zu ändern.
Er fühlte, er müsse sich jetzt entscheiden. Es gehe um alles. 10
Geringschätzig und voller Resignation° dachte er an seine
Träume, da er noch jung war, acht oder neun Jahre alt:
Träume, die Welt zu erobern wie Attila, oder einen sechsten
Erdteil zu finden wie Christoph Columbus, der Amerika, oder
Jesus Christus, der den Erdteil der Liebe entdeckt hatte. Er 15
erkannte klar: Er glich jenen Idealisten° nicht; er fühlte in
sich das verworfene Blut seines lasterhaften Vaters.

Da er aber Größe in irgendeiner Form nicht entbehren
wollte, hatte er schon vor einigen Tagen, zu allem bereit,
beschlossen, eine Tat zu tun, die ihm selbst beweisen würde, 20
daß er zu derselben entschlossenen Sorte von Menschen gehörte wie sein Vater. Der sprach von modernen° Menschen,
die keine Träumer waren, sondern in unserer betriebsamen
Welt ihren Weg machten und mit eisernem Willen° alles
niederwarfen, was ihnen entgegenstand, womit der Vater (er 25
war Bankier°) auf sich selber anspielte.

Olaf wollte eine irreparable° Tat tun. Er wollte stehlen. Ein
winziges, nutzloses Ding, das für ihn wertlos, dem Besitzer
aber lieb oder Geld wert war; sonst hätte es ja nichts bedeutet,
das Ding zu stehlen. 30

Olaf wollte stehlen, ohne ertappt zu werden. Die Diebesbeute wollte er zu Hause verstecken, unter seiner Schmetterlingssammlung oder in seinem Bett. Ständig wollte er das
gestohlene Gut in seiner Nähe haben, damit er vor sich selber
ewig der Dieb sei. Einmal zum Dieb geworden, würde er mehr 35
werden, skrupellos°, ein Egoist°, herzlos, vielleicht sogar (und
der Gedanke ließ ihn vor sich selber schaudern) ein . . .
Vatermörder.

Er mußte seinen Vater überwinden, sonst überwand der

1. sich rächen *take revenge*
2. schinden† *oppress, ill-treat* · die Menschheit *mankind* · der Unterdrücker *oppressor, tyrant*

7. lasten *oppress, weigh heavily on* · das Gewölk (*cf.* Wolke)

9. die Blüte *blossom* · das Gitter *fence, lattice*
10. die Traube *here: cluster*
11. riechen† *smell* · gierig *greedy, eager* · kauen *chew*
12. selig *happy, blissful* · die Frische (frisch)
13. herb *tart, sharp*
14. der Geruch *odor* · der Geschmack *taste* · würzig *aromatic*
15. endgültig *final, definite* · war so weh zumu′te *felt so gloomy*
16. bedenken† *consider*
17. erfassen *seize, grasp* · der Taumel *giddiness* · das Warenhaus *department store*
18. der Turnlehrer *gym teacher, physical education instructor*
19. die Abteilung *section, department* · die Galanterie′waren *notions, fancy-goods*
20. sich bemühen *take pains*
23. der Verbrecher *criminal* · sich täuschen *deceive oneself, be mistaken*
26. beziehen† *refer, relate*
27. ersaufen† *be drowned* · bohren *bore, pierce*
29. der Kamm *comb*
30. derglei′chen *the like* · feil *for sale*
31. gleiten† *glide*

35. greifbar *within reach*
36. die Klinge *blade* · insgesamt *all together*
37. ineinan′dergeschoben *telescoping, fitting together*

Vater ihn. Er wollte sich an diesem Vater rächen. Er wollte die geschundene Menschheit an ihm, dem Unterdrücker, strafen. Dazu mußte er ihm gleich werden. Idealismus° — das sah er klar, wie Dreizehnjährige alles klar sehen — war nur eine Dekoration°.

Olaf ging langsamer und atmete die ganze Schwüle ein, die in lastendem, schwärzlichem Gewölk über der Stadt hing. Ihm war dumpf im Kopf. Er riß von einem Busch°, dessen weiße Blüten zwischen dem Gitter eines Vorgartens° hervorquollen, eine Blütentraube mit drei, vier Blättern ab und roch gierig daran, er steckte die Blätter in den Mund, er kaute sie und fühlte in einem Moment° die ganze selige Frische der Natur. Er kaute und schmeckte im herben, pflanzlichen Geruch und Geschmack den würzigen Geschmack seiner endgültig verlorenen Kindheit. Ihm war so weh zumute, daß er hätte weinen mögen, wenn er nicht sein Alter bedacht hätte. Ihn erfaßte ein Taumel. Er ging ins Warenhaus, schritt an einem Verkäufer vorüber, der wie ein Turnlehrer aussah, und ging bis zur Abteilung Galanteriewaren.

Er bemühte sich, harmlos zu erscheinen, und glaubte, alle Leute starrten ihm trotz seiner harmlosen Miene° ins Gesicht. Ganz recht, sagte er sich, das ist die Empfindung aller Verbrecher, sie täuschen sich, ich habe es gelesen, man heißt es Autosuggestion°.

Er war einen Augenblick lang stolz, solch ein schwieriges Fremdwort erfaßt und richtig auf sich bezogen zu haben. Doch ersoff dieser Stolz in einer bohrenden Angst vor sich selber.

Er drängte sich an die Verkaufstische, wo Kämme und dergleichen zu Hunderten feil waren (käufliche Waren, sagte er sich, käuflich wie ich?). Seine rechte Hand glitt schon an die Kämme heran — halb war er von einer dicken Frau gedeckt — um einen der für ihn ganz nutzlosen und wertlosen Frauenkämme zu stehlen. Da sah er, für seine linke Hand, mit der er sich auf dem Tisch stützte, greifbar, viele perlmutterne° Taschenmesser liegen, solche mit drei Klingen und insgesamt siebzehn ineinandergeschobenen Teilen.

Lange hatte er sich schon solch ein Messer gewünscht.

2. umklammern   *clutch, clasp*

4. um-sinken†   *drop, fall to the ground*
5. erlöst auf-atmen   *breathe a sigh of relief*
6. die Klammer   *clamp, clasp*

8. feixen   *grin*
9. unauffällig   *inconspicuous, unobtrusive*
10. die Wade   *calf (of the leg)* · zischen   *hiss*

19. der Leiter   *head, manager*
20. verdächtig   *suspicious* · das Gebaren   *behavior*
21. geschult   *trained* · die Umsicht   *circumspection, prudence*
22. das Büro'   *office*
23. vernehmen†   *interrogate* · schelten†   *scold* · übermäßig
    excessive
25. angesehen   *respected, esteemed* · drohen   *threaten*
26. die Fürsorgeerziehung   *child welfare training* · das Gefängnis
    prison

29. benachrichtigen   *notify* · ab-holen = holen

32. knuffen   *cuff* · die Schande   *disgrace* · murmeln   *mumble,
    murmur* · merkwürdig   *strange*

35. die Leiche   *body, corpse*

Hastig° schob er seine Linke auf eines der Messerchen, um-
klammerte es mit fünf lebendigen Fingern, hielt es, drückte
es, grub es sich ins Fleisch; es stak wie Feuer darin. Er war
bleich, als wollte er umsinken. Er zog die Hand *mit* dem
Messer zurück, atmete erlöst auf und fühlte eine eiserne 5
Klammer um seinen Arm, er wollte seinen Arm wegreißen, was
war das? Er mußte weg! Aber es hielt ihn.

Er blickte sich um und grad ins feixende rote Gesicht eines
unauffällig gekleideten, nach nichts aussehenden Menschen,
der ihn mit der Schuhspitze in die Wade stieß und zischend 10
fragte: „Was machst du da?"

Noch war nichts geschehen, sagte sich Olaf; es ist ja nicht
wahr, es wird noch gut werden, ich muß bloß sagen: anschaun!
— ich muß sagen: ich wollte anschaun, prüfen, das Messerchen prüfen. Aber da erinnerte er sich, daß er heute kein 15
Geld bei sich hatte, und dachte plötzlich an Gott, und wenn
dieser Mann Gott wäre?

„Stehlen!" sagte er.

Der Mann, ein Hausdetektiv°, vom Abteilungsleiter auf das
verdächtige Gebaren des Knaben aufmerksam gemacht, hatte 20
mit geschulter Umsicht den Burschen auf frischer Tat ertappt;
er führte den willenlosen Knaben ins Büro.

Dort ward Olaf vernommen, gescholten, nicht übermäßig
übrigens. Man war sogar verwundert, als er den Namen seines
Vaters nannte, der in der Stadt angesehen war. Man drohte 25
ihm mit Fürsorgeerziehung oder gar Gefängnis, wenn er zu
stehlen fortfahre.

Später ward er von seinem Vater, den man telephonisch°
benachrichtigte, im Warenhaus abgeholt.

Olaf weinte nicht. Auf die vielen Fragen antwortete er 30
kaum. Still ging er neben seinem Vater, der ihn nur einmal
knuffte, etwas von Schande murmelte, ihn merkwürdig von der
Seite ansah und dann in Ruhe ließ.

Als der Knabe vier oder fünf Tage später aus dem Fluß
gefischt° wurde, weinte der Vater vor der Leiche. 35

JOSEF FRIEDRICH PERKONIG   Although highly regarded in Austria, both as the voice of his native province of Carinthia and as an important novelist in the first half of the century, Josef Friedrich Perkonig (1890–1959) is little known internationally. Most of his writings, which include novels, *Novellen* and short stories, memoirs of his village childhood, and radio plays, deal with the lives of the peasants of his homeland, the alpine region where German and Slavic cultures meet. Two collections of stories, *Dorf am Acker* (1926) and *Ein Laib Brot, ein Krug Milch*, published posthumously in 1960, raise the somewhat unfashionable genre of *Heimatkunst* to a high level of serious fiction.

Das kranke Haus, (from the 1960 collection), is a succinct expression of this writer's major theme: the imperfectly comprehended forces of nature as mirrors of the dark psychological interior of man. The humorous animation of the story—everyone is familiar with "das Krankenhaus" but who has seen "das kranke Haus"? — may be based in part on superstition. But the absurdity loses much of its force as the reader realizes that once the possibility of housesickness is accepted, no further grounds present themselves for doubting the progression toward death. The Kafkaesque precision and matter-of-factness of the story likewise suggest a sense of something unworldly and inaccessible to man lurking behind the animation. Superstition, an essential part of reality, is the rustic garb of a deeper, more problematic vision of the world.

---

1. der Rauchfang   *chimney flue* · der Ziegelbrocken   *piece of tile*
2. die Schindel   *shingle* · ordentlich   *decent, steady*   3. bewandert *skilled* · das Handwerk   *trade*   4. der Maurer   *mason* · mörteln *mortar*   7. die Reparatur'   *repair* · vollbringen† *carry out*
8. nicht in den Sinn gehen wollen   *be incomprehensible* · mitten in *in the middle of*   10. nässen (naß) · häßlich   *ugly* · der Fleck *spot*   11. der Brautkasten   *hope chest*   12. schimmelig *moldy* · die Fäulnis *decay*   13. gewähren lassen   *let alone* · im stillen   *quietly*   15. die Stange   *pole*   17. rußgeschwärzt *soot-blackened* · das Gewölbe   *arch* · mürbe   *soft (from dry rot)*
18. merkwürdig   *strange* · das Anzeichen = Zeichen   19. der Verdacht   *suspicion*   20. erregen   *arouse* · der Kachelofen   *tiled stove* · die Gesindestube   *servants' room*   21. erkundbar   *ascertainable* · der Anlaß   *cause* · zusam'men-fallen†   *collapse*
22. das Brett   *board* · sich werfen†   *warp*

Das kranke Haus

by Josef Friedrich Perkonig

Eines Tages rollte° vom Rauchfang ein großer Ziegelbrocken
über die Schindeln herunter; Severin Doujak, ein ordentlicher
Mann, bewandert in allen Handwerken und deshalb auch sein
eigener Maurer, mörtelte das ausgebrochene Stück wieder an
seine Stelle. Doch an einem der nächsten Tage war es wieder 5
herausgebrochen, was dem Manne Severin, der eine gute Reparatur vollbracht zu haben meinte, nicht in den Sinn gehen
wollte. Einige Tage später begann — und das mitten im Sommer — eine Mauer in der Schlafstube° der Eheleute° Doujak
zu nässen, es war ein häßlicher dunkler Fleck neben einem 10
hellen, bunt bemalten° Brautkasten, und wider ihn gab es
kein Mittel, man mußte die schimmelige Fäulnis gewähren
lassen und konnte nur im stillen hoffen, daß sie enden° würde,
wie sie angefangen hatte. Zur selben Zeit fielen die Eisen-
ringe°, durch die einige Holzstangen gezogen waren, und 15
damit das daran aufgehängte Rauchfleisch° aus dem rußge-
schwärzten Gewölbe, als wäre dieses plötzlich mürbe geworden.

Das alles waren merkwürdige Anzeichen, aber ihrer noch
immer nicht genug, um einen unheimlichen Verdacht zu erregen. Erst als der Kachelofen in der Gesindestube ohne 20
irgendeinen erkundbaren Anlaß in sich zusammenfiel und
als die Bretter des Fußbodens sich in einer Weise zu werfen

2. zu-schreiben† *attribute*
3. schaukeln *pitch, roll* · gleich-kommen† *equal*
4. zu Rate ziehen *ask advice, consult*
5. im Geruche stand *had the reputation* · greifbar *tangible*

7. der Spruch *verdict*

9. ohne... mit der Wimper zu zucken *without batting an eye*

15. der Nußbaum *walnut tree* · seit Jahr und Tag *for a good year now*
16. ein-gehen† *die* · sich verstehen auf *know well, understand*
18. die Achsel *shoulder* · bedauern *regret*

29. friula'nisch *Furlanian (from district of Friuli, on the Adriatic)*
30. das Jahrhun'dert *century* · Moggio *Muggia (village south of Trieste on the Adriatic)*
31. ein-wandern *immigrate* · einheimisch *native*
32. der Zimmermann *carpenter* · der Brunnenmacher *well digger*
33. sich vom Munde absparen *stint oneself for* · winzig *tiny*
34. armselig *wretched* · die Keusche *small peasant house* · zur Not *in a pinch, if need be*
35. gröber *worse* · aus-bessern *repair* · der Bauernhof *farmhouse*
36. verrückt *crazy* · der Bauherr *builder*
37. verwegen *daring, risky*
39. bäuerlich *peasant, rural* · gedenken *intend, plan*

anfingen, daß man es nicht mehr natürlichen Dingen zu- schreiben konnte, und ein paar Schritte über ihn beinahe einem Gang auf schaukelndem Wasser gleichkamen, entschloß sich Severin Doujak, einen Nachbar zu Rate zu ziehen, der im Geruche stand, mehr als nur um die greifbaren Dinge 5 dieser Welt zu wissen.

„Das Haus ist krank", sagte er, ohne bei diesem Spruche, den Severin Doujak zunächst überhaupt nicht verstand, nur leise mit der Wimper zu zucken.

„Krank?" wunderte sich Severin, und er zog dabei die 10 Augenbrauen° hoch, wodurch er noch hilfloser° schien, als es seine Frage war.

„Krank wie ein Mensch oder wie ein Vieh", sagte der Nach- bar und nickte mit dem Kopfe. „Warum soll nicht auch ein Haus krank sein? Mein Nußbaum ist es seit Jahr und Tag und 15 wird bald eingehen. Aber ich verstehe mich nicht auf seine Krankheit."

Er zuckte die Achseln und bedauerte noch:

„Es gibt einen Menschendoktor°, einen Viehdoktor° . . . einen Baumdoktor° gibt es nicht." 20

„Und einen Hausdoktor° auch nicht", sagte Severin Doujak.

„Den gibt es."

„Einen Hausdoktor gibt es? Wo?"

„Du mußt den Nicolo de Roja kommen lassen."

„Den Maurer?" 25

„Den ja . . . der wird dir vielleicht dein Haus kurieren°. Wenn nicht, dann geht es eben auch ein . . . wie ein Mensch . . . wie ein Vieh."

Es gab in der Gegend einen friulanischen Maurer — sein Großvater war Mitte des anderen Jahrhunderts aus Moggio 30 eingewandert —, der baute mit ein paar einheimischen Zim- merleuten, Schindel- und Brunnenmachern den kleinen Leuten die Häuser, die sie sich vom Munde absparten, winzige, armselige Keuschen, in denen man zur Not wohnen konnte, er besserte die gröberen Schäden° an den Bauernhöfen aus 35 und träumte davon, einmal irgendeinem verrückten Bauherrn, der in der Lotterie° oder bei einem verwegenen Geschäft Geld gewonnen hatte, einen Miniatur-Palazzo° hinzustellen, mitten in eine bäuerliche Gegend, oder er gedachte eines Tages

1. die Siedlung   *settlement, colony*

3. der Steinmetz   *stone-mason* · der Stil   *style*
4. heimatlich   *native* · Carnia   *Carnic Alps*

7. verkommen†   *be ruined, go bad*

9. offenkundig   *evident*
10. alltäglich   *commonplace* · das Gebrechen   *ailment* · satt
    tired of, fed up with
11. die Neugierde   *curiosity* · sich auf-machen   *set out*
12. verdächtig   *suspicious*
13. vermehren   *increase*
14. die Ansammlung   *accumulation, crowd* · der Keller   *cellar*
15. die Verstopfung   *clogging* · das Geknister   *crackling* · der
    Dachstuhl   *rafters*
16. geisterhaft   *supernatural* · husten   *cough*

24. kugelrund   *round as a ball*

26. blöd   *stupid*

35. die Leiche   *corpse*
36. der Wurm   *worm*
37. es graute Severin   *Severin shuddered*
38. der Schauer   *shudder*
39. die Schaufel ansetzen   *begin to dig*

so viel Geld zu haben, daß er eine kleine Siedlung für alt und arm gewordene friulanische Maurer, Ziegelmacher und Steinmetzen bauen konnte, ganz im Stile eines der unvergessenen heimatlichen Dörfer auf den Bergen der Carnia. Hätte Nicolo de Roja diese Träume nicht träumen können, wäre er 5 vielleicht schon längst an irgendeinem heimlichen Weh verkommen.

Diesen Nicolo de Roja holte nun Severin Doujak zu seinem Hause, und er kam in offenkundiger Eile, wie ein Doktor, der alltäglichen Gebrechen satt, zu einem seltenen Krankheitsfall° 10 sich in begreiflicher Neugierde schneller aufmacht. Er ließ sich die verdächtigen Erscheinungen aufzählen, sie hatten sich in den letzten Tagen noch um einige weitere vermehrt, um eine Ansammlung von Mäusen° im Keller, eine plötzliche Verstopfung des Rauchfanges und ein Geknister im Dachstuhl, das 15 wie ein geisterhaftes Husten klang.

Der Friauler schritt langsam um das Haus, es auch nicht einen Herzschlag° lang aus dem Auge lassend, befühlte° es an der einen und anderen Stelle, als prüfte er einen verborgenen Puls°, nickte, wieder vor das Haustor° gekommen, einigemale, 20 als wäre er nun seiner Diagnose° sicher.

„Es ist sehr krank", sagte er zu Severin Doujak. „Ich weiß nicht, ob es nicht zu spät ist."

Severin sah ihn aus kugelrunden Augen an.

„Zu spät?" wiederholte er, und sein Gesicht hatte einen 25 blöden Ausdruck.

„Ein Haus kann sterben wie ein Mensch", behauptete Nicolo de Roja ernsthaft.

„Wie stirbt ein Haus? Ich habe noch keines sterben gesehen", zweifelte Severin. 30

„Es gibt seinen Geist auf . . . es ist nur mehr Stein und Holz."

„Aber es bleibt stehen . . . wie es ist?"

„Es bleibt stehen, natürlich . . . aber es ist nicht mehr das Haus . . . es ist eine Leiche . . . und die Leute, die darin 35 wohnen, sind Würmer . . ."

Es graute Severin leise, da er sich von einem unheimlichen Schauer angerührt fühlte. Und er sah zu, wie de Roja an einer Stelle hinter dem Hause selber die Schaufel ansetzte und

1. bröselig *crumbly* · die Spanne *span (i.e., space between thumb and little finger of outstretched hand; ca. 9 inches)*
2. der Trichter *crater, hole* · riesig *giant, gigantic* · der Ameisenlöwe *ant lion, doodlebug*
4. schräg *slanted* · die Fläche *surface* · allmählich *gradual* · sich beschlagen† *become covered*
5. die Nässe *moisture*
7. die Besorgnis *anxiety*

10. längs *along the length of* · die Rinne *trench*
11. zur Ader lassen *bleed*
12. der Abzug *discharge, outlet*
13. verlegen *shift, obstruct*

17. ansichtig werden *catch sight of*
18. desglei'chen = dasselbe

20. woan'ders *elsewhere*

22. hingezogen *drawn out*

24. die Einfalt *naiveté, simplicity* · die Wahrnehmung *perception*
25. beziehen† *relate*
26. aus sein *be finished, over*

29. überlaufen† *seize*

33. im Stiche lassen *desert, leave in the lurch* · das Weib = die Frau
34. in der Fremde *abroad, in a strange place*
35. ungläubig *unbelieving, lacking faith*
36. befreien *liberate, free*
37. sich ein-richten *prepare, adapt oneself*
38. gruselig *gruesome, creepy*

ein Loch in die bröselige Erde grub; etwa drei Spannen tief.
Es war wie der Trichter eines riesigen Ameisenlöwen. Daran
stand er eine Weile und blickte in den Trichter hinein, dessen
schräge Flächen sich allmählich dunkel beschlugen, als würde
eine Nässe aus dem Innern der Erde an sie gedrückt. Er wartete 5
dann ein paar Minuten und schüttelte schließlich den Kopf
wie in einer großen Besorgnis. Einige Stunden später kam er
wieder mit einem dunkelhäutigen° Burschen; der legte sein
blaues Hemd auf ein winziges Wiesenstück vor dem Hause in
die Sonne und grub dann längs des Hauses eine Rinne, als 10
gälte es, den Boden zur Ader zu lassen.

Indessen quoll der Rauch aus Tür und Fenstern, der Abzug
durch den Rauchfang mußte ihm plötzlich verlegt worden
sein; es war, als träte Blut aus allen Poren° eines todkranken
Leibes. 15

Severin Doujak stand neben Nicolo de Roja, dessen Stirne
finster wurde, als er des Rauches ansichtig wurde. Er hob ein
wenig den Kopf und horchte, und Severin tat desgleichen,
es war plötzlich ein leises Geknister in der Luft, als käme es
aus dem Hause und war doch wieder woanders, es erhob sich 20
ein Windlaut°, der klang für Severin wie ein lang hinge-
zogener Seufzer und hatte doch nichts Menschliches an sich;
denn ein Haus ist ja kein Mensch, nur Severin war in seiner
Einfalt geneigt, jede Wahrnehmung auf seine eigene Natur zu
beziehen. 25

„Es ist aus", sagte de Roja nach einer Weile.

„Was ist aus?" fragte Severin.

„Das Haus ist tot." De Roja zuckte die Achseln.

Ein kalter Schauer überlief Severin. Er konnte das tote Haus
nicht abtragen und an der nämlichen Stelle von de Roja ein 30
anderes aufbauen lassen; er konnte es nicht verkaufen, denn es
war schon jahrhundertelang im Besitz der Familie; er konnte
es nicht im Stiche lassen und mit Weib und Kindern irgendwo
in der Fremde ein anderes Leben beginnen; er konnte sich
nicht ungläubig von der Prophezeiung° des friaulischen 35
Maurers befreien°, dem er zu sehr vertraute.

So richtete er sich denn ein, in einer Leiche zu leben, und
war voll einer gruseligen Neugierde, auf welche Weise er und
die Seinen zu Würmern werden sollten.

KURT KUSENBERG was born in 1904 at Göteborg, Sweden, the son of a German engineer. He studied art history at the universities of Munich, Berlin, and Freiburg and established himself as art critic and professional art historian. Although he has written widely on art, his fame is based more on the early and continuous popularity of his volumes of short stories: *Mal was andres* (1954), *Wo ist Onkel Bertram* (1956), *Nicht zu glauben* (1960), and others. Kusenberg now lives in Hamburg, where he has gained recognition in yet another field, as editor of the Rowohlt monographs on famous men of religion, philosophy, and the arts.

Most of Kusenberg's stories fall somewhere between the fairytale and the tall tale. Plain, everyday people move in and out of reality with such ease that sense and nonsense, natural and absurd, real and surreal become interchangeable. A new consistency replaces what we are accustomed to. An old sailor builds a schooner in a bottle and suddenly finds himself aboard. Herr Tietze's clock with the singing bird becomes invisible just as he is about to sell it, but a customer appears who doesn't mind because he has an inaudible one to match it. Herr Boras loses his identity but finds the house of the man he has, externally, turned into. When that unfortunate comes home and is rejected by his wife, Boras slips him a note with *his* address. Kusenberg himself asserts that he juxtaposes his lighthearted nonsense with the "rather sad nonsense" of our world because nonsense itself has a cleansing and healing effect on our spirit. The events of *Der Gang in den Berg* offer a gently satirical treatment of the serious and potentially sad theme inherent in the opening sentence, "Man heiratet nicht immer, was man liebt." But after the absurd yet perfectly reasonable corrective, the unpronounceable Krtschbggmert is able to choose just the right kind of wife.

---

3. mühsam *with difficulty* · aus-sprechen† *pronounce* · stets = immer
4. die Vorliebe *preference* · winzig *tiny*   5. an den Tag legen *manifest* · kostbar *precious, valuable*   6. die Spielerei′ *frivolity* · rechtfertigen *justify*   7. drohen *threaten*   8. unbeschwerlich *easily*   9. huckepack *piggyback*   10. verspotten *deride*
13. beständig *constant, steadfast* · scherzhaft *facetious*   14. erwählen *choose*   15. die Vermutung *conjecture* · äußern *express*   17. das Mitleid *compassion* · beschützen *protect* · der Hang *proclivity*
18. erhöhen *elevate*   20. riesengroß *gigantic*   21. zur Not *if need be, in a pinch* · jedenfalls *at any rate*   22. fesseln *captivate*
23. überrumpeln *take unawares*

Der Gang in den Berg

by Kurt Kusenberg

Man heiratet nicht immer, was man liebt. Valentius Krtschbggmert, den wir Valentius nennen wollen, weil sein Familien-
name° nur mühsam auszusprechen ist, hatte stets eine Vorliebe für besonders kleine, fast winzige Frauen an den Tag
gelegt, vielleicht in der Meinung, das Kostbare sei klein, oder   5
einfach aus Spielerei. Vor sich selber rechtfertigte er freilich
seine Neigung anders. „Wenn Gefahr droht", meinte er, „kann
man eine kleine Frau unbeschwerlich davontragen, auf den
Armen oder auf dem Rücken — ja, huckepack, das ist am
besten." Die Freunde verspotteten ihn: „Such dir doch eine,   10
die du in die Tasche stecken kannst — eine richtige Taschen-
frau!" Und wirklich schien es, als befolge Valentius, der nicht
zu den Beständigen zählte, ihren scherzhaften Rat: seine Er-
wählten waren von Mal zu Mal kleiner. Wenn es erlaubt ist,
eine Vermutung zu äußern, so sei es diese: daß Valentius   15
kleine Frauen liebte, weil er sich neben ihnen groß vorkam.
Es war Mitleid dabei, Lust am Beschützen und der Hang, sich
zu erhöhen — am Ende auch Vorsicht: „Die ist so klein, die
nimmt mir keiner weg."

   Trotzdem heiratete Valentius eine riesengroße Frau. Auch   20
dies läßt sich erklären, zur Not jedenfalls. Die vielen Kleinen
hatten seinen Blick so sehr gefesselt, daß es der einen Großen
leicht gelingen konnte, ihn zu überrumpeln; auch mag ein

1. der Gegensatz   *contrast, opposition*

3. bislang   *so far* · das Verhalten   *behavior* · lenken   *guide*

7. gewichtig   *weighty, momentous*

9. erliegen†   *succumb to* · die Riesin   *giantess*
10. der Zwerg   *dwarf* · zu-raunen   *whisper* · der Schoß   *lap*
11. auf dem Lande   *in the country*

16. glücken = gelingen · über die Maßen   *beyond all measure*

18. mißfallen†   *displease*

21. je nach   *according to*
22. bewohnen   *inhabit*
23. gelüsten (nach)   *desire, hanker for (after)*

25. schnuppern   *sniff*
26. zwitschern   *chirp*
27. der Drang   *urge* · befriedigen   *satisfy*
28. geborgen   *safe*
29. mitten drin   *right in the middle*
30. umher'-krabbeln   *crawl around* · der Teppich   *carpet*
31. die Wonne   *joy, delight*

34. zu-gestehen†   *grant*
35. der Ehemann   *husband* · die Wärmflasche   *hot-water bottle*
36. üblich   *customary*

39. teilen   *share*

Bedürfnis nach Gegensatz mitgewirkt haben. Ach was, reden wir doch offen! Valentius heiratete aus ganz ähnlichen Gründen wie jenen, die bislang sein Verhalten gelenkt hatten: weil ihm die große Frau leid tat, weil er von ihr mächtige Kinder erwartete und weil er dachte: „Die ist so groß, die nimmt mir keiner weg, und sobald Gefahr kommt, trägt sie mich davon." Es ist nämlich kein gewichtiger Unterschied darin, ob man tragen möchte oder ob man sich wünscht, getragen zu werden. Ja, Valentius erlag der Riesin — er erlag vor allem den Zwergwörtern, die sie ihm zuraunte, wenn er auf ihrem Schoß saß. „Ich hab", sprach sie leise, „auf dem Lande ein Häuslein mit hübschen Zimmerchen und zwei weichen Bettlein. Dort werden wir in Frieden leben." Wie verwirrte sich ihm da die Welt! Winzige Wörtlein sprach die gewaltige Frau; vielleicht war sie eigentlich ganz klein und schien nur so groß. Groß zu scheinen, glückte ihr freilich über die Maßen.

Auch das Haus und die Zimmer und die Betten waren groß, viel zu groß für Valentius, dem dies jedoch nicht mißfiel. Wenn es regnet, kann man in einem großen Haus viele Stunden lang umherwandern, und jedes Zimmer sieht immer wieder ganz anders aus, je nach der Tür, durch die man es betritt. Ja, wer ein großes Haus bewohnt, braucht überhaupt nicht mehr auszugehen, auch bei Sonnenschein nicht. Gelüstet es ihn nach der Natur, so blickt er ganz einfach aus dem Fenster, schnuppert ein bißchen Gartenluft, überzeugt sich, daß Vögel immer noch zu zwitschern pflegen, und schon ist sein Drang befriedigt. Und welche Freuden hält ein großes Bett bereit! Man fühlt sich geborgen, man liegt so klein und warm mitten darin, man kann unter der Bettdecke umherkrabbeln wie die Maus unterm Teppich; es ist wirklich eine Wonne.

Halt: es ist eben nur dann eine Wonne, wenn man allein in dem großen Bett liegt, gerade dies aber gestand die Riesin unserem Freunde nicht zu. Sie wollte des Nachts ihren Mann bei sich haben, als Ehemann oder als Wärmflasche oder als Besitz oder als alles in einem. Dies sei üblich, sagte sie und behauptete, sie könne nicht schlafen, wenn er nicht bei ihr liege, obwohl sie ja früher, als er noch nicht bei ihr lag, recht gut geschlafen hatte. Mit einer Riesin das Bett zu teilen, ist

2. biswei'len = zuweilen
3. peinigen *torment*
4. widerfahren† *befall, happen* · erdrücken *stifle; crush (to death)*
5. entgehen† *escape* · knapp *scarce, bare* · schimpflich *infamous*
6. fortan' *from this time* · auf der Hut *careful, on one's guard*
9. fahrig *unreliable* · kribbeln *tingle, itch* · tagsüber *during the day*
10. abwechselnd *alternately* · frösteln *shiver* · schwitzen *sweat, perspire*
11. verschwommen *woolly, indistinct*
12. der Satz *sentence*
13. sich entsinnen† = sich erinnern
14. gähnen *yawn* · knurren *grumble, growl*
16. die Leibesfülle *plumpness*
17. bedrohen = drohen
19. außerdem *besides*

21. der Speicher *store-room, loft, attic*
22. die Sparsamkeit *parsimony*
23. ab-halten† *prevent*
24. das Gedicht *poem*
25. lügen† *lie* · dermaßen *to such an extent*
26. der Liebhaber *lover*
27. die Landschaft *landscape* · ermüden *tire*
28. schattig *shady* · die Höhle *cave, hollow*
29. die Achselhöhle *armpit* · aus-ruhen = ruhen

31. die Landschaft *landscape*
32. verachten *despise* · der Wuchs *growth*
33. zu nichts Rechtem gebracht *accomplished nothing significant*
34. sich unterfangen† *presume to, dare to*

37. irdisch *mortal, earthly*

39. die Zuflucht *refuge* · stehlen† *steal*

jedoch nicht ungefährlich, denn auch Riesinnen wechseln im Schlaf ihre Lage, bisweilen sogar heftig, weil ein böser Traum sie peinigt, und da mag es dem Bettpartner durchaus widerfahren, daß er verletzt oder gar erdrückt wird. Mehr als einmal entging Valentius nur knapp diesem schimpflichen Tode. 5 Fortan war er auf der Hut, und das bedeutet natürlich, daß er schlecht schlief — sehr schlecht, fast gar nicht.

Die Folgen zeigten sich bald. Valentius wurde reizbar° und fahrig. Es kribbelte ihn in allen Gliedern; tagsüber war er so müde, daß er abwechselnd fröstelte oder schwitzte, und in 10 seinem Kopf bildeten sich nur noch verschwommene Gedanken. Er brachte keinen Satz zu Ende, weil er sich nicht mehr zu entsinnen wußte, was er anfangs hatte sagen wollen, schließlich gähnte und knurrte er bloß noch. Die Neigung zu seiner Frau war längst dahin — mehr noch: es war Haß daraus 15 geworden. Er haßte die Riesin nachts, weil ihre Leibesfülle sein Leben bedrohte, und bei Tage, weil sie fortfuhr, alle Dinge, die groß waren, zu verkleinern°. Zum Teufel mit ihrem Häuslein, ihren Zimmerchen, ihren Bettlein! Außerdem stand nunmehr ein einziges Bett in der Schlafstube. Damit Valentius 20 immer bei ihr liege, hatte sie das zweite Bett auf den Speicher geschafft und es dort eingeschlossen. Nur ihre Sparsamkeit hielt sie davon ab, es zu verbrennen.

Eines Tages las Valentius ein Gedicht, das von einer jungen Riesin handelte. Diese war, so log der Poet, dermaßen groß, 25 daß ihr Liebhaber auf ihr herumspazieren konnte wie in einer Landschaft; hatte ihn das Wandern ermüdet, so fand sich irgendwo ein schattiges Plätzchen, eine kleine Höhle, die Achselhöhle zum Beispiel, wo er ausruhen konnte. Ja, *das* war etwas! Wenn eine Frau schon groß war, dann sollte sie auch richtig 30 groß sein — gartengroß, landschaftsgroß. Von nun an verachtete Valentius seine Frau, weil sie es im Wuchs zu nichts Rechtem gebracht hatte. Wie konnte sie, die kleine Riesin, sich unterfangen, von Häuslein und Zimmerchen und Bettchen zu reden! 35

Die Frau als Landschaft: das ging dem armen Valentius nicht mehr aus dem Sinn, und da er von keiner irdischen Frau erwarten durfte, sie werde es jener Riesin in dem Gedicht gleichtun, nahm er seine Zuflucht zur Landschaft. Er stahl sich

2. ein-reden *persuade* · er ergehe sich auf seiner Liebsten *he was strolling upon his beloved*

5. das Gebüsch *thicket, undergrowth*

8. vor Zeiten *once upon a time* · an-legen *lay out*

10. sich sehnen *yearn*

12. daheim' *at home*

14. hocken *crouch, squat*

15. der Schnaps *brandy, liquor* · der Schluck *gulp, swallow*

17. preisen† *praise, commend*

18. wundersam *strange, marvelous* · der Schlupfwinkel *hiding-place*

20. befremdlich *odd*

21. ein-wenden† *object*

22. die Überlegung *deliberation* · entgehen† *escape*

23. das Gefallen *pleasure*

24. auf-begehren *protest* · die Kette *chain*

25. das Gebirge *mountains*

26. der Muffkopf *grumble-head, glumness* · aus-lüften *air, air out*

27. zugu'te-kommen† *be of advantage*

29. sonderbar = seltsam · belustigen *amuse* · zur Schau tragen = zeigen

31. um-kehren *invert, reverse* · das Fernrohr *telescope*

32. weg-rücken *move away, remove*

34. verfallen†(auf) *hit upon, chance upon* · die Eifersucht *jealousy*

36. öfters *frequently* · der Schwatz *talk, chat*

37. tölpisch *doltish, loutish* · rechtschaffen *solid, upright*

von zu Hause fort, wanderte in den Bergen umher und redete sich ein, er ergehe sich auf seiner Liebsten. Das machte ihn glücklich; auch kam mehr frische Luft in seine Lungen° — ein gutes Mittel gegen Müdigkeit. Eines Nachmittags entdeckte er hinter dichtem, dunklem Gebüsch eine kleine Höhle. Er betrat 5 sie und fand sich am Anfang eines Ganges, der in den Berg hineinführte. Ob Wasser den Gang aus dem Fels gewaschen oder Menschenhand ihn vor Zeiten angelegt hatte, wußte Valentius nicht zu entscheiden. Es war ihm auch gleich, denn nun hatte er endlich gefunden, wonach er sich sehnte: einen 10 heimlichen, dämmrigen, stillen Ort, wo er sich verbergen, wo er schlafen konnte, nach Herzenslust, denn daheim ließ ihm das Riesenweib ja doch keine Ruhe. Fünfzehn Schritte tat er immer in den Gang hinein. Dann hockte er sich nieder, zog ein Fläschlein Schnaps aus der Tasche und trank fünf Schluck, 15 nicht mehr; und dann legte er sich schlafen, zwei Stunden lang, nicht länger. Wenn er erwachte, gestärkt°, getröstet, pries sein Herz den wundersamen Schlupfwinkel.

Die Riesin hatte gegen ihres Mannes Wanderlust, obgleich diese ihr befremdlich vorkommen mußte, bislang nichts einge- 20 wendet; doch weniger, weil sie großherzig war, sondern aus Überlegung. Es konnte ihr nicht entgehen, daß Valentius an der Ehe kein Gefallen mehr fand, daß er litt und heimlich aufbegehrte. „Die Kette war zu kurz", sagte sie sich. „Nun ist sie länger, reicht bis ins Gebirg, und er spürt sie nicht mehr. 25 Er soll ruhig seinen Muffkopf draußen auslüften — das kommt mir zugute." Aber es kam ihr nicht zugute, keineswegs, denn Valentius trug, wenn er in der Dämmerung heimkehrte, eine sonderbare, belustigte Miene° zur Schau, die ihr zeigte, wie fremd er seinem Weibe geworden war. Die Riesin fand, seine 30 Augen blickten sie an wie ein umgekehrt gehaltenes Fernrohr; eines, das wegrückt und verkleinert, und das war, wir wissen es, eine ganz richtige Empfindung.

Da verfiel die riesige Frau darauf, es mit der Eifersucht zu versuchen. In der Nähe wohnte ein Mann, der fast so groß war 35 wie sie selber; er kam öfters auf einen kleinen Schwatz vorbei. Ihm nun, einem zwar etwas tölpischen, doch rechtschaffenen Burschen, dem langen Peter, so hieß man ihn, ihm machte sie, wenn Valentius dabei war, schöne Augen und sprach sogar

1. prächtig   *splendid* · ab-geben†   *make*
2. dane'ben-gehen†   *miss the mark*
3. arglos   *innocent, unsuspecting* · das Getue   *goings-on, pretense*
4. nahm . . . für bare Münze   *took at face value, believed implicitly* · sich verlieben in   *fall in love with*
5. fröhlich   *cheerful, happy*
6. der Nebenbuhler   *rival*
7. der Entsatz   *relief, rescue*
8. packen   *lay hold of, come to grips with*
10. aus-kundschaften   *ferret out*
11. gefällig   *pleasing*

15. gehörig   *suitable* · schwerlich   *hardly*
16. fertig-bringen†   *manage, bring about* · immerhin'   *for all that, still*

19. sinnen†   *meditate, think* · summen   *hum* · vor sich hin   *to himself*
20. unendlich   *infinitely*
21. aus-fallen†   *turn out* · das Versteck   *hiding place*

24. behutsam   *cautious, careful*

26. sich tasten   *grope one's way*

31. das Gelände   *terrain*
32. umsichtig   *prudent, circumspect*
33. das Geröll   *gravel, rock debris* · ab-brökeln   *crumble away, peel off*

36. der Bär   *bear*
37. gewandt   *agile*
38. sollen   *mean* · albern   *silly*
39. die Kriecherei'   *crawling around*

davon, welch ein prächtiges Paar sie abgegeben hätten, Peter und sie. Das war nicht schlecht geplant, ging aber daneben, denn der lange Peter, der arglose, nahm ihr Getue für bare Münze, er verliebte sich in die Frau, und Valentius wurde darüber so fröhlich, daß niemand zweifeln konnte, er wünsche 5 seinem Nebenbuhler von Herzen Glück, ja, er rufe ihm lautlos Dank zu für den hochwillkommenen° Entsatz. „Falsch! Zurück!" befahl sich die Riesin. „So pack ich's nicht, der Schlüssel liegt woanders." Und sie beschloß, vorsichtig aus- zukundschaften, was Valentius auf seinen Wanderungen treibe 10 — ob er am Ende einer anderen Frau gefällig sei oder sie ihm; doch das ist ja fast das gleiche.

Als Valentius am nächsten Tag, bald nach dem Mittagbrot, das Haus verließ und dem Gebirge zuwanderte, folgte ihm seine Frau in gehöriger Entfernung. Sie konnte sich schwerlich 15 kleiner machen, als sie war, aber sie brachte es immerhin fertig, daß er sie nicht bemerkte und sie ihn nicht aus den Augen verlor. Freilich hatte sie Glück; er wandte sich kein einziges Mal um, er sann und summte zufrieden vor sich hin. Seine Wanderung, die der Riesin unendlich lang vorkam, fiel kürzer 20 aus als sonst, denn es zog ihn heftig zu seinem Versteck, des Schnapses oder des Schlafes wegen — wir wissen es nicht. Die Riesin sah ihn hinter dem Gebüsch verschwinden; sie näherte sich behutsam und entdeckte die Höhle. Daß es darinnen dunkel und eng war, gefiel ihr nicht, aber da sie eine resolute 25 Frau war, tastete sie sich in den Gang hinein.

Valentius, der sich gerade niedergehockt hatte, erkannte so- gleich die mächtige Gestalt, die den Gang verdunkelte. Er erschrak sehr, gab jedoch keinen Laut von sich, sondern kroch auf allen Vieren tiefer in den Berg hinein, Furcht hinter sich 30 und Furcht vor sich, denn er kannte ja das Gelände nicht. Obwohl er sich umsichtig bewegte, konnte er nicht verhin- dern°, daß hier und da Geröll abbröckelte.

„Ich höre dich, Valentius!" rief die Riesin. „Halt an — es hat doch keinen Zweck, daß du mich fliehst!" Auch sie ging 35 nun auf allen Vieren, wie ein großer Höhlenbär, der sein Winterquartier aufsucht, bloß nicht so gewandt und mühelos. „Halt an!" rief sie nochmals. „Was soll die alberne Krie- cherei?"

2. ängstigen *alarm, frighten*
3. die Beruhigung *reassurance*
4. gelangen *reach, get to* · der Ellenbogen *elbow*

7. flüchtig *fugitive*
8. zwängen *force, squeeze*
9. ungestüm *violent* · das Gestein *rocks*

12. gleichfalls *likewise*
13. vermutlich *probable, presumable* · elend *miserable*
14. zugrun'de gehen *perish*

17. ergründen *find out* · weshalb = warum

23. lähmen *paralyze* · der Schreck *fright, terror* · die Zunge
  tongue · zu zweit *in twos (i.e. the two of them)*
24. der Geschmack *taste*
25. sich ein-mischen *intervene, step in*
26. die Bedingung *condition*
27. laufen lassen *set free*
29. ab-zwingen† *obtain by force; extract*

32. an-fauchen *spit at*
33. die Wade *calf* · kreischen *shriek, scream*
34. der Bedacht *deliberation, forethought*
35. gelegentlich *occasional*

37. fein *polite, refined* · ritterlich *gallant, chivalrous*
38. die Erpressung *blackmail* · zudem' *besides*
39. der Verdacht *suspicion* · es ihm Spaß machte *he found it fun*

Aber Valentius kroch stumm weiter. Der Gang, das spürte er, wurde jetzt immer enger. Das ängstigte ihn, gab ihm zugleich aber eine gewisse Beruhigung, denn wo er nur mühsam vorwärts gelangte, auf Ellenbogen und Knien° — dorthin konnte ihm die Frau bestimmt nicht folgen. Seine Rechnung 5 stimmte; aber es kam noch viel besser, um nicht zu sagen: viel schlimmer. In ihrem Zorn über den flüchtigen Mann, der ihr keine Antwort gab, zwängte sich nämlich die Riesin so ungestüm durchs Gestein, daß sie an einer besonders engen Stelle steckenblieb und nicht weiterkam. Auch zurück konnte sie 10 nicht mehr, beim besten Willen nicht. Sie war gefangen, und Valentius war es gleichfalls.

Sie wären, vermutlich, beide im Berg elend zugrunde gegangen, hätte nicht der lange Peter in seinem Liebesdrang das gleiche getan wie die Riesin. Er war ihr heimlich gefolgt, er 15 hatte unterwegs bemerkt, daß sie Valentius verfolgte, und wollte ergründen, weshalb sie es tat. So war auch er in die Höhle, in den Gang geraten und näherte sich langsam den Beiden.

„Ich stecke fest!" schrie die Riesin. „Ich kann mich über- 20 haupt nicht mehr rühren. Wir müssen beide hier sterben."

Wiederum gab Valentius keinen Laut von sich, aber dieses Mal lähmte ihm der Schreck die Zunge. Der Tod zu zweit war gar nicht nach seinem Geschmack.

Da mischte sich der lange Peter ein. „Ich hol dich heraus, 25 Weib", sprach er. „Aber nur unter der Bedingung, daß du Valentius laufen läßt und mich heiratest."

„Geh zum Teufel!" rief die Riesin. „Ich lasse mir nichts abzwingen!"

„Wie du willst", sprach der lange Peter und schwieg. Eine 30 halbe Stunde später stellte er dieselbe Frage, dieselbe Bedingung, doch die Riesin fauchte ihn nur an. Da biß er sie in die linke Wade, daß die Frau kreischte. Und das tat er nun mit Bedacht alle halbe Stunde. Er fragte, erhielt eine böse Antwort und biß sie in die Wade, meist in die linke, gelegentlich aber 35 auch in die rechte.

Das war nicht fein und erst recht nicht ritterlich, es war die reine Erpressung. Zudem haben wir den langen Peter im Verdacht, daß es ihm Spaß machte, eine Frau zu strafen, die mit

4. das Jawort   *consent* (das Jawort geben   *accept an offer of marriage*)
5. wahr-nehmen†   *avail oneself of, make use of*
6. zäh   *tough, tenacious* · quälen   *torment, torture*
7. an-heben† = anfangen · verhandeln   *negotiate*
8. zu-reden   *urge, exhort* · die Vernunft   *reason*
9. sich fügen   *acquiesce*
10. her-geben†   *relinquish*
12. die Fügung   *coincidence, fate* · samt   *together with*
13. absonderlich   *bizarre, singular*
14. bei-pflichten   *assent, agree with*

16. das Gerede   *talk*
17. unterlassen†   *neglect, fail (to do)*

19. beschimpfen   *curse* · sich verlegen auf   *turn to*
21. nach-geben†   *give in* · die Wut   *rage*
22. sich legen   *subside*
23. nicht übel dabei fahre   *wouldn't be acting foolishly*
25. schmählich   *humiliating, disgraceful* · bezeugen   *declare, attest to*
26. verwehren   *refuse* · redlich   *honest, forthright*
27. ein-willigen   *agree*
28. die Zusage   *assent, promise* · hinterher   *afterwards* · ein-halten†   *adhere to, keep* · schwören†   *swear*
29. der Eid   *oath*
30. die Freiheit   *freedom*
31. ließ sich . . . hinein versprechen   *had his freedom handed over to him* (cf. auf (in) die Hand geben   *to hand over, give earnest; here: "versprechen" due to "hindering" circumstances*)
32. der Zug   *draught*
33. ebenfalls   *likewise* · der Handschlag   *handshake* · den es . . . verlangte   *was anxious for*
34. vermögen = können
36. streicheln   *stroke*
38. das deuchte ihnen   *that seemed to them*

seiner Liebe gespielt hatte. Küssen konnte er sie ja nicht, weil
sie den Kopf dort hatte, wo der Kopf hingehört, weil sie fest im
Gestein steckte, und steckenbleiben mußte sie, bis er ihr das
Jawort abgezwungen hatte. Eine solche Gelegenheit kam bestimmt nicht wieder; er nahm sie wahr.   5

So hub denn zwischen den Dreien ein langes, zähes, quälen-
des Verhandeln an, die ganze Nacht hindurch. Die Männer
redeten der Riesin zu, sie möge Vernunft annehmen und sich
fügen, zu ihrem eigenen Besten, denn Valentius gebe sie nun
einmal gern her, und der lange Peter nehme sie mit Freuden.   10
Ja, meinte Valentius, ja, nicht der Gewalt beuge sie sich, sondern einer Fügung, die sie samt den beiden Männern in diese
absonderliche Lage gebracht habe. Ja, pflichtete der lange
Peter bei, ja, genauso sei es, und sie möge sich daran erinnern,
wie oft sie davon geredet habe, welch prächtiges Paar sie   15
abgeben würden, sie und er. Und bei all dem Gerede unter-
ließ er es nicht, sie alle halbe Stunde in die Wade zu beißen,
nunmehr öfter in die rechte.

Die Riesin schrie, beschimpfte die Männer, verlegte sich aufs
Bitten, weinte, drohte, klagte, aber es half ihr wenig; der lange 20
Peter gab nicht nach. Gegen Morgen ermüdete sie. Ihre Wut
legte sich, ihre Gedanken wurden klarer. Sie begriff, daß sie
Valentius lassen müsse und nicht übel dabei fahre, wenn sie
statt seiner den langen Peter nehme, einen Mann, der ihr nur
darum auf schmähliche Weise seine Liebe bezeugte, weil sie   25
ihm verwehrt hatte, es auf redliche Weise zu tun.

Sie willigte also ein. Da die Männer fürchteten, sie werde die
erpreßte Zusage hinterher nicht einhalten, mußte sie schwören,
drei felsenfeste° Eide, wenn es nicht gar vier waren oder fünf.
Valentius kroch heran und ließ sich seine Freiheit in die Hand 30
hinein versprechen; als dies geschehen war, zog er die Flasche
aus der Tasche und trank sie in einem Zug aus. Der lange
Peter, den es ebenfalls nach einem Handschlag verlangte, ver-
mochte seine Hand nicht an die Hand der Riesin heranzubrin-
gen; er legte dafür seine Finger auf ihre linke Wade, die am   35
meisten gelitten hatte, und streichelte sie. Dann zog er die
schwere Frau behutsam heraus. Als die Drei aus der Höhle
traten, ging gerade die Sonne auf, und das deuchte ihnen ein
gutes Zeichen.

2. ab-stauben   *dust off*
3. die Ohrfeige   *slap*
4. in Schwung war   *was in form*
5. etlich   *several*

Kaum, daß die Riesin ihr Haar geordnet° und ihre Kleider abgestaubt hatte, gab sie dem langen Peter ebenso viele Ohrfeigen, als sie Bisse in die Wade empfangen hatte, und dann, weil sie in Schwung war oder nicht genau zu zählen wußte, noch etliche Ohrfeigen dazu. Aber sie hielt ihr Versprechen — sie 5 trennte sich von Valentius und heiratete den langen Peter. Auch Valentius heiratete später wieder: eine Frau, die nicht größer, aber auch nicht kleiner war als er.

SUGGESTIONS *The Poem as Political Statement* Poetry usually stands somewhere between diverse, chaotic reality and the one-for-one meaning of most philosophical or scientific interpretations of life. Ambiguity (or "plurisignification"), not final truth, is its essence. It distills life—to a point. But it also opens new and unanticipated meanings. It *is* a form of truth, but more the elusive truth of insight, the intuition of deeper meanings. It tends to make partial, not definitive statements. Curious things happen—and you should attempt to identify and weigh them—when the concentrated effect and memorability of poetry are mobilized in the interest of truths seen as uniquely valid, as unambiguous. Here are two such statements, the one by Hermann Kesten (introduced elsewhere, with his story *Olaf*), the other by Günther Eich. Eich was born in 1907, spent six years in the German army, was an American prisoner, and until his death in 1972, lived in Bavaria with his wife Ilse Aichinger (also represented in this volume). He was probably the major representative of the *Hörspiel* and was one of Germany's leading poets.

2. sinnen auf *plot, devise* · vernichten *destroy* 5. verhangen *overcast* 6. das Wachstum *growth* · knistern *crackle* 8. die Magd *maid* · die Distel *thistle* · stechen *prick* 9. die Lerche *lark* 12. Randersacker *Franconian winegrowing village near Würzburg, Bavaria* 13. pflücken *pluck* · Alican'te *coastal city and district in Spain* 14. der Strand *beach* 15. Taormi'na *resort town in Sicily* 16. die Kerze *candle* · entzünden *light* 17. der Friedhof *cemetery* · Feuchtwangen *medieval town near Rothenburg ob der Tauber, Bavaria* 19. die Doggerbank *a submerged sandbank (shallows) in the North Sea* 20. die Schraube *screw, bolt* · der Fließband *conveyor (belt)* 22. Szetschuan *Szechwan, province in China* 23. das Maultier *mule* · die Anden *Andes* 25. berühren *touch* 26. die Umar'mung *embrace*

Denke daran...

Denke daran, daß der Mensch des Menschen Feind ist
und daß er sinnt auf Vernichtung.
Denke daran immer, denke daran jetzt,
während eines Augenblicks im April,
unter diesem verhangenen Himmel,   5
während du das Wachstum als ein feines Knistern zu hören
    glaubst,
die Mägde Disteln stechen
unter dem Lerchenlied,
auch in diesem Augenblick denke daran!   10

Während du den Wein schmeckst in den Kellern vom Randers-
    acker
oder Orangen° pflückst in den Gärten von Alicante,
während du einschläfst im Hotel Miramar nahe dem Strand
    von Taormina,   15
oder am Allerseelentage° eine Kerze entzündest auf dem
    Friedhof in Feuchtwangen,
während du als Fischer° das Netz° aufholst über der Dogger-
    bank,
oder in Detroit eine Schraube vom Fließband nimmst,   20
während du Pflanzen setzt in den Reis-Terrassen° von Sze-
    tschuan,
auf dem Maultier über die Anden reitest, —
denke daran!

Denke daran, wenn eine Hand dich zärtlich berührt,   25
denke daran in der Umarmung deiner Frau,
denke daran beim Lachen deines Kindes!

4. nirgendwo *nowhere* · die Landkarte *map* · Biki'ni
Pacific atoll, site of atomic tests

7. sich abspielen = geschehen

3. ungarisch *Hungarian* 5. sächsisch *Saxon (East German
area and dialect)* 10. der Hradschin *Hradčany hill, site of ancient
castle and cathedral of Prague* · der Rundfunk *radio (station)*
11. die Bevölkerung *population* 14. die Menschenrechte *(pl.)
human rights*

Denke daran, daß nach den großen Zerstörungen
jedermann beweisen wird, daß er unschuldig war.

Denke daran:
Nirgendwo auf der Landkarte liegt Korea und Bikini,
aber in deinem Herzen.   5
Denke daran, daß du schuld bist an allem Entsetzlichen
das sich fern von dir abspielt —

GÜNTER EICH

Ich bin ein Spaziergänger

Ich bin ein Spaziergänger°. Gestern ging ich nach Prag.
Fünf fremde Armeen° standen auf den Straßen herum.
Die Regierung, sagten sie auf russisch°, bulgarisch°, ungarisch,
    polnisch°
Und auf sächsisch,   5
Die Regierung hat uns eingeladen,
Wir kamen als Freunde zu Freunden.
Da standen sie und schossen aus Tanks° und mit Kanonen°
    auf die Regierung,
Aufs Museum°, auf den Hradschin, auf den Rundfunk, auf 10
    die Bevölkerung,
Schießende Regierungsgäste° . . . welcher Regierung?
Sie kamen, um den Kommunismus° zu retten, und versteht
    sich, die Menschenrechte,
Jeder mit der fünfzigjährigen Revolution° im Tank . . .   15

HERMANN KESTEN

355

FRIEDO LAMPE This unusual work brings our literary reader to an appropriate conclusion. In its brief compass it is a complete anthology of forms, including most of the types and genres we have encountered in this book and a few more besides. Its title is not merely satirical; the "story" could well serve as an introduction to one kind of stylistics, the study of levels of expression. Its amusing plot moves nimbly through a virtuoso range of modes—epistolary, homiletic, official-ese, novelistic, lyric, and journalistic—and ends with the rousing finale of a musical comedy.

The author of this parody with a happy ending met a tragically unnecessary end himself. At Klein-Machnow near Berlin, in May of 1945, Friedo Lampe was shot by the Russians—as the report had it, "by mistake." He had been a librarian in Hamburg, an editor in Berlin (for Rowohlt before its dissolution by the Nazis). He was a well-informed and highly cultivated critic, with a doctorate in Germanistics and art history. Bremen was the city with which his work was most closely associated, in locale and spirit. He was born there in 1899.

In the light of the author's other writing, the reader should be warned not to take as harmless or naive the story that unfolds in this coat of many colors. Lampe has a quick eye for the irrationality of life, its sharp and bitter details. His mode of narration can be almost as far removed from the conventional sequence of reality as Kusenberg's. But his sensitivity to life was that of a Romanticist, and his rearranging of reality bears the indelible mark of melancholy as well as of humor. Watch, then, for satire behind the comic mask of forms. This latter feature is itself the clue to a basic attitude akin to the cynicism of Bert Brecht.

(In this last selection we have made somewhat greater use of the superscript zero.)

---

	die Formfibel	*primer of (literary) forms, handbook of style*
3.	gebären†	*give birth to*
4.	in Erfüllung gehen	*be fulfilled*
7.	die Taufe	*baptism*
8.	unbedingt	*definite*
12.	da sieh an	*well look at that, well look who's here*
13.	was macht	*how is*
15.	quietschvergnügt	*happy as a clam*
17.	der Taufpate	*godfather*

Eduard — Eine kleine Formfibel

by *Friedo Lampe*

Brief

Liebe Eltern, ich kann Euch die freudige° Mitteilung machen,
daß Luise diese Nacht um zwei Uhr einen gesunden Jungen
geboren hat. Wir sind ja so glücklich. Nach fünf Jahren des
Wartens ist uns endlich unser Wunsch in Erfüllung gegangen.
Ich habe Luise zur Klinik° begleitet und mußte dort stunden-　5
lang° im Gang warten, Dr. Heinrich wollte mich nicht zu ihr
lassen. Luises Befinden ist ausgezeichnet. Zur Taufe müßt Ihr
unbedingt kommen, das Kind soll Onkel Eduards Namen
haben, Onkel Moritz wird ja böse sein, daß wir das Kind nicht
nach ihm nennen, aber Moritz — nein, das geht doch nicht . . .　10

Drama

Onkel Moritz: Da sieh an, Luise, das ist aber nett, daß du
　deinen alten Onkel auch einmal besuchst. Was macht denn
　der Kleine?
Luise: Danke, Onkel, er ist quietschvergnügt. Ja, ich bin herge-　15
　kommen, um dich zur Taufe einzuladen.
Onkel Moritz: Also Taufpate soll ich sein? Gerne, gerne, mein
　Kind. Das ist recht, daß ihr an euren alten Onkel gedacht
　habt. Ja, was soll ich dem Jungen denn schenken?

1. verzeihen = entschuldigen

3. hat . . lumpen lassen   *money was never any object to*

8. die Bescheidenheit   *modesty*
9. der Kinderwagen   *baby carriage*

13. auf-brausen   *get excited*

20. das Komplott'   *plot*

27. einem etwas vormachen   *fool*

31. das Vermögen   *fortune* · vermachen   *bequeath, will* · der Liederjahn   *rake*
32. der Knicker   *miser* · pfui Teufel   *(expression of disgust)*

36. die Taufpredigt   *baptismal sermon*
37. Wonnesam   *(proper name as part of the parody:* wonnesam = *blissful)*

Luise: Ach, Onkel Moritz, verzeih —

Onkel Moritz: Natürlich kriegt der Junge ein schönes Geschenk. Onkel Moritz hat sich noch nie lumpen lassen.

Luise: Onkel, sei uns nicht böse, wenn —

Onkel Moritz: Kein Wort mehr, ich kenne meine Pflicht als 5
Taufpate.

Luise: Onkel, entschuldige —

Onkel Moritz: Nur keine falsche Bescheidenheit. Wie wär's
mit einem Kinderwagen?

Luise: Onkel, hör doch mal! 10

Onkel Moritz: Nun, mein Kind?

Luise: Du mußt uns richtig verstehen — bitte, braus nicht
gleich auf. Sieh mal, der Name Moritz ist doch nun wirklich
nicht schön und gar nicht mehr modern° — die Kinder in
der Schule würden später über den Jungen lachen — 15

Onkel Moritz: Was heißt das? Du willst doch nicht sagen —

Luise: Ja, wir wollten den Jungen Eduard nennen — nach
Onkel Eduard.

Onkel Moritz: So, mein Name ist euch nicht gut genug? Da
steckt etwas anderes dahinter. Das ist ein Komplott mit 20
Tante Lisbeth.

Luise: Nein, nein, Onkel Moritz!

Onkel Moritz: Immer Eduard. Eduard, Eduard. Ich verstehe,
ich verstehe. Bloß weil er etwas mehr Geld hat, weil ihr
glaubt — 25

Luise: Nein, Onkel, das ist es nicht.

Onkel Moritz: Mir kann man nichts vormachen. Ich durch-
schaue° alles. O wie recht habe ich, mich von dieser Familie
zurückzuziehen. Ich soll zur Taufe kommen? Denke nicht
dran. Ihr sollt euch wundern, Eduard, der wird dem Jungen 30
noch lange nicht sein Vermögen vermachen, der Liederjahn,
der alte Knicker. Pfui Teufel.

Luise: Onkel, glaub mir doch —

Onkel Moritz: Kein Wort mehr. Raus, ich will dich nicht mehr
sehen, nie mehr. Allein will ich sein. Pfui Teufel. Raus. 35

Taufpredigt

Pastor° Wonnesam: Fünf Jahre gingen dahin, aber sie ver-

1. der Mut *courage*
2. erhöret (*archaic for* erhört) *heard (as of prayers)*
3. segnen *bless* · der Erdenbürger *citizen of this earth*

9. das Mitglied *member*
10. weilen *tarry, be*
11. da...befallen *since he is unfortunately indisposed*
12. das Krankenlager *sickbed* · gedenken *be mindful of*

14. der Kanzlei'stil *bureaucratic style*
17. gefällig *kind, much appreciated*
18. habe ich...genommen *approx: I beg to acknowledge* · die Anordnung *instruction*
19. gemäß *in accordance with* · zuteil' werden lassen *give, cause to appear in*
20. fraglich *in question*
21. der Irrtum *error* · unterlaufen† *occur*
22. demzufolge *according to which* · die Nichte *niece*
23. im Falle...Ihrerseits *in the event of your demise*
24. der Erbe *heir* · ein-setzen *name, constitute*
26. der Verein *society, club* · die Förderung *encouragement, fostering*

27. der Roman' *novel*
28. die Gardero'be *dressing room* · an-gelangen *arrive*
29. die Klinke *latch*
30. glucksen *gurgle* · girren *coo* · die Taube *dove*

32. vergnügt *happy*

35. der Toilet'tentisch *dressing table, vanity* · die Puderquaste *powder puff*

loren nicht den Mut und den Glauben°. Wer da die Hoffnung nicht aufgibt, der wird auch erhöret. Und siehe da, der
Herr segnete sie. Da liegt er nun, unser kleiner Erdenbürger,
gesund und rosig° und vergnügt. Und alle sind um ihn, die
Eltern, die Großeltern, der Onkel Eduard, der ihm den   5
Namen schenken soll, und alle strahlen im Glück und Sonnen-
schein° dieser Stunde. Ja, die Sonne, die Frühlingssonne,
scheint warm und golden° zu uns herein. O möge sie immer
auf seinen Wegen leuchten. Nur einer, ein liebes Mitglied
der Familie, muß ferne weilen, da ihn böse Unpäßlichkeit 10
befallen — der Onkel Moritz. Aber auch er wird in Liebe auf
seinem Krankenlager dieser Stunde gedenken und im Geiste
bei uns sein . . .

Kanzleistil

Dr. Rehbein, der Notar°, an Onkel Moritz: 15
Sehr geehrter Herr!
Ihr gefälliges Schreiben° vom 12.6. habe ich ergebenst zur
Kenntnis genommen. Ich werde also Ihren Anordnungen
gemäß dem Testament° eine andere Form zuteil werden lassen. Ich wiederhole noch einmal die fraglichen Punkte, um 20
sicher zu sein, daß keine Irrtümer unterlaufen. Ihr früherer Te-
stamentsentscheid°, demzufolge Ihre Nichte Luise W. oder ihr
erstgeborenes° Kind im Falle eines Ablebens Ihrerseits zum
alleinigen° Erben eingesetzt war, ist von Ihnen annulliert°,
und Sie haben sich jetzt entschlossen, Ihr ganzes Vermögen 25
dem Verein zur Förderung der Gartenkultur° . . .

Roman

Eduard war vor ihrer Garderobentür angelangt und wollte
schon die Klinke niederdrücken, da hörte er leises Gelächter°.
Es waren diese sanft glucksenden, girrenden Taubentöne, die 30
er so gut kannte. Aber was war das? Eine Männerstimme°
klang dazwischen, ein vergnügtes, zufriedenes Männerlachen°.
Eduard horchte, aber er konnte nichts Deutliches vernehmen.
Da öffnete er schnell die Tür. Rosi saß vor ihrem Toilet-
tentisch, die Puderquaste in der Hand, und über sie gebeugt 35

2. harmlos *innocent, harmless*
3. fesch *smart, gallant* · der Jägerbursch *young huntsman* ·
die Begeisterung *enthusiasm*
4. die Bewunderung *admiration*
5. bewußt *in question*
6. sich überlegen *think over* · servus *(salutation of departure)*
8. betupfen *pat*
10. gurren *coo* · aus-stoßen† *utter*
11. fad *silly*

14. die Tracht *costume*
15. der Dreispitz *three-cornered hat* · keck *pert* · die Locken-
perüc'ke *wig of curly hair*

18. umschlingen† *embrace*

21. gespannt *intent*

25. erben *inherit*
26. der Goldige *sweet, darling*

29. sich fuchsen *be in a snit*

33. beschieden *granted, one's lot*

35. der Ruhm *fame* · der Stand *status*

stand der Direktor°. „Ah, Sie sind's, mein Lieber", sagte der Direktor im harmlosesten Ton der Welt, „wollen Sie auch unserem feschen Jägerburschen Ihre Begeisterung und Bewunderung zu Füßen legen? Also dann will ich nicht stören. Über das bewußte Projekt° sprechen wir morgen, Rosi. Überleg's dir noch mal. Servus, servus." — „Was wollte er? Warum ist er hier?" fragte Eduard finster. „Mein Gott, was Geschäftliches°, mein Liebling", sagte Rosi und betupfte ihr Gesicht mit der Quaste. „Aber ihr lachtet so vergnügt, ehe ich eintrat, und wenn du diese gurrenden Töne ausstößt, dann weiß ich . . ." „Nun hör aber auf, das ist ja fad. Er ist doch der Direktor, da muß ich doch freundlich sein. Sag lieber, wie du mich findest." Sie sprang auf vom Stuhl und schritt graziös° in ihrer schlanken grünen Jägertracht durchs Zimmer, den schwarzen Dreispitz keck auf der weißen Lockenperücke. Und dann legte sie die Hand hinter den Kopf und tanzte und sang: „Meine Lust ist das Jagen im grünen Wald." Eduard umschlang sie leidenschaftlich. „Mein Jäger, mein süßer kleiner Jäger. Versprich mir, daß du mir treu sein willst, immer, immer. Ich hab' auch ein große Überraschung für dich." Rosi hob schnell den Kopf und sah ihn gespannt an. „Ich bin heute bei meinem Notar Doktor° Rehbein gewesen", sagte Eduard, „wenn ich einmal sterben sollte . . ." — „Sprich doch nicht davon, Liebling, das mag ich nicht hören." — „Ja, dann sollst du mein ganzes Vermögen erben." — „Still davon, mein Herzchen°, mein Goldiger, pfui, vom Tode zu reden. Und sag, dein Patenkind°, dieser kleine Eduard, der soll nun gar nichts mehr haben? Mein Gott, wie traurig!" — „Gar nichts", sagte Eduard, „Luise, die wird sich fuchsen, die wird einmal Augen machen, ha, ha."

Lyrik°

Schlaf, Eduard, schlaf in Frieden,
Noch ist dir Ruh beschieden,
Noch weißt du nichts von unserer Welt,
Von Ruhm und Stand und Ehr und Geld,
Noch kannst du glücklich lachen.
Ich will still bei dir wachen.

2. kühl *cool*

4. die Gardi'ne *curtain(s), drapes* · blähen *billow, puff out*

8. funkeln *sparkle, twinkle*

11. die Reporta'ge *newspaper report*

14. um sich greifen *spread*
15. der Dachstuhl *rafters, attic* · die Eta'gewohnung *apartment (in the main living section)*
16. Menschenleben . . . beklagen *there was no loss of life* · das Inventar' *furnishings*
17. das Ereignis *occurrence, incident*
18. sich hervor'-tun† *distinguish oneself*
21. die Zelle *booth* · benachrichtigen *inform*
22. die Feuerwehr *fire department* · nicht genug damit *that was not all*
23. die Gattin *wife*
24. sich melden *appear*

27. die Hosenrolle *male role (taken by a woman)*

29. die Ankunft (ankommen)

31. der Qualm *smoke*
32. die Handlungsweise *action, behavior*

35. der Zwist *discord* · innig *heartfelt*

37. den Sieg davontragen *carry the day*

Der Mond, der scheint zum Fenster rein,
Wie kühl und heiter ist sein Schein,
Die Lampe°, die ist ausgedreht,
Ein Wind sanft die Gardine bläht.
O bliebest du doch immer klein,   5
Und könnt' ich immer bei dir sein
Und sitzen so im Dunkeln
Beim klaren Sternefunkeln,
Doch schon auf Treppenstufen°
Tönt Vaters Schritt. Gleich wird er rufen.   10

Reportage

Gestern abend brach in einem Hause der Charlottenstraße ein
Feuer aus, dessen Ursachen bis jetzt noch nicht festgestellt
werden konnten. Das Feuer griff schnell um sich und zerstörte
den Dachstuhl und zwei Etagenwohnungen. Menschenleben°   15
sind nicht zu beklagen, auch ein großer Teil des Inventars
konnte gerettet werden. Bei diesem Ereignis tat sich besonders
der 54 jährige° Moritz M. hervor. Durch Zufall führte ihn
sein Abendspaziergang° in die Nähe des fraglichen Hauses,
und als er den Flammenschein° aus der Ferne° sah, lief er   20
sofort zur nächsten Telephonzelle und benachrichtigte die
Feuerwehr. Aber nicht genug damit, er eilte zu dem Hause, in
dessen drittem Stock sein Neffe° Hans W. mit seiner Gattin
Luise wohnte, klingelte, und als sich niemand meldete und er
von den Nachbarn erfuhr, daß das Ehepaar zum Theater° ge-   25
gangen war, um sich die Oper° „Jägerglück°" anzusehen, die
Fräulein Rosi Huber in der Hosenrolle des Alois zu einem so
triumphalen° Erfolge geführt hat, stürzte er in das brennende
Haus, noch vor Ankunft der Feuerwehr, schlug die Wohnungs-
tür° ein und rettete den kleinen Sohn des Ehepaares, Eduard 30
mit Namen, aus Flammen° und Qualm, unter größter Lebens-
gefahr°. Diese Handlungsweise ist besonders ergreifend, wenn
man erfährt, daß Moritz M. sich seit längerem mit seinem
Neffen und seiner Nichte verfeindet° hatte. Im Augenblick der
Gefahr vergaß er allen Zwist, seine innige Liebe zu dem   35
kleinen Eduard, sein tiefes Familiengefühl° brach mächtig
durch und trug den Sieg davon. Der Bürgermeister° hat dem

1. kühn *brave* · verleihen† *bestow*
2. ein übriges tun *go further* · obdachlos *without shelter*
3. geräumig *spacious*

4. das Singspiel *musical, operetta*

5. der Korbwagen *pram, baby carriage*

9. begraben† *bury*

12. lau *warm and mild*

15. preisen† *praise*

18. der Scherz *joke, trifle*

27. allezeit = immer
28. die Herzlichkeit *affection*

29. jauchzen *shout with joy*

kühnen Mann die goldene Rettungsmedaille° verliehen.
Moritz M. tat noch ein übriges und nahm das obdachlos gewordene Ehepaar in seine geräumige Wohnung auf.

Singspiel — Libretto°

Onkel Moritz, Hans, Luise, der kleine Eduard im Korbwagen, 5
auf einem Balkon°. Es ist Abend. Sie sitzen an einem Tisch,
vor sich Weingläser°.

Onkel Moritz
Wir wollen allen Streit begraben,
Wie bin ich froh, daß wir uns wieder haben. 10

Hans
Wie ist der Abend mild und lau.
O küsse mich, umarm' mich, Frau.

Luise
Den guten Onkel wolln wir preisen! 15
Klein-Eduard soll jetzt Moritz heißen.

Onkel Moritz
Ach, Namen sind ja nur ein Scherz.
Gehört mir nur sein kleines Herz,
So mag er heißen, wie er will. 20
Ach, seid mir von dem Namen still.

Alle
Ja, mag er heißen, wie er will,
Ach, seid mir von dem Namen still.
Die Namen sind ja nur ein Scherz, 25
Das Wichtigste ist doch das Herz.
So trinken wir denn allezeit
Auf Freundschaft° und auf Herzlichkeit!

Sie heben die Gläser, der kleine Eduard jauchzt im Korbwagen, über den Dächern geht der große gelbe Vollmond° auf. 30

MODERN CLASSICS The earlier poems of this collection are, like the prose, the work of recent or contemporary writers. Those that follow are designed to introduce, if only by name and a poem or two each, some of the great figures of the lyric before World War I, reaching back to the turn of the century. Neither the poets nor the poems are "dated," except in the narrowest chronological sense. All of them helped determine the shape of twentieth century verse, from the beginning to the present day.

Arno Holz was one of the pioneers of Naturalism (photographic and "phonographic" reproduction of life); but, unlike most Naturalists, he wrote voluminously in verse. He demanded an end to traditional form, rhymes, strophes, and line structures; an intensification of immediate experience, whether of the social and natural environment or of the inner creative spirit.

By birth an upper-class Austrian, by cultural allegiance a true European, Hugo von Hofmannsthal is the poet of Impressionist sensitivity and melancholy, a man who saw human life as paradox destined to move between the poles of change and permanence, whether these be manifested in existence itself—as dream and reality, life and death—or in human relationships—as the acceptance or dissolution of ties, as memory or forgetting. He saw these polarities as inevitable, "resolved" only in the modes of tragedy or comedy. Our sonnet is virtually a diagram of this principle: two separately enclosed lives, a sudden unsettling encounter, the ensuing loss of confidence and self-mastery (through love?).

Born in Prague, Rainer Maria Rilke became perhaps the single most influential lyric poet of modern German literature. He was one of the great God-seekers, a man absorbed in the created world, in things animate and inanimate, preoccupied with death and driven by the hope of its transcendence through spirit and creativity. He is also one of the great poet-prophets, in the company of Hölderlin or, in English, Blake and Yeats. He was a seminal experimenter in verse form, standing at the threshold between tradition and modernism.

Georg Trakl, another Austrian, is the tortured voice of a generation destined to be lost, one of the young Expressionists who sensed the disintegration of a Europe heading for its first total war and who sought to fix their vision in the "cry from within." His own mental balance, endangered by drugs, was shattered by the experience of war: as pharmacist in the medical corps he was left, without medications, in

charge of severely wounded men, suffered a breakdown, and died—
perhaps by his own hand—of an overdose of cocaine. He saw life as
chaos and suffering, relieved (ever decreasingly) by visions of the
simple life and the remnants of God's interest in man. His language is
often an extension of the last line of our poem: noun piled on noun,
syntactically orphaned, mirroring the disjointed universe in which he
was imprisoned.

Hermann Hesse, a Swabian (like Hölderlin and Schiller), had a
tremendous vogue among young Americans in the 60's, and his novels
(*Demian, Steppenwolf, Siddharta,* and others) retain their fascination
as case-books of psychological penetration and spiritual quest, ex-
plorations of the world of adolescence and maturing, body and *Geist.*
His poems are sensitive distillations of these same insights.

No single poem can speak for such complex visions as these, but
each will serve at least to introduce its poet. A wryly Aesopian anti-
dote for such (necessary) seriousness, our concluding selection reaches
back to the writer, illustrator, and satirist Wilhelm Busch, who died
in 1908 but who remains immortal as the father of the comic strip.
His definition of humor is worth remembering: "Humor ist wenn man
trotzdem lacht."

die Düne *dune*

2. eintönig *monotonous*

9. die Scheibe *pane*

Draußen die Düne

Einsam das Haus
    eintönig,
ans Fenster
der Regen.

Hinter mir,   5
    tictac°,
    eine Uhr,
    meine Stirn
gegen die Scheibe.

Nichts.   10

Alles vorbei.

Grau der Himmel
Grau die See
und grau
das Herz.   15

ARNO HOLZ

2. gleichen† *be like, resemble*

7. nachlässig *careless* · die Gebärde *gesture, motion*
8. erzwingen *force*

12. beben *tremble*

Die Beiden

Sie trug den Becher° in der Hand
— Ihr Kinn und Mund glich seinem Rand —,
So leicht und sicher war ihr Gang,
Kein Tropfen° aus dem Becher sprang.

So leicht und fest war seine Hand: 5
Er ritt auf einem jungen Pferde,
Und mit nachlässiger Gebärde
Erzwang er, daß es zitternd stand.

Jedoch, wenn er aus ihrer Hand
Den leichten Becher nehmen sollte,   10
So war es beiden allzu° schwer:
Denn beide bebten sie so sehr,
Daß keine Hand die andre fand
Und dunkler Wein am Boden rollte°.

HUGO VON HOFMANNSTHAL

1. der Duft *fragrance*

3. sickern *trickle, filter*

5. verschwimmen† *float away, grow dim*
6. weben *weave, move back and forth*
7. durchsichtig *transparent*
8. wunderbar *wonderful, wondrous*
9. der Kelch *calyx* · das Dickicht *thicket, undergrowth*
10. gelb *yellow* · der Topas' *topaz*
11. glimmen† *glow, glimmer*
12. an-füllen *fill (up)* · schwellen† *swell*
13. die Schwermut *melancholy*

16. sehnen *long, yearn*

19. das Heimweh *nostalgia, homesickness*

22. das Riesensegel *giant sail*

24. die Vaterstadt *cf.* Vaterland
25. die Gasse *lane* · der Brunnen *fountain, spring* · riechen† *smell*
26. der Fliederbusch *lilac (bush)*
27. das Ufer *shore*

Erlebnis

Mit silbergrauem° Dufte war das Tal
Der Dämmerung erfüllt°, wie wenn der Mond
Durch Wolken sickert. Doch es war nicht Nacht.
Mit silbergrauem Duft des dunklen Tales
Verschwammen meine dämmernden Gedanken,   5
Und still versank° ich in dem webenden,
Durchsichtgen Meere und verließ das Leben.
Wie wunderbare Blumen waren da
Mit Kelchen dunkelglühend! Pflanzendickicht,
Durch das ein gelbrot Licht wie von Topasen   10
In warmen Strömen drang und glomm. Das Ganze
War angefüllt mit einem tiefen Schwellen
Schwermütiger Musik. Und dieses wußt ich,
Obgleich ichs nicht begreife, doch ich wußt es:
Das ist der Tod. Der ist Musik geworden,   15
Gewaltig sehnend, süß und dunkelglühend°,
Verwandt der tiefsten Schwermut.
                                   Aber seltsam!
Ein namenloses Heimweh weinte lautlos
In meiner Seele nach dem Leben, weinte,   20
Wie einer weint, wenn er auf großem Seeschiff°
Mit gelben Riesensegeln gegen Abend
Auf dunkelblauem° Wasser an der Stadt,
Der Vaterstadt, vorüberfährt. Da sieht er
Die Gassen, hört die Brunnen rauschen, riecht   25
Den Duft der Fliederbüsche, sieht sich selber,
Ein Kind, am Ufer stehn, mit Kindesaugen°,
Die ängstlich sind und weinen wollen, sieht
Durchs offne Fenster Licht in seinem Zimmer —
Das große Seeschiff aber trägt ihn weiter   30
Auf dunkelblauem Wasser lautlos gleitend°
Mit gelben fremdgeformten° Riesensegeln.

HUGO VON HOFMANNSTHAL

2. aus-sprechen† *pronounce, say*

5. bangen *frighten* · der Spott *mockery, scorn*

7. wunderbar *wondrous*
8. grenzen *border*

9. wehren *restrain*

11. an-rühren *touch* · starr *rigid*
12. um-bringen† = töten

das Gedicht *poem*

2. welken *wither*
3. verneinen *deny, negate*

9. unendlich *infinite*

Ich fürchte mich so vor der Menschen Wort

Ich fürchte mich so vor der Menschen Wort.
Sie sprechen alles so deutlich aus:
und dieses heißt Hund und jenes heißt Haus,
und hier ist Beginn° und das Ende ist dort.

Mich bangt auch ihr Sinn, ihr Spiel mit dem Spott,   5
sie wissen alles, was wird und war;
kein Berg ist ihnen mehr wunderbar;
ihr Garten und Gut grenzt grade an Gott.

Ich will immer warnen° und wehren: Bleibt fern.
Die Dinge singen hör ich so gern.   10
Ihr rührt sie an: sie sind starr und stumm.
Ihr bringt mir alle die Dinge um.

RAINER MARIA RILKE

Herbstgedicht

Die Blätter fallen, fallen wie von weit,
als welkten in den Himmeln ferne Gärten;
sie fallen mit verneinender Gebärde.

Und in den Nächten fällt die schwere Erde
aus allen Sternen in die Einsamkeit.   5

Wir alle fallen. Diese Hand da fällt.
Und sieh dir andre an: es ist in allen.

Und doch ist Einer, welcher dieses Fallen
unendlich sanft in seinen Händen hält.

RAINER MARIA RILKE

2. der Kuckuck *cuckoo*
3. das Korn *grain*
4. der Mohn *poppy*

5. das Gewitter *thunderstorm* · drohen *threaten*
6. der Hügel *hill*
7. die Grille *cricket*

9. nimmer = nicht mehr · sich regen *stir* · das Laub *leaves,
   foliage*
10. die Kasta'nie *chestnut*
11. die Wendeltreppe *winding staircase*

13. die Kerze *candle*

16. aus-löschen *extinguish*

Sommer

Am Abend schweigt die Klage
Des Kuckucks im Wald.
Tiefer neigt sich das Korn,
Der rote Mohn.

Schwarzes Gewitter droht   5
Über dem Hügel
Das alte Lied der Grille
Erstirbt° im Feld.

Nimmer regt sich das Laub
Der Kastanie.   10
Auf der Wendeltreppe
Rauscht dein Kleid.

Stille leuchtet die Kerze
Im dunklen Zimmer;
Eine silberne° Hand   15
Löschte sie aus;

Windstille°, sternlose° Nacht.

GEORG TRAKL

6. zu zweien . . . drein *in twos and threes*

Allein

Es führen über die Erde
Straßen und Wege viel,
Aber alle haben
Das selbe Ziel.

Du kannst reiten und fahren   5
Zu zweien und zu drein,
Den letzten Schritt mußt du
Gehen allein.

Drum ist kein Wissen
Noch Können so gut,   10
Als daß man alles Schwere
Alleine tut.

HERMANN HESSE

Der fliegende Frosch

Wenn einer, der mit Mühe kaum,
Gekrochen ist auf einen Baum,

der Frosch *frog*

Schon meint, daß er ein Vogel wär,

So irrt sich der.

Also geht alles zu Ende allhier:
Feder, Tinte, Taback° und auch wir,
Zum letzten Mal wird eingetunkt,
Dann kommt der große schwarze

⬤

WILHELM BUSCH

allhier′ = hier · die Tinte *ink* · ein-tunken *dip (in)*

Vocabulary

The vocabulary consists of a main list, a list of principal parts of strong verbs appearing anywhere in this book, and a list of the cognates and other words zeroed in the body of the text — in so far as they seemed to need further annotation.

Within the main vocabulary, strong verbs (uncompounded form only) are indicated by a dagger, thus saving much duplication of information.

The editors feel it pointless to repeat verbatim the entry for a facing page gloss occurring only once. Such words are therefore omitted from the end vocabulary.

The main body of the vocabulary consists of:

1. The basic frequency lists (first and second 500).

2. The separable compounding forms given in the Introduction, together with other words from special lists, introductions, etc.

3. All words or stems occurring more than once in the facing page glosses. The vocabulary thus extends the design basic to this book: exposure to limited but progressively larger bodies of words, in the interest of effective learning.

Abbreviations and other mechanical features are the same as for the 500 word lists.

Two asterisks indicate that a word is in the first 500, one that it is in the second 500. Since we have added in the vocabulary many special uses of these words (from facing page glosses), the information which follows a starred entry may be much fuller than its basic coverage in the frequency list.

A

ab off; down
der Abend, –e evening; **abends
  evenings, in the evening
**aber but, however
abermals again
ab-holen fetch
ab-nutzen wear out, use up
der **Abschied, –e** leave, departure, farewell
*ab-schließen† (shut and) lock,
  close (up); conclude
ab-schwören† abjure; declare
*die Absicht, –en intent(ion)
die **Achsel, –n** shoulder
*achten; die Achtung respect, regard
die **Ader, –n** vein
*ähnlich similar; **die Ähnlichkeit,**
  –en similarity
all all; **alles** everything, every-
  body
**allein′ alone
*allerdings′ to be sure, it is true
*allerlei all kinds of
**als when, as; than
**also therefore, thus, then
**alt old
*das Alter, – age
die **Ameise, –n** ant
**an at, by, on; to, etc.; because of
ander- other; next; **anders else;
  otherwise
*ändern; die Änderung, –en
  change
der Anfang, ⸚e beginning; **an-
  fangen† begin
an-gehen† (ist) concern, have to
  do with
**angenehm pleasant, agreeable
**die Angst, ⸚e fear, anxiety;
  ängstlich anxious
an-halten† hold, stop
an-heben† begin
*an-kommen† (ist) arrive

an-künden; an-kündigen announce
die **Ankunft, ⸚e** arrival
an-legen put on, set up, lay out
*an-nehmen† accept, assume, take
  on
an-rufen† call up
an-rühren touch
an-schlagen† strike
**an-sehen† look at; tell by looking at
die **Ansicht, –en** opinion, view;
  ansichtig werden† catch sight
  of
an-spielen (auf) allude (to); **die**
  Anspielung, –en allusion
an-starren stare at
an-stecken ignite, light; set,
  start
(sich) **an-strengen** exert; **ange-**
  strengt intent, intense; **die**
  Anstrengung, –en exertion,
  effort
das **Antlitz, –e** visage, countenance
**die Antwort, –en; antworten
  answer
an-wachsen† grow, spread
das **Anzeichen, –** sign, indication
*an-ziehen† put on; attract, draw;
  sich a. get dressed; **angezogen**
  dressed; **der Anzug, ⸚e** suit
*an-zünden light
**die Arbeit, –en; arbeiten work
*der Ärger annoyance; **ärgern**
  annoy; **ärgerlich** annoyed,
  angry
arglos innocent, open, unsuspecting
arm poor; **die Armut poverty
**die Art, –en way, manner, kind
*der Arzt, ⸚e doctor
der Atem breath; **Atem holen
  catch (one's) breath; **atmen**
  breathe; **der Atemzug, ⸚e**
  breath, (pl.) breathing
**auch also, too; even

**auf on, etc.; up; open; **auf . . .
zu** up to
auf-atmen draw a deep breath,
breathe a sigh of relief
*die Aufgabe, –n task, lesson
auf-halten† detain; **sich a.**
stay
*auf-hören stop
auf-leben feel revived, come to
life
*auf-machen open
*aufmerksam attentive; **die Aufmerksamkeit** attention
die **Aufnahme, –n** reception;
auf-nehmen† record, absorb;
receive, take up
*auf-passen watch (for); pay attention
*auf-regen excite; **die Aufregung**
excitement
auf-schlagen† open
auf-schließen† open
auf-stehen† (ist) get up
auf-stoßen† belch
der **Auftritt, –e** entrance; scene;
"scene," quarrel
die **Aufzeichnung, –en** note, record
**das Auge, –n eye; **die Augen-
braue, –n** eyebrow
**der Augenblick, –e moment
**aus out of, from; out
*der Ausdruck, ⸚e expression;
aus-drücken express
der **Ausgang, ⸚e** exit
aus-halten† (be able to) stand, endure
aus-löschen put out, extinguish
(sich) **aus-ruhen** rest
aus-schließen† exclude; **ausgeschlossen** impossible
**aus-sehen† look, appear
*außen outside; **äußer-** external, outer, outside
**außer except, besides; outside of
außerdem besides
außerhalb outside of

*außerordentlich extraordinary
aus-sprechen† pronounce, say
aus-weichen† (ist) avoid, evade
*auswendig by memory
(sich) **aus-ziehen†** undress, get
undressed

B

der **Bach, ⸚e** brook
die **Backe, –n** cheek
das **Bad, ⸚er** bath; **baden** bathe,
swim
der **Bagger, –** excavator, dredge
die Bahn, –en way, road, railroad; **der Bahnhof, ⸚e railroad
station
bald soon; **bald . . . bald now
. . . now
der **Balken, –** beam
*die Bank, ⸚e bench
*bauen build; **der Bauherr, –n,
–en; der Baumeister, –** architect, builder
der Bauer, –s or **–n, –n peasant;
bäuerlich peasant, rural; **der
Bauernhof, ⸚e** farm, farmhouse
**der Baum, ⸚e tree; **die Baum-
krone, –n** treetop
beantworten answer
bedauern regret
bedecken cover
bedenken† consider, take into
account; **das Bedenken, –**
doubt, scruple, hesitation
**bedeuten mean; **die Bedeutung,
–en** meaning
bedienen serve
bedrohen threaten
*bedürfen† need
sich **beeilen** hurry
*der Befehl, –e; befehlen† command
*sich befinden† be; feel
*begegnen (ist) encounter, meet;

die **Begegnung, –en** meeting, encounter
die **Begeisterung** enthusiasm
***begleiten** accompany
begraben† bury; **das Begräbnis, –se** burial
***begreifen**† grasp, grasp the fact, comprehend
das **Behagen** pleasure, comfort
***behalten**† keep
beharrlich persistent
***behaupten** assert, claim; **die Behauptung, –en** assertion, claim
die **Behörde, –n** government office; **behördlich** official
****bei** at, with, near, at the house of, etc.
****beide** both, two
das **Bein, –e** leg
***beina'h(e)** almost
beisam'men together
das **Beispiel, –e example
beißen† bite
***bekannt** familiar, known; **der Bekannte** (as adj.) acquaintance
bekennen† confess
sich **beklagen** complain
****bekommen**† get
belustigen amuse
****bemerken** notice; **die Bemerkung, –en** remark
sich **bemühen** try, endeavor, make an effort, take pains
benachrichtigen notify, inform
beobachten notice, observe
***bequem** comfortable
berechnen calculate
****bereit** ready; **bereits** already
****der Berg, –e** mountain, hill
***berichten** report
der **Beruf, –e** occupation, profession
beruhigen calm, reassure, soothe; **die Beruhigung** tranquility, reassurance
***berühmt** famous

berühren touch
***beschäftigen** occupy, busy; **beschäftigt** busy
Bescheid wissen know (what's going on)
bescheiden modest; **die Bescheidenheit** modesty
***beschließen**† decide (on), conclude
***beschreiben**† describe; **die Beschreibung, –en** description
***der Besitz** possession; **besitzen**† possess, own
***besonder–** special; **besonders** especially
****besser** better
beständig unwavering, steady, constant, steadfast
***bestehen**† consist (w. aus, in); insist (w. auf); exist
bestellen order
bestimmen determine; **die Bestimmung** destiny
****bestimmt** certain, definite, particular
***der Besuch; besuchen** visit
***betrachten** regard, observe, study, examine, contemplate; **die Betrachtung, –en** observation
***betreten**† enter
der **Betrieb, –e** activity, coming and going; **betriebsam** busy, active
der **Betrug** betrayal, deceit; **betrügen**† betray
***betrunken** drunk
das **Bett, –en bed
*(sich) **beugen** bend, bow
*(sich) **bewegen** move; **die Bewegung, –en** motion
***der Beweis, –e** proof; **beweisen**† prove
bewundern admire; **die Bewunderung** admiration
bewußt aware, conscious; **das Bewußtsein** consciousness

bezahlen pay (for)
beziehen† refer, relate
*biegen† (hat) bend; (ist) turn
*bieten† offer
das **Bild, –er picture
*bilden form, constitute; educate
billig inexpensive, cheap
**binden† tie
**bis until, to
*bisher' previously, up to now
bisweil'len occasionally, sometimes
die **Bitte, –n request; **bitte**
please; **bitten† ask
blank shiny, glistening, smooth,
clear
blasen† blow; play
*blaß pale
das **Blatt, ⸚er leaf, sheet, page,
newspaper
blau blue; **die Bläue** blueness;
bläulich bluish
**bleiben† (ist) remain, stay
*bleich pale
der **Blick, –e glance, sight, view;
blicken glance
der **Blitz, –e** lightning (bolt);
blitzen flash
*bloß mere(ly), only, bare(ly)
*blühen bloom
die **Blume, –n flower
das **Blut** blood; **bluten** bleed
der **Boden, – or ⸚ ground, floor
die **Bohne, –n** bean
**böse angry, bad
**brauchen use, need
die **Braut, ⸚e** fiancée
*brav good
**brechen† break
breit broad, wide; **breiten
spread
**brennen† burn
das **Brett, –er** board
der **Brief, –e letter
die **Brille, –n** glasses
bringen† bring
das **Brot, –e bread, loaf

*die **Brücke, –n** bridge
der **Bruder, ⸚ brother
brüllen roar, yell
der **Brunnen, –** fountain, well
die **Brust, ⸚e** chest, breast
das **Buch, ⸚er book
*bunt gay, of many (different)
colors
der **Bürgermeister, –** burgo-
master, mayor
das **Büro', –s** office
*der **Bursch(e), –(e)n, –(e)n** fellow, boy

D

**da then, there; since; when
**dabei' in so doing; at the same
time
*das **Dach, ⸚er** roof; **der Dachstuhl, ⸚e** rafters, attic
daheim' at home
daher' (emph. **da'her) consequently; along
dahin' (emph. **da'hin) there,
gone; along; **bis dahin** up to
that point, till then
*damals then
*die **Dame, –n** lady
**damit' so that
*dämmern grow dark, dusk(y);
dämmerig, dämmernd dim,
dusky; **die Dämmerung** twilight, dusk
der **Dampf, ⸚e** steam, vapor
der **Dank thanks, gratitude;
danken thank
**dann then
*dar-stellen represent; **die Dar-
stellung, –en** representation
darum' (emph. **da'rum) therefore
**daß that, so that
dauern last, continue; **dauernd
continual
davon' away
**dazu' beside(s), in addition

*die **Decke**, –n cover(s); ceiling; **decken** cover, set
denken† think, imagine
denn (conj.) for; (adv.) anyway (or untranslated)
*dennoch** nevertheless, still, yet
der (demonst.) = **er;** he who
derart so, such, in such a fashion
derglei'chen, desglei'chen the like, suchlike, the same, likewise
*deshalb** therefore, for that reason
deswegen for that reason
*deuten** interpret; point (out)
*deutlich** clear, distinct
deutsch, Deutsch German
*dicht** close, dense, thick
*dichten** write (poetry); der **Dichter,** – poet; die **Dichtung,** –en writing, literature
dick fat, thick
dienen serve; der **Diener,** – servant; der **Dienst,** –e service
*der **Dienstag** Tuesday
dieser this, the latter
das **Ding, –e thing
dirigieren direct
doch yet, but, still, after all, oh yes (often untranslatable)
*der **Donnerstag** Thursday
das **Dorf, –er village
dort there
drängen press, crowd, push
draußen outside
*(sich) **drehen** turn
*dringen†** (ist) penetrate, press, push; (hat) urge
drinnen inside
drohen threaten
dröhnen reverberate, hum, ring, pound, roar, boom, thud, whir
*der **Druck,** –e pressure; print (pl. –e); **drucken** print;
*drücken** press, squeeze
der **Duft smell, fragrance
dumpf dull, muffled

dunkel dark; die **Dunkelheit** darkness
dünken† seem; **sich d.** consider oneself
*dünn** thin
durch through, by
*durchaus'** completely, quite, by all means, at all costs
*durcheinan'der** in confusion, all together
durchsichtig transparent
dürfen† may, be permitted, etc.
*das **Dutzend,** –e dozen

E

eben just, precisely, right
die **Ebene, –n plain
ebenfalls likewise
*ebenso** likewise, just as, equally
*echt** genuine
die **Ecke, –n corner
edel noble
*ehe** before
*die **Ehe,** –n marriage; die **Eheleute;** das **Ehepaar,** –e married couple; der **Ehemann, –er** husband
*die **Ehre,** –n; **ehren** honor
das **Ei, –er egg
*der **Eifer** zeal, eagerness, fervor; **eifrig** eager, zealous
eigen own
die **Eigenschaft, –en quality, characteristic
eigentlich actual(ly), real(ly), true; anyway
das **Eigentum, –er property; **eigentümlich** peculiar, strange
*die **Eile; eilen (ist, hat)** hurry
ein in
einan'der each other
einfach simple
ein-fädeln thread
ein-fallen† (ist) occur; recall
einige some

*ein-laden† invite; die Einladung, –en invitation
**einmal once; sometime; just, well, now (= mal; sometimes untranslated); noch einmal once more; nicht einmal not even
ein-richten arrange; sich e. prepare, adapt oneself; die Einrichtung, –en furnishing(s)
*einsam lonely, alone, solitary; die Einsamkeit solitude, loneliness
*ein-schlafen† (ist) fall asleep
*einst once
ein-wenden† object
**einzeln single, individual
**einzig only, sole
das Eis ice
*das Eisen iron
*die Eisenbahn, –en railway
der Ekel; ekeln disgust; ekelhaft disgusting, revolting
elend wretched, miserable; das Elend misery
**die Eltern (pl.) parents
*der Empfang, ⸚e reception; empfangen† receive
*empfehlen† recommend
*empfinden† feel, sense
empor' up
**endlich finally
**eng narrow, tight
der Engel, – angel
*entdecken discover; die Entdeckung, –en discovery
*entfernen remove; sich e. leave, depart; entfernt remote; away; die Entfernung, –en distance
entgegen toward, to
entgehen† (ist) escape
*enthalten† contain
entkommen† (ist) escape
*entlang along
entlassen† release, dismiss
*entscheiden† decide; die Entscheidung, –en decision

*sich entschließen† decide; der Entschluß, ⸚sse decision
*entschuldigen; die Entschuldigung, –en excuse
*das Entsetzen horror, fright, terror; entsetzlich terrible, horrible
sich entsinnen† remember, recall
*entstehen† (ist) arise
enttäuschen disillusion, disappoint
*entweder . . . oder either . . . or
*entwickeln develop; die Entwicklung, –en development
entzwei apart, broken
der Erbe, –n, –n heir; erben inherit
*erblicken catch sight of, see
**die Erde, –n earth
sich ereignen happen; das Ereignis, –se event, occurrence, incident
**erfahren† learn, experience
*der Erfolg, –e success
erfüllen fill, fulfill; die Erfüllung fulfillment
ergebnislos without result, unsuccessful, fruitless
*ergreifen† seize, grip, take
*erhalten† receive; maintain
*erheben† lift, raise; sich e. (a)rise, get up
erhöhen elevate
*erinnern remind; sich e. remember; die Erinnerung, –en memory
*erkennen† recognize
*erklären explain; declare; die Erklärung, –en explanation; declaration
erkundbar ascertainable; sich erkunden inquire
*erlauben allow
erleben; das Erlebnis, –se experience
*ernst serious

die **Ernte, –n; ernten** harvest
erregen excite, arouse; **die Erregung** excitement
*erreichen reach
*erscheinen† (ist) appear; die Erscheinung, –en appearance; phenomenon
**erschrecken frighten; erschrak, erschrocken be alarmed, be frightened
ersetzen replace, substitute for
**erst first, for the first time, not until; just, only; erstens firstly; erst recht really; zum ersten in the first place
erstarren (ist) stiffen, grow rigid, grow numb
*erstaunen astonish
ertragen† bear, endure
*erwachen (ist) awake
erwachsen (p.p.) grown up; der Erwachsene (as adj.) adult
*erwähnen; die Erwähnung, –en mention
*erwarten expect; die Erwartung, –en expectation
*erwidern reply
**erzählen tell; die Erzählung, –en story
*erziehen† educate; die Erziehung education
erzürnen anger
**essen† eat; das Essen, – food, meal
*etwa about; perhaps, say, maybe, for instance
**etwas something; somewhat
*ewig eternal; die Ewigkeit, –en eternity

F

die **Fabrik', –en** factory
der **Faden, –̈** thread
*fähig able, capable
**fahren† (ist) ride, drive, go; die

Fahrkarte, –n ticket; **die Fahrt, –en** trip
*der **Fall, –̈e** case
fallen† (ist) fall; die; come
die **Falte, –n** wrinkle, furrow, fold; **falten** fold
**fangen† catch
die **Farbe, –n color, paint
**fassen take hold of, grasp, reach
**fast almost
*faul lazy, dull
faulend rotten; **die Fäulnis** decay
*die **Feder, –n** feather; pen
**fehlen lack, be missing; ail
der **Fehler, – mistake
*die **Feier, –n** celebration, ceremony; **feiern** celebrate; **der Feiertag, –e** holiday
fein elegant, fine, refined
der **Feind, –e enemy
das **Fell, –e** hide, coat
*der **Fels, –en, –en** rock, cliff
das **Fenster, – window; **die Fensterbank, –̈e** window sill
*die **Ferien (pl.)** holiday(s), vacation
fern distant; **die Ferne, –n** distance
fertig finished; ready
die **Fessel, –n** shackle, chain; **fesseln** chain, tie down, arrest; captivate
*das **Fest, –e** celebration, festival, banquet
fest firm, fast
*fest-stellen determine, set
feucht moist; **die Feuchtigkeit** moisture
das **Feuer, – fire; light; **die Feuerwehr, –en** fire brigade
*finster dark, bleak; **die Finsternis, –se** darkness
flach shallow, flat; **die Fläche, –n** surface
die **Flamme, –n** flame; **flammen** flame, burn

*die **Flasche, –n** bottle
der **Fleck, –e; der Flecken, –** spot
das **Fleisch meat, flesh
*flei**ßig** hard-working
fliegen† (ist) fly; die **Fliege, –n
fly; der **Flug, ⸚e** flight
*fliehen† (ist) flee
fließen† (ist) flow
die **Flöte, –n** flute
die **Flucht** flight; **flüchtig** fugitive, fleeting; **der Flüchtling,**
–e refugee, fugitive
*das **Flugzeug, –e** airplane
der **Flur, –e** (entrance) hall, corridor
*der **Fluß, Flüsse** river
flüstern whisper; **flüsternd in
a whisper
*die **Folge, –n** consequence; sequence
**folgen (ist) follow
*fordern demand
**fort gone, away; on
fortan' henceforth, from this
time
*fort-fahren† (ist) continue; drive
away, etc.
die **Frage, –n question; **fragen**
ask
franzö'sisch French
die **Frau, –en woman; wife; Mrs.
das **Fräulein, – young lady; Miss
frei free, open, empty; **frei-**
geben† free, open, release; **die**
Freiheit freedom
*freilich to be sure, of course
*der **Freitag** Friday
fremd strange, foreign; **die
Fremde foreign country
(parts); strange places
*fressen† eat (of animals)
die **Freude, –n joy, pleasure;
freudig joyous, happy; **(sich)**
freuen please, be happy; **sich**
freuen auf look forward to
der **Freund, –e friend; **freund-**
lich friendly

der **Friede(n), des Friedens
peace
*frieren† (ist, hat) freeze
froh happy; **fröhlich cheerful,
happy; die **Fröhlichkeit** gaiety
der **Frosch, ⸚e** frog
die **Frucht, ⸚e fruit
**früh early
*das **Frühjahr, –e; der Frühling,**
–e spring
*das **Frühstück, –e** breakfast
(sich) **fühlen feel
**führen lead; carry (on)
**füllen fill
funkeln sparkle
**für for, etc.
die **Furcht; fürchten fear;
furchtbar fearful, terrible;
fürchterlich awful, terrible
der **Fuß, ⸚e foot; **der Fußball,**
⸚e soccer(ball)
*der **Fußboden, –** and **⸚** floor
*das **Futter; füttern** feed (animal)
das **Futteral', –e** case

G

gähnen yawn
*der **Gang, ⸚e** walk, step, gait;
way; corridor, passage
**ganz complete; very
**gar quite, even; (with neg.) . . .
at all
die **Gardero'be, –n** dressing room,
closet
die **Gar'tenkultur** horticulture
die **Gasse, –n** lane, small street,
alley
der **Gast, ⸚e guest
der **Gatte, –n, –n** husband; **die**
Gattin, –nen wife
die **Gebärde, –n** gesture, motion
*das **Gebäude, –** building
geben† give; **es gibt there is
*gebieten† command, rule
das **Gebirge** mountains
*geboren born

*der **Gebrauch,** ⸚e; **gebrauchen** use
*der **Gedanke,** –ns, –n thought
gedenken† remember, be mindful of, have in mind, intend, plan
das **Gedicht,** –e poem
*die **Geduld** patience; **geduldig** patient
die **Gefahr, –en danger; **gefährden** endanger; **gefährlich** dangerous
gefallen† please, like; das **Gefallen** pleasure; der **G.** favor; **gefällig** kind, pleasing
der **Gefangene** (as adj.) prisoner; das **Gefängnis,** –se prison
*das **Gefühl,** –e feeling, emotion
gegen against, toward, about
*die **Gegend,** –en region
*der **Gegenstand,** ⸚e object; subject
das **Gegenteil,** –e opposite
gegenü'ber opposite, in relation to, etc.
*die **Gegenwart** presence; present
*geheim; das **Geheimnis** –se secret; **geheimnisvoll** mysterious
gehen† (ist) go; walk; das **geht nicht** that won't do
gehorchen obey
gehören belong
der **Geist, –er spirit, mind; ghost
das **Gelächter** laughter
gelangen reach, get (to)
gelb yellow
das **Geld, –er money
*die **Gelegenheit,** –en opportunity
gelegentlich occasional
*gelingen† (ist) succeed
*gelten† pass for, be a matter of; be (well) thought of
gemeinsam common, mutual
genau exact
*genießen† enjoy

genug enough, sufficient; **genügen** suffice
gerade just (then); straight; direct; right; in particular
*geraten† (ist) get, come, fall into; succeed
geraum considerable, long; **geräumig** spacious
*das **Geräusch,** –e noise
*das **Gericht,** –e court
gering slight, insignificant
gern gladly, like to . . . ; **gern haben** to like
der **Geruch,** ⸚e odor, smell
das **Geschäft, –e business (affair); **geschäftlich** commercial, concerning business
**geschehen† (ist) happen
*das **Geschenk,** –e present
die **Geschichte, –n story; history; matter; die **Geschichtsstunde,** –n history class
das **Geschirr,** –e dishes; harness
der **Geschmack** taste
gesellig sociable
die **Gesellschaft, –en company, society; party
*das **Gesetz,** –e law
das **Gesicht, –er face; zu **Gesicht bekommen** get to see
*das **Gespräch,** –e conversation
die **Gestalt, –en figure, form
das **Gestein** rocks
gestern yesterday
gesund healthy
*die **Gewalt,** –en power, force; **gewaltig** powerful, mighty
das **Gewicht,** –e weight; **gewichtig** weighty, momentous
*gewinnen† win
gewiß certain
das **Gewissen** conscience; **gewissenhaft** conscientious
(sich) **gewöhnen (get) accustom(ed); **gewöhnlich** usual; **gewöhnt** used to; customary,

habitual; **gewohnt** accustomed, customary, habitual, used to

das **Gewölbe,** – vault, arch

*****gießen†** pour

giftig poisonous

*****der Gipfel,** – summit

das **Gitter,** – bars, fence, lattice

*****der Glanz** radiance, light, luster, splendor; **glänzen** shine; **glänzend** shiny

das **Glas, ─̈er** glass; **gläsern** glassy

******der Glaube, –ns, –n** faith, belief; **glauben** believe

******gleich** (adv.) immediately

******gleich** (adj.) equal, same; (prep.) like; **gleichen†** resemble

gleiten† (ist) slide, glide, slip

*****das Glied, –er** limb

******das Glück** happiness; good fortune; **glücken** succeed; **glücklich** happy, fortunate

*****glühen** shine, glow; blaze, burn

******der Gott, ─̈er** god, God; **die Gottheit, –en** divinity

das **Grab, ─̈er** grave

*****graben†** dig

das **Gras, ─̈er** grass

*****grau** grey

******greifen†** reach, seize; **um sich g.** spread; **greifbar** within reach, tangible

*****die Grenze, –n** boundary, limit; **grenzen** border; **grenzenlos** limitless

grinsen grin

grob rough, nasty, coarse, crude

******groß** big, great; tall; **Groß(–mutter, –vater)** grand(–mother, –father), etc.; **die Größe, –n** greatness, size

******der Grund, ─̈e** ground; bottom; valley, dale; reason, basis; background; **zu Grunde gehen** perish

******der Gruß, ─̈e** greeting; **grüßen** greet, say hello

******gut** good

*****das Gut, ─̈er** estate, property; (pl.) goods

H

******haben†** have

der **Haken,** – hook

******halb; die Hälfte, –n** half

******der Hals, ─̈e** neck

halt simply, just

******halten†** hold; stop; consider

*****der Handel, ─̈** trade, business (transaction); **handeln** trade, bargain, deal, negotiate; act

das **Handwerk, –e** business, trade; **das Handwerkszeug, –e** tools

hängen† hang

******hart** hard, harsh; **die Härte** hardness, harshness

der **Haß; hassen** hate; **häßlich** ugly

hauchen breathe

*****der Haufe(n), –(n)s, –(n)** crowd; pile; **(sich) häufen** pile (up), accumulate; **häufig** frequent

******das Haupt, ─̈er** head

*****die Haut, ─̈e** skin

******heben†** lift

*****heftig** violent

*****heilig** holy; St.

heim home

*****die Heimat, –en** home(land)

*****heimlich** secret

*****die Heirat, –en** marriage; **heiraten** marry

heiser hoarse

*****heiß** hot; ardent

******heißen†** be called; name; mean; bid, order

*****heiter** cheerful, gay, serene; **die Heiterkeit** cheerfulness, gaiety

*****der Held, –en, –en** hero

******helfen†; die Hilfe** help

******hell** bright

das **Hemd, –en** shirt
her here, over (here), along; ago;
   herab′ down; **heran′** up; near;
   herauf′ up; **heraus′** out;
   herbei′ up, near; along, over
***der Herbst, –e** autumn
herein′ up, near
herein-kommen† (**ist**) come in,
   fall in
hernie′der down
****der Herr, –n, –en** man, gentleman; Mr.; lord
***herrlich** splendid
herü′ber over, across; **herum′**
   around; **herun′ter** down;
   hervor′ out, forth
****das Herz, –ens, –en** heart; **herz-**
   lich affectionate, cordial; from
   the heart; **die Herzlichkeit**
   affection, cordiality
heulen howl, cry
****heute** today
hilflos helpless
****der Himmel, –** sky, heaven
hin there, away, over, down; **hin**
   und her back and forth;
   hinab′ down; **hinauf′** up;
   hinaus′ out; **hindurch′**
   through; **hinein′** in; **hin-**
   ge′gen on the other hand
die **Hinsicht** respect
****hinter** behind, beyond, etc.;
   hinten back, behind
hinü′ber over, across; **hin-**
   un′ter down
die **Hitze** heat
****hoch** high, tall
hocken crouch, squat
****der Hof, ⸚e** (court)yard; court;
   farm
****hoffen** hope; **hoffentlich** I hope,
   etc.; **die Hoffnung, –en** hope
****holen** get
****das Holz, ⸚er** wood
***horchen** listen
****hören** hear; **das Hörspiel, –e**
   radio play

die **Hose, –n** trousers, pants
***hübsch** pretty; nice
der **Hügel, –** hill
****der Hund, –e** dog
huschen scurry, flit
****der Hut, ⸚e** hat

I

****immer** always; more and more
   . . . ; **immer wieder** again and
   again
immerhin′ in any event, for all
   that, still
***immerzu′** constantly, repeatedly
****indem′** while, as, by . . . -ing
***indes′(sen)** whilst, meanwhile;
   however
***der Inhalt, –e** content(s)
***innen** inside; **inner-** inside, in-
   ner, inward
innig ardent, heartfelt, deep, sincere
****inzwi′schen** meanwhile
****irgend** any, some; **irgendein**
   any, some . . . or other; **irgend-**
   wie somehow; **irgendwo**
   somewhere, anywhere
***irren** (**ist**) lose one's way, wan-
   der; **sich i.** (**hat**) err, be
   wrong; **der Irrtum, ⸚er** error;
   irrtümlich erroneous, by mistake

J

****ja** yes; to be sure
die **Jacke, –n** jacket, coat
***die Jagd, –en; jagen** hunt, chase,
   race
****das Jahr, –e** year; **der Jahres-**
   ring, –e annual ring (of tree's
   growth); **die Jahreszeit, –en**
   season; **-jährig** -year-old
****je** ever; each; **je nach** according to
jedenfalls at all events, in any
   event, at any rate

**jeder each, every
jedermann everyone
*jedoch' however
**jemand somebody; anybody
**jener that (one); the former
jenseits on the other (opposite)
side of, across
**jetzt now
*die Jugend youth
*der Junge, –n, –n boy, youth

K

der **Käfig, –e** cage
kahl bare, barren, bald
**kalt cold
der **Kamm, ∹e; kämmen** comb
die **Kammer, –n** room
**der Kampf, ∹e; kämpfen fight,
struggle
*die Karte, –n card; map; ticket
der **Kasten, –** box
**die Katze, –n cat
kauen chew
**kaufen buy
**kaum hardly
*kehren (re)turn (gen. **ist** w. compounds)
**kein no, not a
die **Kellnerin, –nen** waitress
**kennen† be familiar with, know;
k. lernen get to know, become
acquainted with
*der Kerl, –e fellow
das Kind, –er child; **der Kinderwagen, – baby carriage, pram
das **Kino, –s** movie (theater)
**die Kirche, –n church; **der
Kirchendiener, –** sexton
die **Kiste, –n** box
**die Klage, –n complaint, lament;
klagen complain, lament;
kläglich wretched
die **Klammer, –n** hanger; clamp,
clasp; **sich klammern** cling
**klar clear
*das Kleid, –er dress, (pl.) clothes;

kleiden dress; **die Kleidung**
clothing
**klein small, minor, etc.
*klettern (ist) climb; scramble
*die Klingel, –n bell; **klingeln**
ring
*klingen† sound
die **Klinke, –n** door handle,
latch
klirren clatter, jangle
**klopfen knock, beat, pound
*klug smart, clever
**der Knabe, –n, –n boy
die **Kneipe, –n** tavern, bar
das **Knie, –** (pl. [iə]) knee
kochen cook, boil
der **Koffer, –** suitcase
**kommen† (ist) come, get
*der König, –e king
**können† be able, etc.
**der Kopf, ∹e head
der **Korb, ∹e** basket
das **Korn** grain
**der Körper, – body
kostbar precious, valuable
**die Kraft, ∹e strength, vigor
die **Kralle, –n** claw
**krank sick
der **Kranz, ∹e** wreath, ring, garland
*der Kreis, –e circle
*kriechen† (ist, hat) crawl, creep
**der Krieg, –e war
*kriegen get, catch
*die Küche, –n kitchen
*der Kuchen, – cake, cookies
*die Kuh, ∹e cow
kühl cool; **die Kühle** coolness;
der Kühlschrank, ∹e refrigerator
der **Kummer** sorrow, trouble,
worry, grief
*die Kunst, ∹e art; **der Künstler,
–** artist
kurz short, brief; **kurzum' in
short
der **Kuß, Küsse; küssen** kiss

L

**lächeln smile
**lachen laugh
lächerlich ridiculous
*der Laden, ∸ and – store
der Laden, – shutter
*die Lage, –n location, situation, position
lang long; tall, lanky; ***lange** long since, for a long time
**langsam slow
*längst long since, long ago, for a long time
die Lang(e)weile boredom; **sich lang(e)weilen** be bored; **langweilig** boring, tiresome
der Lärm, –e noise
lassen† let, leave, allow, have, cause; forego, stop; **sich l. can be, etc.
die Last, –en burden, weight; **lasten** weigh (heavily), oppress
das Laub leaves, foliage
**laufen† (ist) run; walk
**laut (a)loud
*der Laut, –e sound
*lauter pure(ly), sheer, nothing but
leben live; **das Leben, – life; **leb wohl,** etc. farewell; **leben′dig** living, lively
lecken lick
**leer empty, bare
legen lay, place; **sich l. subside
*(sich) lehnen lean
*lehren teach; **der Lehrer, –** teacher
*der Leib, –er body
die Leiche, –n body, corpse
**leicht easy, light, slight
**leiden† suffer, bear, stand (for)
*die Leidenschaft, –en passion; **leidenschaftlich** passionate
*leider unfortunately
*leid tun† be sorry (for); hurt

**leise soft, gentle, quiet
*leisten accomplish; **sich l.** afford
der Lektor, –en editorial reader
lenken direct, guide
**lernen learn, study
**lesen† read; gather
**letzt last
*leuchten shine, gleam, glow
**die Leute (pl.) people
das Licht, –er light; **licht bright; **der Lichtstrahl, –en** beam of light
das Lid, –er (eye)lid
lieb dear, good, beloved, charming; **lieben, lieb haben; die Liebe love
*lieber prefer(ably); **am liebsten** like best (comp. & superl. of **gern**)
**das Lied, –er song
liegen† lie; **l. an be because of
*die Linie [iə], –n line
link left; **links to the left, etc.
*das Loch, ∸er hole
die Locke, –n lock, curl
*der Lohn, ∸e pay, reward; **lohnen** (re)pay; **sich l.** be worthwhile
*los loose; wrong; going on; off; rid of; **was ist los?** what's the matter?; **lösen** detach, loosen, remove; dissolve
die Luft, ∸e air; breeze; **der Luftzug, ∸e draft of air
die Lüge, –n; lügen† lie; **der Lügner, –** liar
die Lust, ∸e desire, pleasure; **lustig cheerful, happy

M

machen do; make; be; go; **sich m. act; **macht nichts** makes no difference; **machen, daß . . .** cause to . . .

die Macht, ⸚e power, force, might; **mächtig** mighty, powerful

das Mädchen, – girl

mager thin, meager

das Mal, –e time; mark; **–mal** . . . times; **mit einem Mal(e)** suddenly, all at once (also: **mit einemmal, mit einmal**); **mal** times; = **einmal**

*malen paint

**man one

**manch many a; some; *manchmal sometimes, occasionally

*der Mangel, ⸚; mangeln lack

**der Mann, ⸚er man, husband

**der Mantel, ⸚ coat, cloak, cape

*der Markt, ⸚e market(place)

*das Maß, –e measure

matt dull, languid

*die Mauer, –n wall

*das Maul, ⸚er mouth

**das Meer, –e sea, ocean

**mehr more

*mehrere several

mehrmals on many occasions, more than once, several times

meinen mean, think; say; **die Meinung, –en opinion

**meist most, mostly

*der Meister, – master; **meisterlich** masterly

*die Menge, –n crowd, multitude

der Mensch, –en, –en person, human being, man; **die Menschheit mankind

merken notice; **sich m. remember; **m. an** tell by; **merkwürdig** remarkable, strange

*messen† measure

**das Messer, – knife

der Milchmann, ⸚er milkman

*minder less; **mindest–** least

mit with, along; = **auch

der Mittag, –e noon; **die Mittagsglut midday sun, heat

die Mitte, –n center, middle; **mitten in (drin) (right) in the middle (midst) of

*mit-teilen tell, communicate, report; **die Mitteilung,** –en communication

*das Mittel, – means

*der Mittwoch Wednesday

**mögen† like, may, etc.

möglich possible; **möglichst as . . . as possible

**der Monat, –e month

**der Mond, –e moon

*der Montag Monday

*der Mord, –e murder; **der Mörder,** – murderer

der Morgen, – morning; **die Morgendämmerung dawn

**morgen tomorrow

müde tired; **die Müdigkeit fatigue

*die Mühe, –n trouble; effort; **mühelos** effortless; **mühsam** with difficulty

**der Mund, –e or ⸚er mouth

**müssen† must, have to, etc.

das Muster, – pattern

der Mut courage, spirit

**die Mutter, ⸚ mother; woman

die Mütze, –n cap

N

**nach to, toward; after, according to, etc.

*der Nachbar, –s and –n, –n neighbor

**nachdem' after

*nach-denken† ponder, reflect, think back; **nachdenklich** thoughtful

nach-geben† give in, yield

*nachher' afterward

die Nachkriegszeit, –en postwar period

*die Nachricht, –en report, news, message

die Nacht, ⸚e night; **nachts** nights, at night
*nackt bare, naked
der **Nagel,** ⸚; **nageln** nail
nah(e) near; **die Nähe** vicinity, proximity; *sich nähern approach
die **Nahrung** nourishment, food
*nämlich you see; namely; same
die Nase, –n nose
*naß wet; **die Nässe** moisture; **nässen** ooze, become wet
*der **Nebel,** – mist, fog
neben beside, near; along with; **nebenan'** next door, nearby
nehmen† take
*(sich) **neigen** incline, bend; **die Neigung, –en** inclination, affection
nein no
nennen† name, call
*nett nice
neu new, recent
die **Neugierde** curiosity; **neugierig** curious
nicht not; **nicht wahr?** isn't it? etc.
nichts nothing
*nicken nod
nie(mals) never
nieder down
niemand nobody
nirgends; nirgendwo nowhere
noch still, yet, else, even; any more, in addition, etc.; **immer noch** still; **noch nicht** not yet; **noch ein** one more; **noch etwas** something else
der Nord(en) north
*die **Not,** ⸚e need; distress; emergency; **zur N.** if need be
*nötig necessary
notwendig necessary
nun now; well
nur only
der **Nußbaum,** ⸚e walnut tree

*der **Nutzen** use; **nützen** be of use; use; **nützlich** useful

O

ob whether, (I wonder) if; to determine (see) if
obdachlos homeless
oben above, up, upstairs; **ober** upper
*obgleich' although
*das **Obst** fruit
obwohl' although
oder or
der **Ofen,** ⸚ stove
offen open, frank; **öffnen** open
offenbar obvious, evident
*öffentlich public
oft often
öfter(s) often, frequently
ohne without
die **Ohnmacht** faint
das Ohr, –en ear; **die Ohrfeige, –n** slap
der **Onkel,** – uncle
*das **Opfer,** – sacrifice; victim; **opfern** sacrifice
*die **Ordnung, –en** order
der Ort, –e or ⸚er place, spot
der Ost(en) east
die **Ostern** (pl.) Easter

P

(ein) paar (a) few, a couple; **das Paar, –e** couple, pair
packen grab, clutch, lay hold of, come to grips with; pack
das **Paket', –e** package
die **Panne, –n** breakdown
*passen fit
die **Peitsche, –n; peitschen** whip
*pfeifen† whistle
das Pferd, –e horse
*die **Pflanze, –n** plant
*pflegen be accustomed to; take care of

*die **Pflicht, –en** duty
der **Platz, ¨e place, seat; square
plötzlich sudden
die **Polizei'** police; der **Polizist'**,
 –en, –en policeman
*die **Post, –en** mail
*prüfen; die **Prüfung, –en** test
der **Punkt, –e point, period; on
 the dot
die **Puppe, –n** doll
putzen polish, clean

Q

quälen torment
der **Qualm** smoke; **qualmen**
smolder
quatschen talk nonsense, rub-
bish
*die **Quelle, –n** source; spring;
quellen† (ist, hat) spring,
gush, pour

R

*das **Rad, ¨er** wheel; bicycle
*der **Rand, ¨er** edge, rim, side
*rasch quick
rasseln rattle, clatter, click, clink
der **Rat advice; councillor, etc.
 (pl. die **Räte**); raten† advise,
 consult; guess
*der **Rauch; rauchen** smoke
der **Raum, ¨e room, space
*rauschen rustle, murmur
*rechnen reckon, figure
**recht right, real; very, rather;
 rechts to the right, etc.; **recht
 haben** be right
*das **Recht, –e** right; justice; (pl.)
 law
die **Rede, –n talk, speech; conversation; **reden** talk, speak
*die **Regel, –n** rule
sich **regen** stir, move; **reglos**
motionless

der **Regen; regnen rain
*regieren govern; die **Regierung,
 –en** government
reiben† rub
**reich rich
*das **Reich, –e** empire; realm;
 state; reign
**reichen reach, hand, extend;
 pass; suffice, last
*reif mature, ripe
*die **Reihe, –n** row, series
**rein pure, clean; neat
die **Reise, –n trip; reisen (ist)
 travel
**reißen† tear, jerk, pull
**reiten† (ist, hat) ride
*reizen charm; irritate; **reizend**
 charming; **reizbar** irritable
die **Rekla'me, –n** ad(vertising)
*rennen† (ist) run
die **Reparatur', –en** repair
*retten save, rescue; die **Rettung**
 rescue
*richten direct, arrange; judge;
 die **Richtung, –en** direction
**richtig correct, right; real
riechen† smell
der **Riese, –n, –n** giant; **riesengroß, riesenhaft, riesig** gigantic; die **Riesin, –nen** giantess
rings (um) all around
die **Rinne, –n** trench, crease;
 rinnen† (ist) run, course, flow
der **Rock, ¨e coat; skirt
rodeln coast, slide, go sledding
**rot red; röten redden; rötlich
reddish
*der **Rücken, –** back; **rückwärts**
 backward(s); der **Rückweg, –e**
 way back
der **Ruf, –e call, shout; name;
 rufen† call, shout
die **Ruhe rest, peace, calm;
 ruhen rest; **ruhig** quiet,
 peaceful; just; go right ahead
 and . . .

der **Ruhm** fame
*(sich) **rühren** touch, move, stir
****rund** round

S

die **Sache, –n thing, matter, affair
sacht(e) soft
****sagen** say, tell
sammeln collect, gather; **sich s.** gather; die **Sammlung, –en** collection
*der **Samstag** Saturday
***sanft** gentle, soft
satt sated, full; tired of; fed up; die **Sättigung** satiation
der **Satz, ¨e** sentence; leap
sauber neat, clean
die **Schachtel, –n** box
***schade** too bad
***schaden** hurt
***schaffen†** do; create, make; **schaffen** do; take; manage; procure
die **Schande** disgrace
****scharf** sharp
*der **Schatten, –** shadow, shade; **schattig** shadowy, shady
*der **Schatz, ¨e** treasure; sweetheart
****schauen** look
die **Scheibe, –n** slice; pane
***scheiden†** separate
der **Schein, –e light; appearance; bill; **scheinen†** shine, appear
***schenken** give
der **Scherz, –e** joke, trifle; **scherzhaft** facetious
scheu timid
scheußlich horrible, abominable
****schicken** send
*das **Schicksal, –e** fate
***schieben†** push, shove, stick
***schießen†** shoot
das **Schiff, –e ship
das **Schild, –er** sign

der **Schimmer** glow, shine; **schimmern** shine
schimpfen scold, fuss, swear
die **Schlacht, –en** battle
der **Schlaf; schlafen† sleep
****schlagen†** strike, beat; defeat
die **Schlange, –n** snake, serpent
***schlank** slender
****schlecht** bad, poor
***schleichen†** (ist) creep, sneak, slink, slouch
****schließen†** close, lock; conclude
***schließlich** finally, after all
***schlimm** bad
schluchzen sob
schlurfen shuffle
schlürfen slurp
*der **Schlüssel, –** key
***schmal** narrow
***schmecken** taste (good)
schmelzen† melt
*der **Schmerz, –en** pain
***schmutzig** dirty
der **Schnee snow
****schneiden†** cut
****schnell** fast, quick
schnuppern snuff, sniff
die **Schnur, ¨e** line, string, rope
schnurren purr
****schon** already; even; all right, etc.; anyhow
****schön** beautiful; good; all right, OK, etc.; nice and . . .
der **Schoß, ¨e** lap
schräg slant, diagonal(ly), slanted
der **Schrank, ¨e** cupboard, closet, chest, cabinet, wardrobe
*der **Schreck** fright, terror; **schrecklich** terrible
der **Schrei, –e; schreien† shout, scream, cry
****schreiben†** write
****schreiten†** (ist) step, walk, stride; der **Schritt, –e** step, stride
schroff brusque, harsh
schüchtern reticent, shy

schuld at fault; **die Schuld, –en fault, blame; guilt; debt; **schuldig** guilty, to blame; owing
**die Schule, –n school
die Schulter, –n shoulder
**schütteln shake
schütten pour, shake
*der Schutz protection; **schützen** protect
schwach weak; **die Schwäche, –n weakness
die Schwalbe, –n swallow
**schwarz black, dark
schweben float, hover
schweigen† be silent; **schweigend silent
schwellen; schwellen† (ist) swell
schwer heavy; difficult, hard; **schwerfällig ponderous
**die Schwester, –n sister
*schwierig difficult
schwimmen† swim; float; sail along
schwitzen sweat
schwören† swear
der See, –n lake; **die See, –n sea, ocean
**die Seele, –n soul
segnen bless
**sehen† see, look
(sich) sehnen long, yearn
**sehr very (much)
sein† (ist) be; seem; **ihm ist he feels
**seit since, for
**die Seite, –n side, page
selb- (derselbe, etc.)** same
**selber oneself, etc.
**selbst oneself, etc.; even
selbstverständlich obvious, matter of course, natural
selig happy, blissful; late, deceased
**selten seldom, rare
**seltsam strange
*senden† (or reg.) send

*senken lower, sink
setzen set, place, put; **sich s. sit down
*seufzen; der Seufzer, – sigh
**sich oneself, etc.; each other
**sicher certain, safe, sure
sinken† (ist) sink
der Sinn, –e sense; meaning; mind; **sinnlos senseless(ly)
**sitzen† sit
so so, thus, like that; **so ein** such a; **so was (= so etwas)** such a thing; **so, wie** as
*sobald' as soon as
*sofort' immediately
*sogar' even
**sogleich' immediately
**der Sohn, ⸚e son
solch such (a); **solcherlei suchlike
**der Soldat', –en, –en soldier
**sollen† shall, should; be said to; be to, etc.
sonderbar strange
**sondern but (on the other hand)
*der Sonnabend Saturday
die Sonne, –n sun; **sonnig sunny
*der Sonntag Sunday
**sonst otherwise, else; formerly
*die Sorge, –n; sorgen worry; care
der Spalt, –e crack, slot
spannen stretch, tighten, hitch; **die Spannung, –en** tension
der Spaß, ⸚e or ⸚sse fun; **Spaß machen** be fun
**spät late
*spazieren (ist); der Spaziergang, ⸚e walk
der Spiegel, – mirror
das Spiel, –e game, play; **spielen play
*die Spitze, –n point, head
der Spott mockery, scorn; **spöttisch** mocking
die Sprache, –n language, speech; **sprechen† speak

springen† (ist) spring, leap; run
*spüren sense, feel
**die Stadt, ⸚e city
der Stamm, ⸚e (tree) trunk; tribe
ständig constant
**stark strong; heavily; die Stärke,
–n strength; stärken
strengthen, invigorate
**statt (anstatt) instead of
*statt-finden† take place
der Staub dust
**stecken put, stick; (intrans.)
stick, be
**stehen† stand; be; stehen-
bleiben† (ist) stop
stehlen† steal
**steigen† (ist) climb, rise
**der Stein, –e stone
**die Stelle, –n place; stellen
place; pose
*die Stellung, –en position
**sterben† (ist) die
*der Stern, –e star
stets always
der Stich: im S. lassen desert,
leave in the lurch
**die Stimme, –n voice
*stimmen be correct; tune
*die Stirn(e), –(e)n forehead
stochern peck, pick, poke (a-
round)
*der Stock, ⸚e stick, cane; (pl. –
or Stockwerke) stor(e)y
**der Stoff, –e matter, material
stöhnen moan, groan
*stolz proud; der Stolz pride
*stören disturb, interrupt; die
Störung, –en interruption
der Stoß, ⸚e push gust; *stoßen†
push, strike, hit
*die Strafe, –n punishment, pen-
alty; strafen punish
*strahlen beam, glow; strahlend
radiant
**die Straße, –n street; die Stra-
ßenbahn, –en streetcar

*streben strive
*strecken stretch
streicheln caress, stroke
*streichen† stroke; brush; paint;
spread; cancel; (ist) move;
rove; sweep; das Streichholz,
⸚er match
streifen brush (against), touch
*der Streit, –e; streiten† quarrel
*streng severe, strict
streuen scatter, strew
das Stroh straw
*der Strom, ⸚e stream, current;
strömen (ist, hat) flow, stream,
pour; die Strömung, –en current
*die Stube, –n room
**das Stück, –e piece; play
*studieren study
*die Stufe, –n step; stage
**der Stuhl, ⸚e chair
*stumm mute, dumb
**die Stunde, –n hour; moment;
lesson
*der Sturz, ⸚e fall; stürzen (ist,
hat) rush; fall; plunge; throw
*stützen support
**suchen look for, seek
**der Süd(en) South
die Sünde, –n; sündigen sin
**süß sweet

T

**der Tag, –e day; täglich daily
*das Tal, ⸚er valley
*die Tante, –n aunt
*der Tanz, ⸚e; tanzen dance
**die Tasche, –n pocket; bag; das
Taschentuch, ⸚er handker-
chief
(sich) tasten fumble, feel, grope,
feel one's way
*die Tat, –en deed
*die Tatsache, –n fact

die **Taube, –n** dove, pigeon

täuschen deceive; **sich t.** be mistaken

der **Teich, –e** pond

der (das) **Teil, –e part; **teilen** share

der **Teller, –** plate

****teuer** expensive; dear

***der Teufel, –** devil

****tief** deep; **die Tiefe, –n** depth(s)

das **Tier, –e animal

der **Tisch, –e table

die **Tochter, –̈ daughter

der **Tod, –e death; v. **tot**

*der **Ton, –̈e** sound, tone; **tönen** sound

*das **Tor, –e** gate

tot dead; **töten** kill

****tragen†** carry; wear

*die **Träne, –n** tear

der **Traum, –̈e; träumen dream

****traurig** sad

****treffen†** meet; hit (upon); affect

****treiben†** drive; do

***trennen** separate

*die **Treppe, –n** stair(s)

****treten†** (ist) step; walk; (hat) kick

****treu** loyal

****trinken†** drink

***trocken; trocknen** dry

***tropfen; der Tropfen, –** drop, drip

*der **Trost; trösten** comfort; **trostlos** disconsolate, bleak

***trotz** despite, in spite of; **trotzdem'** nonetheless, nevertheless, in spite of that, anyway; although

*das **Tuch, –̈er** (piece of) cloth; shawl

***tüchtig** capable, sturdy; well, thoroughly

****tun†** do; act; put; **das Tun** action, behavior

die **Tür(e), –(e)n door

*der **Turm, –̈e** tower

U

***übel** bad

***üben; die Übung, –en** practice, exercise

****über** over; about, etc.; left; through

****überall'** everywhere

****überhaupt'** at all; altogether, really

überlassen† leave to, relinquish, hand over

sich überlegen consider, ponder, reflect (on), think over; **die Überlegung, –en** deliberation, consideration

***überraschen; die Überraschung, –en** surprise

***übersetzen** translate; **die Übersetzung, –en** translation

***überzeugen** convince

***übrig** remaining, left over, other, extra, rest of

***übrigens** incidentally; besides; in other respects

das **Ufer, –** shore

die **Uhr, –en clock; watch; o'clock

****um** around, about; for, etc.; in order (to); over, finished

um-bringen† kill

***umgeben** surround; **die Umgebung, –en** surroundings, vicinity

umher' around

die **Umkehr** complete change, turning back; **um-kehren (ist)** turn back, around; invert, reverse

sich um-sehen† look around; **die Umsicht** circumspection, prudence; **umsichtig** prudent, circumspect

um-sinken† (ist) drop, fall to the ground, collapse

*der **Umstand, –̈e** circumstance

*um . . . willen for . . . sake; for the sake of
**und and
unend'lich infinite
*ungefähr approximate
*ungeheuer enormous, monstrous
ungläubig incredulous
*das Unglück unhappiness, misfortune, accident; unglücklich unhappy
*unheimlich sinister, uncanny
die Unpäßlichkeit indisposition, illness
das Unrecht wrong; mit Unrecht wrongly
unruhig uneasy
unschuldig innocent
unsereins the likes of us
*der Unsinn nonsense
**unten below, downstairs; unter under; among; down
*unterbrechen† interrupt
*unterhalten† entertain; sich u. converse, talk; die Unterhaltung, –en entertainment; conversation
*der Unterricht instruction; unterrichten instruct
*unterscheiden† differentiate; sich u. be different; der Unterschied, –e difference
*untersuchen investigate
unwillkürlich involuntary
*die Ursache, –n cause
*der Ursprung, ⸚e origin
*das Urteil, –e judgment; sentence; urteilen judge, pass sentence

V

**der Vater, ⸚ father
verachten despise, look down on; die Verachtung scorn
*verbergen† hide, conceal
*verbieten† forbid
*verbinden† connect; die Verbin-

dung, –en connection, combination, association
das Verbrechen, – crime; der Verbrecher, – criminal
*verbringen† spend
der Verdacht suspicion; verdächtig suspicious
*verderben† ruin, destroy, spoil
**verdienen deserve; earn
der Verein, –e society, association, club
verfluchen curse
verfolgen follow, pursue, persecute
*die Vergangenheit past
*vergebens in vain
**vergessen† forget
vergiften poison
*der Vergleich, –e comparison; vergleichen† compare
*das Vergnügen, – pleasure; vergnügt happy, pleased, cheerful
das Verhalten behavior
*das Verhältnis, –se relationship
**verkaufen sell
**verlangen demand, ask; long for; seek
**verlassen† leave, desert
verlegen shift; obstruct; sich v. auf turn to
*verletzen injure, violate
**verlieren† lose
vermögen† be able
vermuten assume; vermutlich probable, presumable; die Vermutung, –en assumption, conjecture
*vernehmen† hear, perceive
die Vernunft reason; vernünftig reasonable
*verraten† betray
verrichten do
verrückt crazy, mad
*verschieden different
verschließen† lock (away)
**verschwinden† (ist) disappear

**versprechen† promise
der **Versteck, -e** hiding place;
verstecken hide
**verstehen† understand
der **Versuch, -e attempt, experiment; versuchen try; sich
v. try one's hand, have a go
*vertrauen trust
vertreiben† dispel, banish
vertreten† represent, advance;
der **Vertreter, -** representative
*verwandeln transform; die **Verwandlung, -en** transformation
*verwandt related; der **Verwandte**
(as adj.) relative
*verwirren confuse; die **Verwirrung, -en** confusion
*verwundern; die **Verwunderung**
surprise
verzeihen†; die **Verzeihung** pardon, excuse
verzweifeln despair; verzweifelt
desperate; die **Verzweiflung**
desperation
*das **Vieh** cattle; beast
**viel much; vielerlei many kinds
of
**vielleicht' perhaps
das **Viertel, -** quarter; part of
town; die **Viertelstunde, -n**
quarter of an hour
der **Vogel, ⸚ bird
das **Volk, ⸚er people
**voll full (of)
*vollen'den complete, perfect; die
Vollen'dung completion, perfection
*vollkom'men perfect, complete
*vollständig complete
**von of; from; by, etc.
**vor before; with; ago, etc.;
ahead, forward
voran' ahead
*voraus' ahead, in advance
vorbei' past, by
*vor-bereiten prepare
vor-haben† plan, intend; das

Vorhaben, - plan, intention
*vorhan'den on hand, present
der **Vorhang, ⸚e** curtain
*vorher before(hand), previously
*vor-kommen† (ist) occur, appear
vor-lesen† read aloud
*vorn(e) front
vornehm well-bred, genteel, high
class
*der **Vorschlag, ⸚e** proposal; vorschlagen† propose
*die **Vorsicht** caution; vorsichtig
cautious
*vor-stellen introduce; represent;
sich v. imagine; die **Vorstellung, -en** notion; show
*der **Vorteil, -e** advantage, profit
vorü'ber past
vorwärts forward(s)
der **Vorwurf, ⸚e** reproach
*vor-ziehen† prefer

W

*wach awake, awakened; wachen
be awake, wake
**wachsen† (ist) grow
die **Wade, -n** calf (of the leg)
*wagen dare; sich w. venture
der **Wagen, - car; wagon
*die **Wahl, -en** choice, election;
wählen choose, elect
**wahr true; wahrhaf'tig truly,
actually
**während while; during
*wahrschein'lich probable, likely,
evident
der **Wald, ⸚er forest
die **Wand, ⸚e wall
die **Wange, -n** cheek
**wann when
das **Warenhaus, ⸚er** department
store
die **Wärme** warmth
**warten wait
*-wärts -ward(s)
**warum' why

was what; which, that; whatever; = **etwas; = **warum;** colloq. = **nicht wahr**

**was für ein what sort of

**das Wasser, – water

*der Wechsel, –; wechseln change

wecken wake; **der Wecker, –** alarm clock

*weder . . . noch neither . . . nor

**der Weg, –e way, road

*weg away; gone

wegen because of; about; etc.; **meinetwegen, etc. for my sake

*das Weh misery, pain; **weh** alas; **weh tun†** hurt

wehren defend, restrain; hinder, prevent

das Weib, –er woman

*weich soft

*weichen† (ist) yield

die Weide, –n willow

die Weihnacht(en) Christmas

**weil because

**die Weile while

**weinen cry

**die Weise, –n manner, way

*weisen† point, show

**weiß white

weit far, wide; **weiter on, farther; **und so weiter** et cetera

**welch which, what, who, that

**die Welt, –en world

**wenden† (or reg.) turn

wenig little; (pl.) few; **wenigstens at least

wenn if, when, whenever; **wenn auch although

wer who; whoever; = **jemand; wer auch immer whoever

**werden† (ist) become; shall, will; be; turn out

**werfen† throw

das Werk, –e work; **das Werkzeug, –e tool

*der Wert, –e value, worth

*das Wesen, – being, creature; nature; system

weshalb why

**das Wetter weather

**wichtig important

*wider against

widmen devote, dedicate; **die Widmung, –en** tribute

wie how; as; like; as if; what?; = **als

**wieder again; in turn; back

*wiederholen repeat; **die Wiederholung, –en** repetition

wiederum again, anew

*wiegen† weigh

*die Wiese, –n meadow

*willen: um . . . willen for the sake of

winken wave, hail, beckon

winzig tiny

*wirken (have an) effect; work

wirklich real; **die Wirklichkeit reality

wirr confused; **das Wirrsal, –e** entanglement, confusion

*der Wirt, –e host, landlord, · hotelkeeper

**wissen† know

wo where; when; **woher' where . . . from; **wohin'** where . . . to

**die Woche, –n week

die Woge, –n wave; **wogen** surge, undulate

**wohl probably; surely; well, comfortable

wohnen live, dwell; **die Wohnung, –en dwelling, apartment

*die Wolke, –n cloud

**wollen† want to; claim to; be about to, etc.

**das Wort, –e and ¨er word

wozu' why

wund sore; **die Wunde, –n** wound

*das Wunder, – miracle, wonder

wunderbar wonderful, wondrous

*(sich) **wundern** (be) surprise(d), wonder
der **Wunsch, ⸚e; **wünschen** wish
*die **Würde**, –n dignity; **würdig** dignified, worth(y)
der **Wurm**, ⸚er worm
die **Wurst**, ⸚e sausage
die **Wüste**, –n desert
die **Wut** rage

Z

*die **Zahl**, –en number; **zählen** count; **zahllos** countless
***zahlen** pay
der **Zahn**, ⸚e tooth
***zart** tender, delicate
*der **Zauber**, – magic, enchantment
der **Zaun**, ⸚e fence
*das **Zeichen**, – sign, token
***zeichnen** draw; die **Zeichnung**, –en drawing
****zeigen** show, point
*die **Zeile**, –n line
die **Zeit, –en time
*die **Zeitung**, –en newspaper
die **Zelle**, –n cell; booth
***zerstören** destroy; die **Zerstörung**, –en destruction
****ziehen**† (hat) pull; (ist) go, move
*das **Ziel**, –e goal, destination, target
***ziemlich** rather, fairly
das **Zimmer, – room
***zittern** tremble
zögern hesitate, delay
*der **Zorn** anger; **zornig** angry
****zu** to, toward; at; beside, with, etc.; too; shut, closed; **auf mich**

zu toward me
***zucken** tremble, shake, jerk, wince, twitch; shrug; flash
der **Zucker** sugar
****zuerst'** (at) first
*der **Zufall**, ⸚e chance, coincidence; **zufällig** accidental, by chance
***zufrie'den** content, satisfied; die **Zufrie'denheit** satisfaction, contentment
der **Zug, ⸚e train; feature; move; procession
zu-geben† admit
***zugleich'** at the same time
***zu-hören** listen (to)
*die **Zukunft** future
zu-lassen† permit, allow
****zuletzt'** at last, finally
***zu-machen** close
***zunächst'** first (of all)
die **Zunge**, –n tongue
zurück' back, behind
der **Zuruf**, –e call; **zu-rufen**† call (out to)
****zusam'men** together; up
der **Zusam'menhang**, ⸚e connection; **zusam'men-hängen**† be connected, be related
***zu-sehen**† watch, observe; see to it
*der **Zustand**, ⸚e condition
***zuwei'len** occasionally, sometimes, at times
****zwar** to be sure; specifically
*der **Zweck**, –e purpose
*der **Zweifel**, –; **zweifeln** doubt
*der **Zweig**, –e branch
das **Zwielicht** twilight
***zwingen**† compel
****zwischen** between, among

Foreign Words, Zeroed Words, etc.
for Special Reference

Notes

1. We have attempted to list here most cases where reasonable doubts as to pronunciation or meaning might arise.
2. Many zeroed words — those with the final stress common in foreign words *and* with obvious meanings — have not been listed.
3. There is also no special listing for the following features of pronunciation:
   a. The suffix **–ie'ren** is always so accented.
   b. If **–ie** is stressed at the end of a noun, it is a monophthong, otherwise it is [iə].
   c. **–ti–**in foreign words is pronounced as if it were German [–zj–].
   d. Foreign words ending in single **–e** (after one or two consonants) are usually stressed on the preceding syllable and the **e** is [iə] (**Lokomoti've, Zigaret'te**).
   e. **ph** is pronounced **f**; **th** is pronounced **t**.

ab-decken uncover
die **Abschiedsleute** (pl.) people saying good-bye
(das) **Algier'** Algiers
der **Alleswisser, –** know-it-all
angeln angle, fish
ängstigen frighten, cause anxiety
an-reden speak to, address
der **Apparat', –e** apparatus (also: radio, camera, telephone)
die **Armee', –n** army
atom'bombensicher atom bomb proof
auf-suchen look up
äugen eye
der **Ausbruch, ⸚e** outbreak
(das) **Austra'lien** Australia
der **Automat', –en, –en** automat(on)
die **Bakte'rie, –n** bacterium, bacteria
der **Balkon', –e** balcony
der **Bankier', –s** banker

das **Baugeschäft, –e** building business, construction firm
bevor' before
bitterlich bitter(ly)
die **Blendung** blinding, dazzlement
das **Blockflötenspiel** recorder playing
bluten bleed
das **Doppelzimmer, –** double room
das **Dreirad, ⸚er** tricycle, three-wheeled vehicle
durchschauen see through
der **Egoist', –en, –en** egotist
eilig hurried, hasty
das **Ekzem'** eczema
elas'tisch elastic
elterlich parental
ener'gisch energetic
erneu'ern renew, renovate
erschaffen† create, produce
die **Exzellenz', –en** Excellency
fami'lienweise by (in) families

fantas'tisch fantastic
felsenfest firm as a rock
der Fern'sehapparat', –e television set
die Feuerzangenbowle, –n mulled wine punch
flußab'wärts downstream; –auf'- wärts upstream
der Förster, – forester
der Fo'toapparat', –e camera
freudig happy
die Frische freshness
der Fußgänger, – pedestrian
die Gar'tenkultur' horticulture, gardening
gewinnen† win
das Gewölk clouds
der Glaube, –ns belief
das Grammophon', –e gramophone, phonograph
graziös' gracious
die Gruppe, –n group
die Halle, –n hall
halt-machen stop
hämmern hammer
das Handtuch, ⁼er towel
harmo'nisch harmonious
die Hausarbeit, –en homework
die Heimatkunst regional art (or writing)
die Heimfahrt trip home
die Herrlichkeit, –en splendor
das Herzchen, – sweetheart
der Herzschlag, ⁼e heartbeat
der Hinterkopf, ⁼e back of the head
die Hochebene, –n high plain, plateau
die Humanität' humanity
hungrig hungry
die Hyä'ne, –n hyena
die Idee', –n idea
innerlich inner, inward, internal
interessiert' interested
intim' intimate
(das) Island Iceland
das Jägerglück luck of the hunter

der Jahrestag, –e anniversary
die Kabi'ne, –n cabin
der Kalen'der, – calendar
die Kälte cold
der Kamerad', –en, –en comrade
die Kanti'ne, –n canteen
die Karawa'ne, –n caravan
die Kindheit childhood
kindlich child-like
das Klavier', –e piano
der Kobaltmantel cobalt mantle
der Kognak cognac
die Kohle, –n coal
der Kommissär', –e commissar
die Kompanie', –n company
die Königin, –nen queen
konkret' concrete
das Konzert', –e concert
der Kran, ⁼e crane
kraß crass
der Krug, ⁼e jug
die Kultur', –en culture
kurieren cure
die Kusi'ne, –n cousin
der Laib, –e loaf
langhaarig long-haired
die Lebensgefahr mortal danger, danger of one's life
lebhaft lively
das Leder leather
der Leuchtturm, ⁼e lighthouse
der Lichtschein, –e light, glow
liebevoll loving
der Liebling, –e darling
die Lippe, –n lip
die Lunge, –n lung
die Lyrik lyric (poetry)
die Mähne, –n mane
das Männerlachen man's laugh; die Männerstimme, –n male voice
männlich masculine, male
der Mecha'niker, – mechanic
mehrstimmig of many voices
der Menschenkenner, – connoisseur of human beings
die Milch milk; der Milchmann, ⁼er milkman

der Miniatur'-Palaz'zo miniature palace

das Mittagessen, – lunch

mittelgroß of medium size or stature

monatelang months long, for months

mütterlicherseits on the maternal side

die Muttersprache, –n mother tongue, native language

die Nachbarschaft neighborhood

der Nachmittag, –e afternoon

natür'lich natural

das Natur'volk, ⸚er primitive people

das Nebenhaus, ⸚er house next door

der Nebentisch, –e adjoining table

das Nebenzimmer, – next room, adjoining room

nervös' nervous

neuartig new, novel

der Notar', –e notary

die Nummer, –n number

obenhin' to the top

der Omnibus, –se (omni)bus

die Oper, –n opera

ordnen (put in) order

der Ozean, –e ocean

der Pädago'ge, –n, –n pedagogue

der Pakt, –e pact

das Paradies', –e paradise

parfümieren perfume

der Parkplatz, ⸚e parking place

das Patenkind, –er godchild

perlmuttern mother-of-pearl

der Pfad, –e path

der Pfiff, –e whistle

das Pilzbuch, ⸚er mushroom book

der Plan, ⸚e plan

die Politik' politics; poli'tisch political

die Pore, –n pore

praktisch practical

präzi'se precise

der Priester, – priest

die Prophezei'ung, –en prophecy

die Prüderie' prudishness, prudery

die Rake'te, –n rocket

der Rasier'apparat', –e shaver

das Rauchfleisch smoked meat

der Reisetag, –e day of travel

reparieren repair

der Rest, –e rest, remainder

das Resultat', –e result

die Ret'tungsmedail'le, –n life saving medal

die Rohrdommel, –n bittern

der Rolladen, – roll-down shutter

die Rolle, –n role

rollen roll

der Roman'tiker, – romanticist

rosig rosy

die Rückseite, –n back side

der Rückwärtsgang backward gait, walking backward

der Russe, –n, –n Russian; russisch Russian; (das) Rußland Russia

die Sänfte, –n sedan-chair (derived from sanft)

sata'nisch satanic

der Schaden, ⸚ damage

der Schal, –e shawl

schaufeln shovel

die Schlafstube, –n bedroom

das Schreiben, – note, letter

der Schreibtisch, –e writing table, desk

(das) Schweden Sweden

die Schweiz Switzerland

seitenlang (many) pages long

die Sekun'de, –n second

der Sitz, –e seat; die Sitzbank, ⸚e bench

skrupellos unscrupulous

der Sonnenkönig Sun King (Louis XIV)

der Soziolo'ge, –n, –n sociologist

der Sprung, ⸚e leap, jump

starren stare

der Sterbetag, –e day of death

der Sternenhimmel starry sky

stinkend, stinkig stinking

studieren study

stundenlang hours long, for hours
der **Tabak** tobacco
tags days, in daytime
der **Taifun'**, –e typhoon
das **Taschenbuch,** ¨er pocketbook, memo book
der **Taxame'ter,** – taxi meter
technisch technical
der **Tee** tea
telephon'isch telephonic, by phone
das **Testament'**, –e testament, will;
   der **Testaments'entscheid,** –e testamentary decision
tingeltangel ding-a-ling
todtraurig deathly sad
tragisch tragic
die **Treppenstufe,** –n stair
der **Typ,** –en type
überhören overhear
das **Unrecht,** –e wrong
unsymme'trisch asymmetrical
die **Untergrundbahn,** –en underground, subway
unterwegs' under way
verbrennen† burn
verdammt damned
verdunkeln darken
verehren honor

der **Verkaufsstand,** ¨e sales stand, counter
verkleinern make small(er)
verlangsamen slow down
verständlich understandable
verwunden wound
die **Voka'bel,** –n word
der **Vorgarten,** ¨ front garden
der **Vormittag,** –e forenoon
vorwärts foreward(s)
die **Ware,** –n wares
die **Weltmüdigkeit** worldweariness, discouragement with the state of the world
der **Wille,** –ns, –n will
winden† wind
windig windy
wochenlang weeks long, for weeks
das **Wohnzimmer,** – living room
wortlos wordless, silent
wunderbarerweise remarkably, wondrously, wonderfully
der **Zahltag,** –e pay day
der **Zehner,** – ten
das **Zehnpfennigstück,** –e ten pfennig piece
zurück'-schlagen† throw back
das **Zusam'menleben** living together, coexistence

Principal Parts of
Strong and Irregular Verbs

Note: Stem vowels alone are given if there is no change whatever in the consonant pattern from that of the infinitive. After the semicolon the third person singular, present indicative is given (in full or abbreviated) if it changes in any way.

befehlen, a, o; (ie)
beginnen, a, o
beißen, biß, gebissen
bergen, a, o; (i)
biegen, o, o
bieten, o, o
binden, a, u
bitten, bat, gebeten
blasen, ie, a; (ä)
bleiben, ie, ie
brechen, a, o; (i)
brennen, brannte, gebrannt
bringen, brachte, gebracht

denken, dachte, gedacht
dringen, a, u
dünken, dünkte (deuchte), gedünkt
    (gedeucht)
dürfen, durfte, gedurft; (darf)

empfehlen, a, o; (ie)
empfinden, a, u
erbleichen, i, i
essen, aß, gegessen; (ißt)

fahren, u, a; (ä)
fallen, fiel, gefallen; (ä)
fangen, i, a; (ä)
finden, a, u
flechten, o, o; (i)
fliegen, o, o

fliehen, o, o
fließen, floß, geflossen
fressen, fraß, gefressen; (frißt)
frieren, o, o

geben, a, e; (i)
gebären, a, o; (ie)
gehen, ging, gegangen
gelingen, a, u
gelten, a, o; (i)
genießen, genoß, genossen
geschehen, a, e; (ie)
gewinnen, a, o
gießen, goß, gegossen
gleichen, i, i
gleiten, glitt, geglitten
glimmen, o, o
graben, u, a; (ä)
greifen, griff, gegriffen

haben, hatte, gehabt; (hat)
halten, ie, a; (hält)
hängen (hangen), hing, gehangen,
    gehängt; (hängt)
hauen, hieb (haute), gehauen
heben, o, o
heißen, ie, ei
helfen, a, o; (i)

kennen, kannte, gekannt
klingen, a, u

kommen, kam, gekommen
können, konnte, gekonnt; (kann)
kneifen, kniff, gekniffen
kriechen, o, o

laden, u, a; (lädt)
lassen, ließ, gelassen; (läßt)
laufen, ie, au; (äu)
leiden, litt, gelitten
leihen, ie, ie
lesen, a, e; (ie)
liegen, a, e
löschen, o, o; (i)
lügen, o, o

messen, maß, gemessen; (mißt)
mögen, mochte, gemocht; (mag)
müssen, mußte, gemußt; (muß)

nehmen, nahm, genommen; (nimmt)
nennen, nannte, genannt

quellen, o, o; (i)

pfeifen, pfiff, gepfiffen
preisen, ie, ie

raten, ie, a; (rät)
reiben, ie, ie
reißen, riß, gerissen
reiten, ritt, geritten
rennen, rannte, gerannt
riechen, o, o
rinnen, a, o
rufen, ie, u

schaffen, schuf, geschaffen
scheiden, ie, ie
scheinen, ie, ie
schieben, o, o
schießen, schoß, geschossen
schinden, schund, geschunden
schlafen, ie, a; (ä)
schlagen, u, a; (ä)
schleichen, i, i
schließen, schloß, geschlossen

schlingen, a, u
schmeißen, schmiß, geschmissen
schmelzen, o, o; (i)
schneiden, schnitt, geschnitten
schrecken, schrak, geschrocken; (i)
schreiben, ie, ie
schreien, ie, ie
schreiten, schritt, geschritten
schweigen, ie, ie
schwellen, o, o; (i)
schwimmen, a, o
schwinden, a, u
schwingen, a, u
schwören, o (u), o
sehen, a, e; (ie)
sein, war, gewesen; (ist)
senden, sandte (sendete), gesandt
  (gesendet)
singen, a, u
sinken, a, u
sinnen, a, o
sitzen, saß, gesessen
sollen, sollte, gesollt; (soll)
spinnen, a, o
sprechen, a, o; (i)
springen, a, u
stehen, stand, gestanden
stehlen, a, o; (ie)
steigen, ie, ie
sterben, a, o; (i)
stoßen, ie, o; (ö)
streichen, i, i
streiten, stritt, gestritten

tragen, u, a; (ä)
treffen, traf, getroffen; (i)
treiben, ie, ie
treten, a, e; (tritt)
trinken, a, u
trügen, o, o
tun, tat, getan; (tut)

verderben, a, o; (i)
vergessen, vergaß, vergessen; (vergißt)
verlieren, o, o

wachsen, u, a; (ä)
waschen, u, a; (ä)
weichen, i, i
weisen, ie, ie
wenden, wandte (wendete), gewandt
  (gewendet)
werben, a, o; (i)
werden, wurde (ward), geworden;
  (wird)

werfen, a, o; (i)
wiegen, o, o
winden, a, u
wissen, wußte, gewußt; (weiß)
wollen, wollte, gewollt; (will)

zeihen, ie, ie
ziehen, zog, gezogen
zwingen, a, u

Acknowledgments

The editors wish to express their gratitude to the following publishers and authors for permission to use the materials which comprise this book:

Helga Novak, *Fahrkarte bitte, Schlittenfahren, Kräftig essen,* and *Verfahren:* © 1968 by Hermann Luchterhand Verlag, Darmstadt and Neuwied (*Geselliges Beisammensein*)

Günter Guben, "Janus": by arrangement with *Dimension* (from *Janus und andere Lyrik, Dimension,* Vol. IV, No. 2, 1971)

Friedrich Achleitner, *der schöne hut oder der häßliche hut:* by permission of Rowohlt Verlag GmbH, Copyright © 1970 by Rowohlt Verlag, Reinbek bei Hamburg (*Prosa, Konstellationen, Montagen*)

Wolfgang Borchert, from *Die lange lange Straße lang* and *Die traurigen Geranien:* Rowohlt Verlag GmbH, Hamburg

Eva van Hoboken, *"Taifun":* 1962, Stuttgart, by Kulturkreis im Bundesverband der deutschen Industrie E.V., Köln

Reinhard Lettau, *Auftritt:* Carl Hanser Verlag, Munich (*Auftritt Manigs*)

Ina Seidel, "Abschied I," "Abschied II": Deutsche Verlags-Anstalt GmbH, Stuttgart (*Gesammelte Gedichte*)

Peter Bichsel, *Jodok läßt grüßen* and *Der Erfinder:* © 1969 by Hermann Luchterhand Verlag, Darmstadt and Neuwied (*Kindergeschichten*)

Rainer Brambach, "Am Nachmittag": Diogenes Verlag AG, Zurich

Werner Stelly, *Vielleicht scheint morgen die Sonne wieder:* Wolfgang Krüger Verlag GmbH, Hamburg-Wellingsbüttel (by special arrangement with the author)

Karlhans Frank, "Du": by arrangement with *Dimension* (from *Dimension,* Vol. IV, No. 3, 1971)

Wieland Schmied, *Die Sphinx und der Weg nach Theben:* Stiasny Verlag GmbH, Graz (Anthologie "Weg und Bekenntnis," Graz & Vienna, 1954)

Günter Grass, "Vom Hörensagen": © 1960 by Hermann Luchterhand Verlag, Darmstadt and Neuwied (*Gleisdreieck*)

Karl Heinrich Waggerl, *Die Legende vom vergrabenen Herzen* and *Die Legende von den drei Pfändern der Liebe:* Otto Müller Verlag, Salzburg (*Sämtliche Werke,* 2 Bände)

Christa Reinig, *Opiuchus-Serpens: Opiuchus und die Schlange:* Scherz Verlag AG, Bern (*Sternbilder*)

Bertolt Brecht, "1940": Copyright © 1960, 1961, and 1964 by Suhrkamp Verlag, Frankfurt a.M. All rights reserved. (*Gedichte*)

Peter Gan, "Ich lache nicht": by permission of the author, Dr. Richard Moering

Friedrich Kloth, *Hunger*: by arrangement with the author

Rolf Bongs, "Erinnerung an M.K.": by arrangement with the author (*A bis plus minus Zett*)

Heinrich Spoerl, *Der Stift*: R. Piper & Co. Verlag, Munich (*Man kann ruhig darüber sprechen*)

Horst Bienek, "Worte": by arrangement with the author

Heinrich Böll, *Abschied*: Copyright © Gertraud Middelhauve Verlag, Köln

Walter Helmut Fritz, "Fesselung": © Hoffmann und Campe Verlag, Hamburg, 1972 (*Aus der Nähe, Gedichte*)

Gabriele Wohmann, *Grün ist schöner*: from Gabriele Wohmann, *Sieg über die Dämmerung*, R. Piper & Co. Verlag, Munich 1960

Karl Krolow, "Augenblick des Fensters": Suhrkamp Verlag, Frankfurt a. M.

Hans Bender, *Der Automat*: F.A. Herbig Verlagsbuchhandlung, Berlin, Munich and Vienna (*Im Rasthaus*)

Friedrich Dürrenmatt, from *Das Unternehmen der Wega*: Copyright 1958 by Peter Schifferli, Verlags AG. "Die Arche," Zürich

Horst Bienek, "Sagen Schweigen Sagen": Carl Hanser Verlag, Munich (*Sagen Schweigen Sagen und andere Lyrik*)

Wolfgang Hildesheimer, *Der hellgraue Frühjahrsmantel*: Reprinted by permission of Suhrkamp Verlag. Copyright © 1962, Suhrkamp Verlag, Frankfurt a.M. (*Lieblose Legenden*)

Elisabeth Borchers, "jemand schweigt": © 1961 by Hermann Luchterhand Verlag, Darmstadt and Neuwied (*Gedichte*)

Gerhard Zwerenz, *Der Letzte*: by permission of the author (*Gesänge auf dem Markt*)

Walter Bauer, *Die Tränen eines Mannes* and *Der Osterbesuch*: Nymphenburger Verlagshandlung, Munich (Walter Bauer, *Die Tränen eines Mannes*, story bibliothek Band 5)

Heinz Piontek, "Bäume": by arrangement with the author

Marie Luise Kaschnitz, *Schneeschmelze*: Claassen Verlag GmbH, Düsseldorf

Alfred Polgar, *Geschichte ohne Moral*: Lothar Blanvalet Verlag, Berlin-Wannsee (*Begegnung im Zwielicht*)

Ilse Aichinger, *Französische Botschaft*: S. Fischer Verlag, Frankfurt a. M. (*Zu keiner Stunde*; copyright 1957)

Eva Zeller, "Liebe": by permission of the author

Wolfdietrich Schnurre, *Die Prinzessin* and *Die Bekehrung*: by special arrangement with the author (*Das Los unserer Stadt*; Walter Verlag, Olten)

Christoph Meckel, *Der Löwe*: by permission of the author (*Beispiele*)

Max Bolliger, *Verwundbare Kindheit*: by permission of the author

Alfred Andersch, "der tod in london": by permission of the author

Gabriele Wohmann, *Mein Freund, das neue Jahr*: © 1968 by Hermann Luchterhand Verlag, Darmstadt and Neuwied (*Ländliches Fest*)

Elias Canetti, *Umkehrungen*: by permission of the author

Günter Seuren, *Andere Schritte*: Paul List Verlag KG, Munich (*Alle diese Straßen*)

Kurt Marti, *Neapel sehen*: Flamberg Verlag, Zurich (*Kurt Marti—Wohnen zeitaus*)

Günther Weisenborn, "Ahnung": by permission of Frau Margarete Joy Weisenborn

Herbert Marcuse, from *Der eindimensionale Mensch*: © 1967 by Hermann Luchterhand Verlag, Darmstadt and Neuwied, Original edition: *One-Dimensional Man*, Beacon Press, Boston, 1964

Siegfried Lenz, *Die Nacht im Hotel*: © Hoffmann und Campe Verlag, Hamburg, 1958 (*Jäger des Spotts, Geschichten aus dieser Zeit*)

Georg von der Vring, *Der verleugnete Sohn*: Albert Langen-Georg Müller Verlag, Munich (*Geschichten aus einer Nuß*)

Wolf Biermann, "Ballade vom Mann" and "Brigitte": Verlag Klaus Wagenbach, Berlin (*Die Drahtharfe*)

Hermann Kesten, *Olaf*: by permission of the author

Josef Friedrich Perkonig, *Das kranke Haus*: © Paul Zsolnay Verlag Gesellschaft m.b.H., Hamburg/Vienna, 1960, Josef Friedrich Perkonig, *Ein Laib Brot, ein Krug Milch, Ländliche Novellen*

Kurt Kusenberg, *Der Gang in den Berg*: Rowohlt Verlag GmbH, Hamburg (*Gesammelte Erzählungen*)

Günter Eich, "Denke daran . . .": Suhrkamp Verlag, Frankfurt a. M. (all rights reserved)

Hermann Kesten, "Ich bin ein Spaziergänger": by arrangement with the author

Friedo Lampe, *Eduard — Eine kleine Formfibel*: Rowohlt Verlag GmbH (*Das Gesamtwerk*)

Arno Holz, "Draußen die Düne": by arrangement with Frau Anita Holz, Berlin-Schöneberg, Salzburger Straße 17

Hugo von Hofmannsthal, "Die Beiden" and "Erlebnis" from *Gedichte und kleine Dramen*, copyright 1911 by Insel Verlag, Frankfurt am Main (all rights reserved)

Rainer Maria Rilke, "Ich fürchte mich so vor der Menschen Wort" and "Herbstgedicht": Insel Verlag, Wiesbaden (*Frühe Gedichte, Buch der Bilder*, resp.)

Georg Trakl, "Sommer": Otto Müller Verlag, Salzburg

Hermann Hesse, "Allein": Suhrkamp Verlag, Frankfurt a. M. (all rights reserved)

GHIJ—M—7987

420 *Acknowledgments*